CCIEE

经济每月谈

中国智库经济观察

（2019）

Economic Observations from

China's Think Tanks' Perspective (2019)

中国国际经济交流中心／编

社会科学文献出版社
SOCIAL SCIENCES ACADEMIC PRESS (CHINA)

《中国智库经济观察（2019）》编辑组

出版说明

“经济每月谈”是由中国国际经济交流中心主办的经济研讨活动。中国国际经济交流中心秉承“创新、求实、睿智、兼容”的理念，自2009年7月，每月举行一次“经济每月谈”活动，邀请国内外知名专家学者、企业家和政府官员，就社会关注的国内外经济热点问题进行深入研讨。2019年讨论的热点问题主要包括：国内国际经济形势、中美贸易、中日韩经贸合作、“一带一路”建设、全球可持续发展、基础设施高质量发展等。

2019年12月14日，中国国际经济交流中心主办“2019~2020中国经济年会”，以“保持经济稳定健康发展，决胜全面建成小康社会”为主题，邀请国家宏观经济部门领导、经济学家、企业负责人等发表观点。现将“2019~2020中国经济年会”和2019年“经济每月谈”嘉宾演讲主要内容，以及中国国际经济交流中心专家学者针对当前经济热点问题的研究报告汇编成集出版，以飨读者。有疏漏不当之处，敬请指正。

编　者

目 录

2019~2020 中国经济年会观点综述

贯彻落实中央经济工作会议精神推动高质量发展
——2019~2020 中国经济年会主论坛观点综述 …………………… / 003
深化供给侧结构性改革，确保经济稳中有进
——2019~2020 中国经济年会平行论坛一观点综述 ……………… / 010
加快落实区域发展战略，构建高质量发展新动力源
——2019~2020 中国经济年会平行论坛二观点综述 ……………… / 015
推动创新驱动发展和更高水平对外开放
——2019~2020 中国经济年会平行论坛三观点综述 ……………… / 021

2019 年“经济每月谈”观点综述

国际国内经济形势分析与 2019 年展望
——第 115 期“经济每月谈”综述 ………………………………… / 029
中日韩经贸合作前瞻
——第 116 期“经济每月谈”综述 ………………………………… / 036
政府工作报告解读：以改革、开放、创新推动经济平稳发展
——第 117 期“经济每月谈”综述 ………………………………… / 043
理性认识中美贸易摩擦背景下的双边科技和高技术产业关系
——第 118 期“经济每月谈”综述 ………………………………… / 049

智库要为“一带一路”高质量发展发挥更大作用
——第 119 期“经济每月谈”综述…………………………………… / 055
如何推动基础设施高质量发展
——第 120 期“经济每月谈”综述…………………………………… / 060
推动实现全球可持续发展
——第 121 期“经济每月谈”综述…………………………………… / 067
《新中国 70 年经济社会发展回顾与思考》重大课题研究成果发布
——第 122 期“经济每月谈”综述…………………………………… / 072
当前经济形势和政策建议
——第 123 期“经济每月谈”综述…………………………………… / 079
RCEP 促进亚太地区经贸发展
——第 124 期“经济每月谈”综述…………………………………… / 084

智库报告选编

世界经济

欧洲“贸易往来支持工具”影响及启示…………………………………… / 092
欧盟对华态度转变原因及总体研判…………………………………… / 096
英国脱欧背景下伦敦国际金融中心地位变化…………………………………… / 101
美英数据互通协议的战略意图、影响及对策建议…………………………………… / 105
美国 2014 年和 2018 年农业法案主要改革趋势及启示…………………… / 111
日本开展第三方市场合作的原则要求和担忧…………………………………… / 117
安倍经济学面临增长熄火的三道“坎”…………………………………… / 123
日本专家眼中的世界贸易组织改革…………………………………… / 129
印度拒绝加入 RCEP 的原因及未来加入可能性…………………………………… / 133
氢能“热”中“冷”思考
——日韩氢能发展启示…………………………………… / 138

以“谈、打、变”三招推进全面开放格局下的油气产业发展………… / 144
全球气候治理面临的挑战和中国的角色…………………………………… / 150
《全球要事报告（2018~2019）》出版研讨会暨全球大势研讨会综述
………………………………………………………………………… / 155
推进分布式金融的实际应用与跨境发展
——首届分布式金融生态共识大会观点综述……………………… / 160

中美关系

关于中美博弈的几点看法和建议………………………………………… / 168
须高度重视美国《国际紧急经济权力法》……………………………… / 174
中国参与美国基础设施建设需审慎而为………………………………… / 179
加快构建中医药知识产权保护体系
——中美经贸摩擦中的一个新视角…………………………………… / 185
美国推动 5G 对抗给中国带来多重挑战 ………………………………… / 190

宏观经济

中国新时代金融强国战略研究…………………………………………… / 196
对当前经济形势的分析与建议…………………………………………… / 208
关于中国农业再保险公司组建和运作的有关建议……………………… / 215
关于做强做优做大国有资本的几点建议………………………………… / 226
构建科技创新生态体系面临的问题及建议……………………………… / 231
完善农村经济激励机制的政策建议……………………………………… / 236
稳外贸是当前抵抗外部风险的重要抓手………………………………… / 242
新中国 70 年经济社会发展回顾与思考 ………………………………… / 247
国有企业补贴及相关产业政策的国际实践与启示……………………… / 254
WTO 背景下宏微观联动完善财政补贴政策 …………………………… / 260

产业创新

中国氢能产业发展态势及建议…………………………………………… / 266

科学有序发展氢能产业的几点建议…………………………………… / 271
培育“互联网 + 再生资源”新模式　破解再生资源回收行业的
　税收监管难题…………………………………………………… / 276
促进 5G 及相关产业发展的几点建议 ………………………………… / 282
推进 5G 网络建设的若干建议 ……………………………………… / 288
当前医用耗材集中带量采购中存在的问题和建议…………………… / 293
加快构建社区综合医养照护服务体系的思考与建议………………… / 298
构建中国特色医养照护体系………………………………………… / 305
电动汽车充电基础设施发展现状与政策建议………………………… / 310
以“产业新城”为抓手助推中小城市高质量发展…………………… / 316

区域发展

构建大湾区大学系统支撑国家创新型发展……………………………… / 322
深刻认识大湾区战略意义　扎实推进大湾区战略实施……………… / 327
建议选择横琴新区开展制度型开放压力测试………………………… / 333
建议将港澳自由港制度先延伸到珠海………………………………… / 339
中国特色自由贸易港的功能定位…………………………………… / 344
对海南探索建设自贸港的思考……………………………………… / 349

2019~2020 中国经济年会观点综述

贯彻落实中央经济工作会议精神推动高质量发展

——2019~2020 中国经济年会主论坛观点综述

近日，由中国国际经济交流中心主办的“2019~2020 中国经济年会”在京召开。本届年会主题是“保持经济稳定健康发展决胜全面建成小康社会”，设有主论坛和三个平行分论坛。会议深入解读学习中央经济工作会议精神，紧扣全面建成小康社会目标任务，围绕深化供给侧结构性改革、加快落实区域发展战略、推动创新驱动发展和更高水平对外开放等议题展开讨论。主论坛由中国国际经济交流中心常务副理事长魏礼群主持。

一　中央经济工作会议精神解读

中央经济工作会议是在党的十九届四中全会后召开的一次十分重要的会议。2020 年是全面建成小康社会和“十三五”规划的收官之年，我们要实现第一个百年奋斗目标，为“十四五”发展和实现第二个百年奋斗目标打好基础。做好 2020 年的经济工作具有特殊重要的意义。

（一）我国经济稳中向好、长期向好的基本趋势没有改变

国家发展和改革委员会副主任宁吉喆就我国经济稳中向好、长期向好的基本趋势没有改变的论断进行了详细解读。

一是我们有党的坚强领导和中国特色社会主义制度的显著优势。宏观调控积累了行之有效的方式方法和丰富的经验做法。20 年前，我们成功地克服了 1998 年亚洲金融危机带来的困难，10 年前又成功克服了 2008 年国际金融危机带来的影响，在新的困难和挑战面前，我们有能力、有条件、有基础继续克服，继续向前。

二是我们有改革开放以来积累的雄厚物质技术基础。经过改革开放 40 多年的努力，我国成为世界上第二大经济体。第四次经济普查数据表明，2018 年我国国内生产总值（GDP）达到 91.9 万亿元，相当于 13.9 万亿美元，美国为 20 万亿美元，我国相当于美国的 2/3。科技实力明显增强，科技人员队伍、专利申请量都在世界前列，科技成果不断涌现。基础设施方面更是取得了令人瞩目的成就。

三是我们有超大规模的市场优势和内需潜力。我国有世界上最多的人口，有世界上规模最大的中等收入群体。我国是世界第二大市场，有世界上最多的市场经济主体。沿海地区人均 GDP 平均达到一万多美元，有的省市，特别是北京、上海，超过两万美元，但是中西部地区五六千美元的省份还不少。区域差距就是发展的潜力所在，也是扩大内需的潜力所在。

四是我们有庞大的人力资本和人才资源，人口的红利仍然存在。我国有 2.6 亿农民工，根据国家统计局这几年的监测，农民工外出人口增长的速度虽然有所放缓，但仍然保持着增长，特别是中西部省份的增长还很明显。根据前几年的数字，我国有 1.7 亿人才队伍，一年毕业的大学生 800 多万，加上中专生 1200 多万，都是技能人才、知识人才。人才的红利越来越显现。过去相当长一段时间以来，我们的经济增长主要靠劳动力、资本等要素生产力的提高，全要素生产力与发达国家相比，还有明显差距。发达国家在 60% 以上，而我国只有 30%~40%，这个差距恰恰是我们未来推动高质量发展的增长潜力所在。

（二）贯彻新发展理念，推动高质量发展，确保全面建成小康社会圆满收官

中央财经委员会办公室副主任韩文秀紧扣全面建成小康社会目标实

现，对中央经济工作会议提出的2020年重点工作进行了深入解读。

一是打好三大攻坚战。要确保脱贫攻坚任务如期全面完成，集中兵力打好深度贫困歼灭战。要打好污染防治攻坚战，坚持方向不变、力度不减，突出精准治污、科学治污、依法治污。打好防范化解重大风险攻坚战，保持宏观杠杆率基本稳定，坚决守住不发生系统性风险的底线。

二是确保民生特别是困难群众基本生活得到有效保障和改善。发挥政府作用保基本，注重普惠性、基础性、兜底性。要稳定就业总量，改善就业结构，提升就业质量。要加快补齐民生短板，加快推进养老保险全国统筹。要发挥市场供给灵活性的优势，深化医疗、养老等民生服务领域市场化改革和对外开放，增强多层次、多样化的供给能力。做好城镇老旧小区的改造，推进租赁住房建设，既能够提高居民住房保障水平，又能够拉动有效的投资需求。

三是坚定不移贯彻新发展理念。必须紧紧抓住新发展理念来谋划和推动发展。当前经济下行压力大，但决不能走浪费资源、污染环境、粗放发展的老路，而是要闯出高质量发展的新路，要克服“本领恐慌”，切实提高推动高质量发展的能力。把坚持贯彻新发展理念作为检验各级领导干部的重要尺度。

四是继续实施积极的财政政策和稳健的货币政策。积极的财政政策要大力提质增效，更加注重结构调整，优化财政资金的配置，提高使用效益。稳健的货币政策要灵活适度，保持流动性合理充裕。财政政策和货币政策要协同、精准发力，同消费、投资、就业、产业、区域等政策形成合力。发挥消费的基础作用和投资的关键作用，促进产业和消费双升级。

五是加快建设现代化经济体系，着力推动高质量发展。狠抓农业生产的保障供给，加快农业供给侧结构性改革；深化科技体制改革，加快科技成果转化应用，健全鼓励支持基础研究原始创新的体制机制；

推动制造业高质量发展，打造一批有国际竞争力的先进制造业集群；推动服务业高质量发展，推动生产性服务业向专业化和价值链的高端延伸；加强战略性、网络性基础设施建设；加快落实区域发展战略，构建全国高质量发展的新动力源。

六是坚持和完善社会主义基本经济制度，加快建设高标准市场体系。加快国资国企改革，推动国有资本布局、优化调整。改革完善土地计划管理方式。加快金融体制改革，完善资本市场基础制度。加强外商投资保护，继续缩减外商投资负面清单，引导企业开拓多元化的出口市场，健全"一带一路"投资政策和服务体系，努力以开放促改革、促创新、促发展。

二　以更高水平开放推动经济高质量发展

商务部副部长、国际贸易谈判副代表俞建华表示，党的十九届四中全会和中央经济工作会议都对建设更高水平开放型经济新体制做出了部署，为推进更高水平对外开放提供了遵循。

搭建开放合作新平台。我国是开放大国，要打造更多对外开放平台，贡献更多国际公共产品。推进共建"一带一路"高质量发展，全力推动第二届"一带一路"国际高峰论坛的开放举措和经贸成果落地。用成功的案例和真实的故事，回击对"一带一路"倡议的抹黑、攻击。精心办好进博会，打造国际一流博览会，扩大虹桥国际经济论坛的国际影响力。

打造开放创新新高地。更加注重制度型开放，通过制度创新，打造具有引领和示范作用的开放高地。赋予自贸试验区更大改革自主权，形成更多制度创新成果，持续做好复制推广。深化政策和制度体系研究。加快海南自由贸易港建设。通过国家级经开区，打造先进制造业产业集群，稳定和提升产业链，推进边境合作区和跨境合作区建设。

形成开放环境新优势。在构建市场化、法制化、国际化营商环境上下更大功夫，加快形成国际竞争新优势。进一步缩减外资准入负面清单，深化制造业和服务业开放，抓好《外商投资法》及配套法规实施相关工作，落实《优化营商环境条例》，建立同国际贸易投资通行规则相衔接的制度体系。

开创开放共赢新局面。积极参与全球治理，既是国际呼声，也是国内发展需要。积极参与世贸组织改革，捍卫世贸组织核心价值和基本原则，维护我国的正当利益，做好区域全面经济伙伴关系（RCEP）后续工作，推进中日韩自贸协定、中欧投资协定等谈判，做好中美经贸磋商的相关工作。在新一轮国际规则重构中提升话语权，彰显经贸大国地位和影响力。

构建开放安全新体系。要加快事中、事后监管，完善外商投资国家安全审查、反垄断审查等制度，切实为开放上好“保险”。要在高水平开放中防范化解风险，坚持以我为主、自主开放的原则，做到放得开、管得住。

三　进一步扩大金融业对外开放，助推经济高质量发展

中国人民银行副行长陈雨露指出，中央经济工作会议为做好下一步金融工作和金融业对外开放指明了方向。

要坚持推动实现我国金融业高水平开放与完善金融监管体系并重。一是全面实施准入前国民待遇加负面清单的管理制度。建立健全有利于金融开放的制度体系，制定统一的金融业对外开放准入和监管标准。将金融业务规则合并同类项，实现跨业态、跨部门开放政策有效衔接。二是协同推进金融业开放、提高人民币可自由使用程度与人民币汇率形成机制的改革。扩大金融业对外开放与经济对外开放的深度和广度，与国内金融市场承受能力相适应，与金融监管能力和法制建设相匹配。三是金融开放程度要守住风险底线。一方面加强宏观审慎管理，不断健全与金融开放相适应的法律法规、会计体系，持续完善支付、清算、

统计等金融基础设施，推动金融市场在岸和离岸市场协调发展；另一方面完善金融监管体系，加强反洗钱、反恐怖融资、反逃税的监管，补齐金融监管短板，加强国际监管合作，完善跨境资本流动监测。

要统筹利用好国内外两大金融市场，创新完善宏观审慎政策框架，推动经济高质量发展。一是推动经济金融全球化朝着更加开放、包容、普惠、平衡、共赢的方向发展。二是推动金融业供给侧结构性改革不断向纵深推进，优化金融体系结构，完善制度供给，加快推进我国金融机构的公司治理、金融市场的改革创新，促进金融业发展方式的转变。三是探索完善与高水平开放相适应的宏观审慎政策框架，不断创新完善我国宏观审慎政策框架和宏观审慎管理工具箱，重视跨市场、跨地域、跨国界资本流动，关注金融顺周期性和跨市场传染性问题。

四　世界经济增速放缓，2020 年有望微弱回升，中国经济增长前景可期

全国政协常委、新开发银行首席经济学家李稻葵认为，目前我们正在经历“百年未有之大变局”，变局的根源在于以美国为首的发达国家和新兴市场国家相对力量的对比发生了根本变化，引发国际政治、国际关系的变化及相关国际国内政治、社会治理等一系列变化。他分析了当前世界经济形势的三个突出特点。第一，世界经济增速全面放缓，2020 年有望微弱回升。2019 年世界经济增速预计在 3% 左右，2020 年有望恢复到 3.1%~3.3%，复苏动力主要来自墨西哥等新兴市场国家及俄罗斯、巴西、印度等金砖国家。2020 年中国经济有望实现稳中略升，美国或从 2019 年的 2.3%~2.4% 放缓到 2.0%，但不大可能出现衰退。此外，纯粹从经济角度看，美国现任总统连任概率较高。第二，国际贸易总量巨幅下降，国际贸易和国际投资正进行深刻重组。2019 年上半年，国际贸易增速仅 1%，全球仅 1/3 的国家实现出口正增长。各国都在积极运作，打造新的贸易朋友圈，来部分替代世界贸易组织（WTO）

机制瘫痪带来的损失。第三，现在的国际经济形势下，很难看清楚下一个风险点所在。当前能看到的风险点，一是地缘政治突发事件的演变导致原油等供应链断裂；二是发达国家重回负利率或低利率，导致商业银行利差不断缩小，利润持续下降，从而影响股市走向；三是主要发达国家的政治格局、领导人的政策言论等将对世界经济和金融市场产生重要影响。总之，当前世界经济面临比以往任何时候更为重大的风险，很难用传统的理论对其进行分析或测算。

对于国内经济发展问题，李稻葵认为，一是应对目前经济下滑，不仅要进行逆周期操作，更要基于长远发展眼光，通过打造新的增长点，保持经济适度增长，以化解过去形成的矛盾。二是不仅要贯彻落实供给侧结构性改革，同时也要做好潜在需求的释放工作，培育广阔的市场。目前，我国人均 GDP 按购买力平价只有美国的 23% 左右，按汇率只有美国的 1/6，增长潜力很大。我国城镇化率还在 60% 左右，与同等收入国家相比仍然落后。虽然当前国际形势有所变化，但只要做好自身改革，2020 年中国经济增长仍然是可期的，增长速度保持在 6% 是完全有可能的。

（中国国际经济交流中心　陈　妍　梁　鹏　何七香 整理）

深化供给侧结构性改革，确保经济稳中有进

——2019~2020 中国经济年会平行论坛一观点综述

2019~2020 中国经济年会平行论坛一以“深化供给侧结构性改革，确保经济稳中有进”为议题，由中国国际经济交流中心副理事长张大卫主持。会议主要观点如下。

一　当前经济增速放缓兼具周期性和结构性因素，深化供给侧结构性改革有助于稳定经济增长

全国政协经济委员会副主任杨伟民认为，供给侧结构性改革能够稳定经济增长。从实践来看，2015 年中央提出供给侧结构性改革后，2016 年第四季度我国经济增速开始恢复，改变了过去持续下行的趋势，2017 年增长 6.8%，比 2016 年提高了 0.1 个百分点。2020 年要保持经济在合理区间，还应按照中央经济工作会议的要求，在深化供给侧结构性改革上持续用力。

国务院发展研究中心副主任王一鸣表示，2019 年以来，我国经济下行压力加大，内外部多重矛盾和困难交织。外部性因素包括：全球经济和贸易增速同时下滑，90% 以上的经济体增速都在放缓，2019 年上半年全球贸易增长率只有 1%，全年预计增长 1.2%。此外还包括保护主义、单边主义抬头，地缘政治动荡，产业链和供应链稳定性受到冲

击等。周期性因素包括：固定资产投资增速持续放缓至4.5%，特别是制造业投资增速下降到历史低点。消费增速也在持续缓慢下行，2017年为10.2%，2018年降至9%，2019年前十个月为8.1%，预计全年约8%。需求端放缓会逐步向供给端传导，导致企业生产经营压力增大，亏损面增多。就企业盈利状况看，2019年前十个月企业利润增长率为负数。结构性因素主要包括：我国正在由高速增长向中速增长阶段转换，老龄化加速，劳动年龄人口减少；传统制造业陆续达到市场需求峰值，投资效率下降；资源环境约束也在不断强化等。稳定经济运行与供给侧结构性改革有效结合是保持中国经济稳定发展，不断提高质量的一个重要条件。

中国社会科学院副院长蔡昉认为，我国经济现在面临发展中的、变化中的和成长中的挑战。人均收入中等偏上国家的经济增速显著下降，国家之间的发展呈现巨大的发散性，不确定性加强，而经济发展减速有可能导致收入差距扩大。我国即将跨入高收入门槛，但同时也恰恰处在不确定性加强的阶段，面临如何在保障民生、改善收入分配、实现社会资源和人口充分流动的同时，保证合理的经济增长速度的问题。

二　深化供给侧结构性改革需从多方面入手，持续发力

杨伟民认为，结构性和体制性问题靠逆周期的短期政策是无法解决的，主要还要靠结构性的改革政策解决，持续深化供给侧结构性改革可以使中国经济保持在合理区间。深化供给侧结构性改革要从以下几方面着手。一是农业领域的供给侧结构性改革，除了保持稳定以外，重点要恢复生猪生产，但还应该注重生产的规模化、绿色化和循环化，拉长养猪业的产业链，这样既能解决污染问题，未来不会因为污染而被关停，也能通过销售猪肉和生物天然气增加企业收入和地方政府收入。二是制造业领域，应该通过去“僵尸”企业、去落后产能和扩大消费、扩充优质产能两手抓来巩固去产能成果。未来制造业改革的重

要方向，不一定需要界定某个行业去产能，而是通过处置“僵尸”企业淘汰落后产能。此外，应该按照中央经济工作会议的要求，降低社会融资成本，减轻居民房贷压力，激发消费。三是科技领域的体制改革，其重点在转化，转化的关键在明确产权，职务发明产权应该是出资人和发明人共享。四是金融领域，金融业增加值从 2007 年的 1.5 万亿元增加到 2018 年的 6.9 万亿元，成为仅次于工业和商业的第三大产业，金融业增加值的大幅度提高对银行等金融机构来讲是高工资、高利润，但对负债主体、居民、非金融企业和借钱的政府而言就是负担，是成本。深化金融业供给侧结构性改革，重点是降低社会融资成本。五是房地产领域的住房问题，已经从过去总量不足转化为结构性供给不足，是结构性供需矛盾。应从需求端遏制炒房，同时解决供给端的结构性矛盾，增加住房短缺城市的供给。

王一鸣认为，当前财政货币政策的重点已从扩大需求转为供需双升级中既能拉动需求，又能推动供给升级的领域。一是民生领域，包括城市更新、存量住房的改造提升、城镇老旧小区改造等供需能够共同受益的领域，如加装电梯、配停车场、增加养老托幼设施、完善社区功能等；又如信息化水平的提升，包括 4G、5G 的布线，建设智慧社区等投资需求很大，既能拉动消费需求，又能带动投资、提升供给端的项目。二是基础设施领域的新型基础设施，比如 5G 商用等需要大量基础设施投入的领域，工业互联网等重要的投资领域，还包括冷链物流、农村信息化建设、网上零售下沉至农村等。三是新一代信息技术等先进制造业领域，包括物联网、大数据、人工智能与制造业融合，以及集成电路、高端装备、生物医药等领域的建设对供给水平的提升将起到非常大的作用，同时还会创造新的消费需求。

蔡昉认为，必须进一步改革开放，通过创新提高生产率来保持经济增长速度，实现可持续增长。2010 年之后，我国劳动年龄人口出现负增长，经济潜在增长能力在下降，这一条件下要通过改革和创新提高生产率。政府要创造环境让企业愿意创新，而不是寻租，要让生产率高、有竞争力的企业生存，让缺乏竞争力的企业淘汰。一方面，要建立和完善失业保险和最低生活保障，同时要加大就业的公共服务，加大培训和职业介绍服务力度等；另一方面，优先就业应成为宏观政策的关键。进行逆周期调节，表面看是稳增长，但更根本的目的是保就业，通过保就业来保民生，因此应该以就业为基本依据决定逆周期调节的时机和力度。以 5% 的失业率为基准，如果失业率有所上升，就可以认为将出现周期性失业现象，此时就宜出台反周期政策。失业率如果缓慢上升，通过及时应对，可以把逆周期调节变成微调和适度调节，而不会产生大水漫灌的效果，也不会积累债务等其他不利因素，因此劳动力市场应该成为宏观经济决策的一个依据。此外，要关注民生，提高社会保障体系的覆盖面、普惠性，在社会基本公共服务方面要加大政府购买和再分配的力度。恰当的再分配政策是充分竞争与创新的重要保障，把民生保障放在多重目标的基础上更有利于创新发展。

阿里巴巴集团合伙人闻佳认为，进一步推进和完善供给侧结构性改革，理念非常重要。供给侧结构性改革的关键是制度改革和制度创新，实现科学的制度创新，顶层设计者要具备先进的理念和开放的思想，比如对于数据的开放态度。要建立可控的容错机制，还要用动态的眼光看供给侧结构性改革中碰到的问题，并用新的手段和办法加以解决，而衡量成败的标准在于是否有助于社会的进步。

三 新技术会带来生产力的进步和生产关系的变化，驱动整个供给侧结构性改革

闻佳认为，云计算和区块链未来会成为社会发展的重要基础设施。这些技术的发展，使社会资源的利用更合理，配置更高效。第一，新生产力的发展催生了新的生产要素，从而推动新的生产关系变化。算法和算力的发展挖掘出数据的价值，而数据的价值又产生了平台。云

计算让算力有了巨大变化，人工智能让算法有了爆发性增长，区块链也会产生全新的社会信用体系。这些技术正成为供给侧结构性改革的重要驱动力和重要发展机遇。第二，新技术带来了新模式，对供给侧结构性改革产生了重要影响。先是平台经济，平台提供了公共的技术和数据服务，使中小企业能够和大企业在同一个舞台上竞争，降低了整个行业的竞争门槛，同时也提高了效率。平台技术给小微企业注入了发展动力，调动了社会各层面的存量资源，为国家经济提供了新的血液。新消费带来了供给升级，消费者的沉淀数据反哺给制造业，使制造业能够按需定制，显著降低了成本并提升了周转率。新消费和新供给因数据深度融合，为供给侧结构性改革带来新成效，且这种变化已经从商业传递到制造业、农业、服务业，甚至社会公共管理领域。此外，深化供给侧结构性改革需要提升金融的服务能力，要充分发挥数字技术在这一过程中的作用。

中兴通讯公司高级副总裁刘健认为，供给侧改革承担的载体主要是企业。信息技术的快速发展引起了社会生产生活的重大变化，也促进了国家的工业化。新一代移动通信技术5G的成功应用将会从虚拟领域延伸到社会生产生活的其他领域。5G和人工智能、虚拟现实（VR）等一系列技术融合之后，会产生更多的应用和产品，能够进一步促进整个经济社会的发展，从而影响到整个供给侧结构性改革的成果。企业研发以市场为依据，通过市场的调节和促进，促进社会进步，促进整个供给侧改革。

（中国国际经济交流中心　韩燕妮　谈　俊 整理）

加快落实区域发展战略，构建高质量发展新动力源

——2019~2020 中国经济年会平行论坛二观点综述

2019~2020 中国经济年会平行论坛二以“加快落实区域发展战略，构建高质量发展新动力源”为主题，由中国国际经济交流中心副理事长韩永文主持。主要观点综述如下。

一　我国区域经济发展的基本态势

国家发展改革委原副主任杜鹰指出，当前我国区域经济发展总体态势是好的，区域发展协调性在增强。一是区域差距上，改革开放 40 多年来，我国区域差距经历了一个从扩大到缩小的过程。1995 年前后区域差距最大，21 世纪以来特别是实施西部大开发以来，区域间人均国内生产总值（GDP）差距开始缩小，逐步改变了东部一马当先状况。二是通过各区域比较优势的交换，各地比较优势得到进一步发挥，整体蛋糕做大取得明显成效。三是各区域的基本公共服务继续向均等化推进，欠发达地区的自主发展能力、造血能力在增强。四是人和自然的关系趋向于和谐，特别是全国贯彻落实习近平总书记提出的“绿水青山就是金山银山”的理念，空间管制制度建设加快，生态文明建设成效显著。

同时，他指出应关注区域经济分化态势。一是四大板块间的分化。

2008年，东北地区经济增速居四大板块之首，从2010年开始，增速相继落后于其他板块，近年来成为增速垫底的板块。二是板块内不同省份间的分化。西部地区12省份中，西南六省份的发展态势明显好于西北六省份。中部地区六省也在分化，其中问题比较多的是山西，增速自2012年以来就一直低于中部六省平均增速。东部地区也存在分化问题，2018年和2019年前三季度，天津增速都列全国末位。三是南北分化非常明显。经济增速上，表现为南快北慢。南方地区经济增速从2013年起超过北方，两者的增速差越来越大。经济份额上，表现为南升北降。2018年南方与北方经济份额的差距由2013年的14.8个百分点扩大到2018年底的23个百分点。

中国国际经济交流中心首席研究员张燕生认为，不同区域的动力源也呈现分化态势，区域经济发展的三个板块用研发强度可以清楚地反映出来。第一板块是研发强度超过2.4%的省份，2.4%是经济合作与发展组织（OECD）的平均研发强度，超过2.4%意味着该区域发展动能开始步入创新驱动阶段。2018年我国有北京、上海、广东等六省市位于这个板块。第二板块是13个研发强度在1.2%~2.39%的省份，其发展动力主要依靠投资驱动。第三板块是研发强度低于1.2%的12个省份，其发展动能主要依靠资源驱动。各板块间新旧动能转换决定了未来各板块长期增长潜力和发展态势。

二　区域经济分化形成原因和面临的主要问题

杜鹰认为，区域经济分化既有经济环境变化的周期性因素，也有新旧动能转换时期的结构性因素和体制性因素。一是周期性因素。由于国内国际环境深刻变化，我国经济正处在从高速增长向高质量发展转变的关键时期，不同地区由于资源禀赋、工业基础、结构类型和创新能力等各方面条件不一样，对转型要求做出的反应也不一样，有的区域走得更好更快，有的走得更慢、问题更多，从而表现为区域经济分化现象。二是结构性因素。主要是指不同产业结构类型对区域经济发展的影响。北部和西部一些地区产业结构偏重且单一，抗外部冲击能力弱，回旋余地小。东南沿海地区制造业附加值很高，产业体系比较健全，产业链比较完整，应对外部冲击时，回旋余地大。三是体制性因素。北方地区的企业结构中，国有企业比重偏高，民营企业比重低，市场化程度相对低，南方地区整体的市场体系健全，经济活跃，人们的市场意识比较强，在转型时期其市场竞争力就更强。区域经济分化具有一定的客观必然性，将会伴随经济向高质量发展转型进程持续较长时间，可因势利导，调整全国生产布局，打造区域经济发展新格局。

三　新形势下促进区域协调发展的基本思路和建议

2019 年中央财经委员会第五次会议指出，下一步区域经济发展的基本思路是，按照客观经济规律调整完善区域政策体系，发挥各区域比较优势，促进各类要素合理流动和高效集聚，增强创新发展动力，加快构建高质量发展的动力系统，增强中心城市和城市群等经济发展优势区域的经济和人口承载能力。

（一）实施好区域发展战略要把握六个要点

杜鹰认为，一要坚持按照客观经济规律办事。区域经济发展的客观规律表明，平衡是相对的，不平衡是绝对的、普遍的。要处理好区域经济发展中，公平与效率、发挥比较优势与缩小区域差距这两对矛盾关系。要讲效率、讲比较优势，让能较快发展的地区快起来、能高质量发展的地区进一步把转型工作做好，蛋糕做大，才有充足的资本处理好区域协调发展问题，促进高质量发展。二要加快构建高质量发展的动力体系。这个动力体系包含两个层次，第一个层次是引领全国发展的动力源，主要来源于京津冀、长三角、粤港澳大湾区；第二个层次是区域性中心城市或城市群，这些经济区一头衔接京津冀、长三角和珠三角，一头连接广大的内陆腹地，可以有效拓展我国发展的战略空间。三要完善区域政策单元，实施更加精准有效的区域政策。要从区域经济分化的实际出发，顺应客观规律，打破原来以地理单元、行政区划作为单一实施区域政策主体的做法，从以行政区划为基础向以经济板块、主体功能类型为基础转变，按经济板块、主体功能类型布局生产力。四要加快形成全国统一市场，特别是要素市场，打破隐性区域壁垒。五要完善财政转移支付，更好地发挥中央和地方两个积极性。六要加强区域经济合作。要有序推动产业梯次转移，尤其是在中美贸易摩擦和世界经济深度调整阶段，更应加强政策设计与政策支持，引导劳动密集型产业向中西部有承接优势的地区转移。

（二）推动城市群发展要把握四个原则

黄奇帆认为，一是制定统一的规划。城市群或大都市连绵带的城镇化率会发展到70%以上，连绵带内部大城市与中小城市人口要保持合理比例，以保障大城市和中小城市有效发挥集聚和辐射功能。二是合理的功能定位。要根据各类城市发展形成的历史的、现状的和功能性的特点，做好城市群内各城市的功能定位，使城市群内各个城市之间实现强强联合、优势互补、资源优化配置。三是推动形成产业链集群。城市群或大都市圈要集中力量发展主导产业，形成由龙头产业、零部件配套产业和为上中下游产业服务的生产性服务业共同组成的产业集群。以产业链集群为基础，使承载产业的大中小城市形成互动、协同发展的都市圈。四是推进城市间互联互通。城市群各城市内部的地铁，以及连接各城市的高速公路、高铁枢纽、城际铁路，都应按城市群发展的要求做好一体化规划。推进城市群内部口岸一体化，实现关检互认、信息共享。

（三）要保持战略定力，为未来高质量发展打下基础

张燕生认为，当前中国经济下行压力逐步加大，国际国内形势非常复杂，中国应长期坚持动能转换、结构转换、模式转换，推动高质量发展。贯彻落实中央经济工作会议精神，推动京津冀、长三角和粤港澳大湾区建设，打造世界级的创新平台和增长极。粤港澳大湾区建设要在五个方面重点突破：打造全球开放层次最高的特殊区域；推动规则制度性开放；打造全球性科技人才创新平台；打造区域供应链、全球供应链综合枢纽和跨境网络；打造培育世界级创新平台和增长极的支撑体系。扎实推进雄安新区建设，落实长江经济带大保护，推动黄河流域生态保护和高质量发展，下一步的关键是把新的发展理念贯彻落地。提高中心城市和城市群综合承载能力，重点在树立全面整体的观念，遵循经济社会发展的区域和空间规律，实现人口、经济和生态的综合平衡。

（四）深圳在粤港澳大湾区建设中可发挥重要作用

深圳市副市长艾学峰认为，深圳在整个大湾区建设中具有特殊重要的作用。一是加强深圳与港澳的合作。深圳既要加强营商环境、金融市场、投资贸易、民生等领域的软联通，还要加强与港澳的硬联通，包括基础设施互联互通、一些重要平台的共建共享，实现深圳和港澳优势互补，推动大湾区经济协调发展。二是加强广深双轮驱动。深圳与广州要在共建国际科创中心、国际航空和海运枢纽，共建现代产业体系等方面深化合作。三是编制和落实深莞惠都市圈规划。由深圳牵头会商东莞、惠州共同编制深莞惠都市圈规划，深圳要在其中发挥引领作用，强化辐射带动，使得三个城市发挥“1+1+1>3”的作用。四是加强与珠三角其他城市的经济合作。

（五）河南在黄河流域生态保护和高质量发展中扮演着关键角色

河南省政协副主席钱国玉认为，一是要准确把握保护与发展的关系。一方面进一步强化黄河全流域生态保护与修复，改善和优化流域发展环境，确保沿岸安全；另一方面倒逼全流域深化供给侧结构性改革，蹚出一条富有地域特色的绿色发展、高质量发展新路径。二是要准确把握河南与黄河全流域的关系，将河南自身优势与全流域优势结合起来，开拓高质量发展新局面。河南在黄河流域生态保护和高质量发展中，要发挥好区位优势、粮食生产优势、文化资源优势、城镇化潜力大和人口规模大等优势。三是将流域地区保护治理与全省的生态文明建设结合起来，牢固树立一盘棋思想，既要立足本地又要纵观全局，以流域带动省域，统筹推进重大生态保护。四是准确把握黄河流域生态保护和高质量发展与其他战略的关系。将这一重大的国家战略与全省其他战略统筹起来，以黄河流域生态保护和高质量发展重大国家战略为引领，推动河南省高质量发展。

（中国国际经济交流中心　李　娣 整理）

推动创新驱动发展和更高水平对外开放

——2019~2020 中国经济年会平行论坛三观点综述

2019~2020 中国经济年会平行论坛三以“推动创新驱动发展和更高水平对外开放”为主题，由中国国际经济交流中心副理事长魏建国主持。主要观点综述如下。

一 关于创新驱动发展

中国国际经济交流中心常务副理事长、执行局主任张晓强指出，创新驱动有助于推进供给侧结构性改革，培育强大国内市场，解决人民日益增长的美好生活需要和不平衡不充分发展的矛盾。当前我国在养老、教育、旅游、文化等领域需求很多，潜力巨大。随着管理制度创新与放开，投资、产品、技术、新业态等都会有用武之地，用以满足释放出来的巨大需求。实现创新既要让市场在对创新要素的配置中起决定性作用，又要更好发挥政府的作用，有效的市场和有为的政府要结合好。

中国科学院科技战略咨询研究院院长潘教峰认为，创新驱动不仅体现在科技上，还要始终贯彻落实在方方面面。创新驱动发展战略自党的十八大提出以来，已经从谋篇布局逐步往深处走，往实处落，取得了重大成效。2019 年的中央经济工作会议更加重视打造创新驱动的动力源，为此应该注重解决以下几个问题。一是更加重视原始创新的提升。这次会议专门提出健全鼓励支持基础研究、原始创新的体制机制，这是我们创新驱动发展走向新阶段的一个标志。加强基础研究、提升源头创新能力才能支撑我国的可持续发展。二是更加重视立足自身来解决一些关键的卡脖子问题。国企要在基础创新上发挥更重要的作用，建设北京、长三角和粤港澳大湾区三大科技创新中心，打造世界级的创新平台增长极。三是大力提高科技创新的转化能力。我国科技研发投入 2018 年占到国内生产总值（GDP）的 2.19%，总额居世界第二位，相当于美国的 60% 左右，2019 年全球创新指数排在全球第 14 位。但中国全球竞争力指数并不理想，多年来变化不大，要通过大幅提升转化能力，增加新动能，支撑经济高质量发展。关于中美科技脱钩问题，潘教峰指出，科技进步本身要求开放合作，同时科技具有系统性，某一项科技很难单独存在，科技整体“脱钩”是很难的。但不排除局部出现脱钩的可能性，不过我们不会主动“脱钩”。对于在百年未有之大变局下如何推动完善我国创新体系的建设，潘教峰认为，创新体系要适应当今创新的几个新特点：一是随着经济社会的数字化转型，对创新的需求规模增加了，对创新的效率也提高了要求；二是创新更加需要协同、合作、开放，创新体系更需要横向聚合式结构，开放创新、融通创新肯定是未来发展非常重要的方向。

腾讯公司副总裁马斌以腾讯为例，阐述在改革开放背景下创新驱动的重要作用。首先，腾讯发展壮大的历程就是一个创新驱动发展的典型案例。腾讯的服务内容就是提供联接器。第一个联接器是 QQ，第二个联接器是微信，目前已有 11.33 亿用户，支付端有 8 亿个账号，服务范围超过 200 个国家。用户规模就是红利，从线上到线下又是一波红利。其次，通过连接形成的数字化能够提升全要素生产率。传统条件下的投入产出比在下降，但产业互联网将提供新的投资红利，如应用人工智能提高诊疗效率。不过，数据安全也是一个需要处理好的问题，数字链条如果遭受攻击，就可能带来巨大损失甚至是灾难性后果。对于数字货币问题，腾讯会根据国家的需要积极参与，与央行等管理部门和企业界合作。

新华社首席经济分析师陆晓明就创新驱动发展的必要性和具体内涵阐述了自己的观点。第一，只能靠创新驱动来推动高质量发展。过去主要靠大量的劳动力等传统要素投入的发展模式已受到限制。比如20年前每单位固定资产投资带动的GDP大概是3.3个单位，10年前是1.9个，2018年已经降到1.4个。同时这种发展模式也遇到了一些障碍，难以为继，比如环境污染问题和劳动人口下降等。第二，实用性的小创新也是创新发展的重要内容。基于客户需求的速溶茶，实现集约化和更为环保的高楼养猪，以及使用大数据的智能化编辑系统，都有较好的应用前景。积少成多，聚沙成塔，正是千千万万的小创新推动了经济发展。第三，体制机制的创新可能是最重要的创新。改革开放之初的农业分散经营就取得了巨大成效，体现了体制机制创新的重要作用。中央经济工作会议提到深化科技体制改革，就是要激活经济的活力和市场主体的活力，应作为创新的重要内容予以重视。如高楼养猪，需要国土、环保、住建、应急管理等部门的管理创新才能真正实现。体制机制创新既需要中央的顶层设计，也要发挥基层的主动性创造性，形成适宜大众创业、万众创新的体制环境。另外还要注重发挥教育的基础性作用。

二　关于更高水平对外开放

张晓强着重指出了高水平对外开放的特点和具体做法。党的十九届四中全会提出建设更高水平开放型经济新体制。更高水平对外开放有两个特点：一是要实施更大范围、更宽领域、更深层次的全面开放；二是要推动规则、规制管理等制度型开放。这种开放的特征不再是以原来税收优惠、土地优惠等内容来体现，而是向着一种规则、规制管理的制度型开放来深化和推进。习近平总书记在2018年的博鳌亚洲论坛、纪念海南建省办特区30周年和两届进博会等场合，多次强调开放型世界经济的发展，中国的大门会越开越大。近两年，这种体现全面开放和制度性开放的举措推出得非常密集，也非常有力度。2019年3月，全国人大通过了外商投资法，对于禁止强制转让技术等外方一直关注的问题做出了明确的法律规定；10月22日，国务院发布《优化营商环境条例》；10月30日，国务院提出《关于进一步做好利用外资工作的意见》20条，包括对金融股比等的限制2020年全部取消，外商可以依法平等参与政府采购；12月12日，国务院常务会议通过《外商投资法实施条例（草案）》，实化促进和保护外商投资的措施，将于2020年1月1日与《外商投资法》同步配套实施，使得政策的落实能够切切实实得到保障。在当前国际经济不确定性增加，出现保护主义、单边主义逆流的背景下，中国的全面性、制度性开放具有全球意义。我国商品贸易连年第一，吸引外商投资逆势增长，对外投资近几年居世界前列，都得益于坚持对外开放。当然，我国在营商环境等方面还有改进空间。地方政府的服务和管理水平，以及“放管服”改革，都需要改善。

对于未来高水平开放实施的时间，张晓强认为应结合“两个百年目标”来看。改革开放和创新驱动是决定我们高质量发展的关键措施。从现在到2025年可以建成较高水平的对外开放新体制，到2035年我国的对外开放基本要达到世界先进水平，到21世纪中叶水平要更高。

三　关于创新驱动和改革开放两轮驱动

中国商飞公司董事会秘书、董事会办公室主任沈卫国结合把中国商飞公司建成新时代改革开放的标志性工程和创新型国家标志性工程的实践，按照为客户提供更加安全、经济、舒适、环保的商用飞机的愿景，认为自主创新与开放合作两轮驱动是必要的。第一，坚持自主创新。经过11年的创新实践，C919大型飞机、ARJ新支线飞机和CR929

远程宽体客机三个型号的飞机都取得了阶段性成绩。其间通过自我设计、自我验证、自我集成来实现自主知识产权和自主品牌，掌握了关键核心技术。自主创新要以客户为中心，理解和满足客户需求，同时自主创新要靠人才来实现。第二，坚持开放合作。中国商飞在 C919 机型上选择了 15 个国家和地区的 22 个一级供应商开展合作。CR929 机型选择跟俄罗斯合作，合资公司已经在上海成立，两个研发团队已经开始工作。第三，坚持创新和开放紧密结合。首先要自力更生、自主创新，掌握关键核心技术，形成一定优势，实现自主控制。只有通过自主控制才能化解防范风险，才能实现更好合作。其次要开放合作，通过合作提高技术水平，提升整体优势。

（中国国际经济交流中心　夏友仁 整理）

2019 年“经济每月谈”观点综述

国际国内经济形势分析与2019年展望

——第115期“经济每月谈”综述

近日，中国国际经济交流中心举办第115期“经济每月谈”，会议主题为“国际国内经济形势分析与2019年展望”。会议由中国国际经济交流中心副理事长兼秘书长张大卫主持。中国国际经济交流中心总经济师、执行局副主任陈文玲，中国国际经济交流中心副总经济师徐洪才发表演讲。

一　世界经济将发生重大调整和变局

陈文玲认为，2018年到2020年这三年，有可能成为世界经济大变局之年，也是转折关键之年。国际货币基金组织（IMF）和世界银行在2019年1月同时调低了2018年世界经济增速预测，也调低了2019年、2020年的预测。在全球经济下行、国际贸易减少、股市遭受重创的形势下，世界经济将发生重大变局。

（一）多边贸易规则将发生重大调整

以世界贸易组织（WTO）为基础的多边贸易体制，是经济全球化和贸易自由化、便利化发展的基础。美国要重构以美国利益为核心的新规则，挑起对中国、日本、韩国、印度、欧盟等全方位的贸易战，要改变WTO规则。在WTO规则里，发展中国家和发达国家在政策上是有区别的。在以美国为主导的 WTO 最兴盛时期，美国在国际贸易上获利最多。随着中国和其他新兴经济体的崛起，美国认为原有贸易规则对其失去公平性。因此，美国要求调整贸易规则，其指导思想是“美国第一、美国利益至上”，强调“对等贸易”“公平贸易”。主张取消中国的发展中国家地位，认为全世界所有国家不应存在差别，主张零关税。其目的是在新的产业和贸易格局下，实现自身利益最大化。

在这一背景下，就发生了规则之争。中国应对 WTO 改革基于五点，即履行承诺、遵守规则、维护多边、面向未来和支持改革。WTO 认为中国是世界上履行承诺最好的国家。现在破坏 WTO 规则的是美国，美国政府给其驻 WTO 大使的授意是，凡是符合美国利益的就叫公平贸易，凡是不符合的就不叫公平贸易。规则之争，特别是贸易规则之争，未来可能会决定国际贸易格局，最近几年将是这场竞争最激烈的几年，我们对此必须有充分的准备，要弄清形势，做好研判。

（二）国际贸易随产业转移开始新一轮调整

当前，第五轮产业转移中，贸易流量、贸易方向、贸易结构、贸易区域分布正在发生调整。2018 年，我国贸易顺差同比减少了 18.3 个百分点。纺织、服装、鞋帽、箱包和玩具等劳动密集型产业在加快向东南亚、南亚、非洲、北美和南美转移。可以预见，未来我国从劳动密集型制造品，到满足人民生活美好需要的升级版消费品，到制造业转型升级的高端半成品或中间品，都会加大进口。预计 5~10 年，我国会成为最大的国际贸易逆差国。与此同时，世界贸易结构也在发生重大变化，体现在中间品贸易成为贸易品的主体。过去贸易是以最终品贸易为主，现在是以中间品为主，占到全球贸易的 2/3。美国对我国的 500 亿美元出口商品制裁中，中间品和投资品占到 73%。后面的 2000 亿美元出口商品制裁中，中间品和投资品占到 78%。2017 年，我国进口 2600 亿美元的芯片都属于中间品，其中从美国进口 875 亿美元。中间品进口比重这么高，美国对华贸易制裁必将自食恶果。格林斯潘曾发出警告，特朗普对中国的贸易制裁，最终会转嫁到美国制造商和美国消费者身上。实际上，美国已经受到重创，其制造业零部件卖不出去，工厂开始向美国以外转移，同时出现大量裁员。

（三）国际贸易方式将发生重大变化

国际贸易方式的重大变化就是下一代贸易的迅速成长。它是基于跨境电商的先发优势，形成电子世界贸易平台（e-WTP）这样的主体，形成线上、线下相融合的新贸易方式。中国在下一代贸易方式上走在世界前列，已有37个城市在进行跨境电商试点，已与美国等国拉开很大的差距。

陈文玲认为，美国和全世界打贸易战，依据的是“美国至上”且僵化落后的规则，不得人心。中国要面向未来，站在全球大多数国家的利益一边，在符合WTO精神的前提下，维护经济全球化和贸易便利化。一是要有定力，相信我们是代表时代潮流和方向的。这种定力来源于对贸易规律性的认识，中间品贸易比重如此大，中美两国的经济联系非常紧密。二是要耐得住，等待美国转向。三是要守住底线。要敢于创造适应未来发展的新理论、新规则和新框架，走在世界前列，诠释中国主张。

二　国际金融正处在大的历史转折期

陈文玲指出，当前国际金融正处在大的历史转折期，主要有以下特点。第一，美元信用遭到质疑。随着美国国家信用受到质疑，美元产生信用危机，进而开启美元走向衰落的历史周期。现在，美元在贸易结算货币中的比重已经从之前的80%降到39%。有接近20个国家开始去美元化进程，将动摇美国霸权地位。同时，美债遭到质疑。美国国债有20多万亿美元，现在31个美国债权国中已有21个国家开始去美债。因此，这是一个历史转折点，去美元、去美债、去美国化，且货币多元化。未来将是美元、欧元、人民币三足鼎立。人民币将超过英镑、日元在国际上的地位，这一多元货币体系将会形成新的货币规则和货币秩序。

第二，美国金融政策更加不稳定。随着美元信用下降，美国金融政策越来越不稳定，且内斗厉害。美联储主张美元加息，遭到特朗普强烈反对。美联储加息 2019 年有可能从 3 次减到 2 次，美元在现有国际储备货币中占的比重太大，将对世界经济产生影响，给国际金融市场带来很大不确定性。对此，我们要坚持人民币国际化和增加人民币信用水平的举措不能变，在金融改革上必须走中国道路，不能跟在西方，特别是美国后面。

三 我国经济形势稳中有进、稳中有变、变中有忧

徐洪才认为，2018 年我国经济总体稳定、稳中有进，经济增长势头良好，物价与就业稳定，国际收支平衡状况有所改善，经济结构优化，质量有所提升。一是我国经济增长相对稳定。2018 年实现经济增长 6.6%，经济总量首次突破 90 万亿元人民币，人均收入首次突破 1 万美元，对外贸易首次突破 30 万亿元人民币，都是标志性事件。宏观经济运行在合理区间，微观经济有坚实基础。规模以上工业增加值相对稳定，全年增长 6.2%，实现规上工业企业利润总额增长 11.8%。二是物价保持相对稳定。居民消费价格指数（CPI）相对稳定，全年增长 2.1%。工业生产者价格指数（PPI）总体稳定。受国际油价调整影响，12 月 PPI 同比增长 0.9%，随着近期货币政策边际放松，PPI 可望止跌企稳。三是就业保持稳定。全年实现新增城镇就业岗位 1361 万。四是国际收支保持基本平衡。经常账户基本平衡，资本和金融账户、吸收外资和对外投资、人民币汇率均保持相对稳定。银行结售汇逆差逐渐收窄，总体平衡。五是经济结构有所优化，发展质量有所提升。供给侧结构性改革取得积极进展，钢铁、煤炭年度去产能任务提前完成，企业资产负债率明显下降，去库存取得积极进展。第三产业对经济增

长贡献上升，超过 61.3%。需求结构明显改善，最终消费拉动增长 5.03 个百分点，对国内生产总值（GDP）贡献达到 76.2%。固定资产投资增速触底回升，由低谷的 5.3% 回到 5.9%，投资结构在优化。房地产市场趋于稳定，一线城市房价得到有效抑制，全年房地产开发投资增长保持相对稳定。

徐洪才指出，2018 年我国经济总体稳中有进，但稳中有变、变中有忧。首先，投资低速增长将成为一种常态。这表明经济发展方式已发生深刻变化，过去靠投资和出口拉动经济增长的发展模式不可持续。其次，居民消费拉动力有所放缓。2018 年社会消费品零售总额同比增长 9.0%，同比增速下降 1.2 个百分点。加上投资增速较 2017 年的 7.2% 下降 1.3 个百分点，内需增长疲弱是较严重的问题。再次，外贸顺差逐年减少。近期外贸出现负增长，2018 年我国出口增长 9.9%，进口增长 15.8%，顺差规模逐年回落，创下历史新低为 3570 亿美元。预期 2019 年可能回落到 3000 亿美元，对经济增长的拉动力回落 1.2 个百分点。最后，金融体系结构性问题充分显现。过去两年“去杠杆”的节奏和力度把控不当，宏观流动性整体不足，广义货币（M2）增速在 2018 年 12 月只有 8.1%，狭义货币（M1）增速只有 1.5%，不能满足实体经济发展对流动性的合理需求。同时，货币政策传导机制不畅，融资难、融资贵问题依然突出。

四　展望 2019 年，我们要善于化危为机，继续推动经济稳中有进

徐洪才认为，2019 年我国外部环境依然复杂严峻，全球经济增长复苏动力减弱。2019 年，预计世界经济增长 3.5%，低于 2018 年的 3.7%；美国预计是 2.5%，低于 2018 年的 2.9%，欧盟、日本等经济增速均预计下降。同时，美国货币政策变化，以及中美贸易摩擦的长期博弈，将对中国经济产生深刻影响。与此同时，“一带一路”合作倡议得到国

际社会广泛响应，“一带一路”投资和贸易增长较快。东北亚经济合作总体回暖，特别是朝核危机有缓解趋势，中日、中韩合作也在加强。总体来看，我国经济外部环境充满不确定性，但仍危中有机。一是我国有中长期发展规划，能保持政策稳定性和连续性。二是国内需求相对稳定，市场空间巨大。我国人均收入达到 1 万美元，未来多层次、多样性消费需求空间很大。三是创新驱动效果显现，新动能增长势头良好。四是消费增长仍有潜力。重点是优化供给结构，满足多样性需求，促进消费成为经济增长的主要动力。五是新一轮改革开放红利将逐步释放。2019 年是改革开放再出发元年，将有很多重大举措，改革开放红利将逐步显现。

徐洪才指出，2019 年机遇与挑战并存，我们要善于化危为机，继续推动经济稳中有进、稳中向好。要按照中央经济工作会议要求，加强宏观政策的逆周期调节，实施积极的财政政策和稳健的货币政策，稳定总需求。积极的财政政策要加力提效，体现在减税降费和扩大地方政府专项债券规模，以及扩大基建投资等方面。稳健的货币增长要松紧适度，保持流动性的合理充裕，改善货币政策传导机制，提高直接融资比重，解决好民营企业和小微企业融资难、融资贵的问题。可适当下调法定存款准备金率，综合运用多种政策工具。总量政策和结构性调节政策要相结合，改善传导机制。结构性政策要强化体制机制建设，深化国资国企、财税金融、土地、市场准入和社会管理等领域改革，强化竞争性政策的基础性地位，创造公平竞争的制度环境。

供给侧结构性改革要贯彻“巩固、增强、提升、畅通”八字方针。“巩固”降成本和补短板措施，补民生短板和基建短板，降低企业经营成本。“增强”微观主体活力，提升市场体系效率，发挥企业家主观能动性，建立公开、公平、开放、透明的市场规则和法制化的营商环境。“提升”产业链水平，注重新技术和规模效益，形成新的竞争优势，培育和发展新的产业基础。“畅通”国民经济内部循环，建立统一开放竞争有序的现代市场体系，提高金融体系服务实体经济能力，促进经济增长和扩大就业。

展望未来，2019 年我国经济将是“前差后好”，下半年趋于稳定。全年经济增长预计为 6.3%，物价水平总体稳定，新增城镇就业岗位 1300 万，固定资产投资和消费缓中趋稳，固定资产投资全年增长 6.5% 左右，社会消费品零售总额增长达到 8.5% 左右。进出口进一步放缓，顺差预计为 3000 亿美元。稳定经济要发挥投资的关键作用和消费的基础作用。当务之急要将 M2 增速提升到与名义 GDP 增速大体一致，降低法定存款准备金率，从源头上降低融资成本。人民币汇率将保持相对稳定。预计在 2024 年前后，我国人均收入将达到 1.2 万美元以上，超过世界银行所设定的高收入国家标准，突破中等收入陷阱。到 2030 年前后，中国经济总量超过美国成为世界第一，对未来我们要充满信心。

（中国国际经济交流中心　王成仁 整理）

中日韩经贸合作前瞻

——第 116 期“经济每月谈”综述

近日，中国国际经济交流中心举办第 116 期“经济每月谈”，主题为“中日韩经贸合作前瞻”。会议由中国国际经济交流中心副理事长魏建国主持，中国社会科学院亚太与全球战略研究院院长李向阳、中国社会科学院日本研究所副所长张季风、中国国际经济交流中心经济研究部副部长刘向东分别发表演讲。

一　中日韩经贸合作呈现新变化

刘向东就当前中日韩经贸合作的形势特点、机遇与挑战、重点领域和突破口进行了阐述。

（一）中日韩经贸合作态势呈现恢复性增长的新特点

一是随着中日关系逐步恢复正常化，中日贸易正在向高水平恢复。2018 年双边贸易额达到 3276 亿美元，但与 2011 年 3400 多亿美元的高点仍有差距。二是在中韩自由贸易协定（FTA）的作用下，逐步摆脱“萨德”问题影响，中韩双边贸易恢复较快增长，2018 年突破了 3000 亿美元关口，创下历史新高。三是中日、中韩双边贸易额合计占中国对外贸易额比重与中美和中欧贸易大致相当，基本保持在 14%~15% 的水平。四是对华贸易在日韩对外贸易中的重要性日益上升，占比均达到20%以上。今后若达成更高水平的FTA，其重要性还将进一步提升。五是日韩相互贸易占比有所下降，日韩贸易额占日本对外贸易额的比重大致为6%，占韩国对外贸易额的比重由1990年的23.1%逐步下降至2018年的7.5%。六是日韩对华直接投资有所恢复，但回到历史高水平难度较大；中国对日韩直接投资额出现快速增长势头。

（二）中日韩经贸合作面临新的挑战和机遇

一是美国贸易保护主义政策引发全球贸易预期变化，中美经贸摩擦给以中国为主要生产基地的东亚供应链造成负面冲击。二是美国加息、缩表、减税等政策引发投资回流美国，跨境资本流动和汇率波动风险加大。三是美国各种“退群”行为造成多边贸易格局遭受挑战。尽管如此，机遇仍大于挑战。首先，美国对外政策收缩助推中日韩加强区域内合作，中美双方“不打不相识”，中美达成和解为东亚地区繁荣发展营造重要战略机遇期。其次，朝核问题得以妥善解决，使朝鲜半岛迎来难得的和平时机。如果朝鲜开启经济建设新征程，中国东北地区将迎来良好外部环境，地区合作空间将大幅拓展。最后，新技术革命给中日韩经贸合作提供新动力。中国培育强大的内需市场和营造有利于创新的环境，将为各类新技术提供试验场。日韩在原创性技术、产业化创新上有优势，三方合作可巩固和提升东亚产业链竞争力。

（三）中日韩经贸发展进入竞争与合作并存的新阶段

中日韩在产业发展上有竞争的一面，也有合作空间。确保三国竞争有益无害，则需要开展同向竞争，通过开放式创新竞争引导共同繁荣。若要保证合作利益共享，既可开展产业链互补合作，也可推进第三方市场合作。中日韩宣称坚持自由贸易方向和建设东亚经济共同体，把双边FTA和多边贸易安排并行来推动，包括推动中日韩FTA、区域全面经济伙伴关系协定（RCEP）和全面且先进的跨太平洋伙伴关系协定（CPTPP）等多边谈判进程。短期看，中日韩FTA谈判前景不乐观，三国都把推进RCEP放在优先位置。中国应抓住时机提出加入CPTPP，推进更高水平的开放。

（四）中日韩经贸合作可在多领域找到突破口和切入点

当前及今后一段时期，中日韩三国能在多个领域取得突破。一是利用2019年在华召开中日韩领导人会议的时机，积极推动中日韩三国经贸合作达到更高水平。二是抓住日本召开二十国集团（G20）峰会的重要契机，立足东亚地区共促贸易投资自由化便利化，就世界贸易组织（WTO）规则的改革形成共识。三是抓住朝鲜半岛和平发展新机遇，提前做好准备，推进沿边地区开放开发，构建东向丝绸之路。四是发挥中日韩三国秘书处沟通协调作用，推动三国政策沟通和战略对接。五是利用该地区连续举办奥运会契机，共同推进奥运经济合作，联合申办国际重要体育赛事。六是建立中日韩环境治理试验区，深化节能环保和雾霾防治领域务实合作。

二　推进环日本海区域经济一体化具备可行条件

李向阳就推动环日本海（韩国称为东海）区域经济一体化的必要性、可能性和实现途径进行了前瞻分析。

（一）构建环日本海经济圈长期受制于地区安全局势

环日本海经济圈可以追溯到20世纪七八十年代，当时日本就提出环日本海经济圈建设的设想，但受制于朝鲜半岛安全局势未得到解决，环日本海经济圈建设最终没能实现。20世纪90年代，联合国开发计划署（UNDP）曾主导推动大图们江开发计划，当时构想令人向往，但实际还是被搁置下来，与朝鲜半岛政治安全局势有直接关系。如果朝鲜半岛不统一或者不能实现和平相处，环日本海经济合作就基本上是一句空话。在非经济领域，该地区国家间存在较大分歧，如日俄领土争端、中国东北地区出海口等问题，都在一定程度上限制了环日本海区域的经济合作。

（二）新时代环日本海经济合作日益必要和迫切

一是当今地区格局乃至全球格局发生重大变化。日本海本身在地缘上有其特殊的价值，能够把东北亚的中蒙俄、朝韩日有效联系起来。二是中美经贸摩擦对东亚地区负面影响正在显现。全球价值链已把东亚地区的经济紧密联系在一起，客观上该地区已受到负面冲击。2018年12月，日本、韩国、印尼、新加坡、泰国的出口增长率出现下降。2019年1月，日本出口同比下降8.4%，其中对华出口下降幅度超过17%。东亚经济体需共同应对全球贸易保护主义和中美经贸摩擦带来的不利影响。三是环日本海地区经济产业互补性强，蒙俄拥有丰富的资源能源，中日韩制造业合作互补较大，朝鲜有待开放开发，多方合作收益较大。四是中国致力于通过全方位对外开放破解中国东北经济发展滞后问题。开放条件下的东北振兴将是一个最直接的驱动力，但该地区开放受到日本海出海口问题牵制。五是蒙古国和俄罗斯期望参与东北亚经济合作，但不想成为单纯能源资源提供者，希望将能源资源转化为多元化产业，为实现经济可持续发展创造条件。为此，俄罗斯制定了“东向政策”，跟蒙古国试图打开对日本海的第二条出海口。六是日韩有意愿接受东北亚区域经济一体化倡议，希望借此打通通往欧洲的陆路通道。

（三）环日本海区域经济一体化已具备现实可能性

一是朝鲜半岛局势发生重大变化，为推动该区域经济合作消除了最大非经济障碍。二是韩国文在寅政府积极推行“新北方政策”（面向中蒙俄朝的东北亚地区），为推进东北亚区域经济合作创造了前提条件。三是日俄领土争端问题取得进展，尽管在岛屿归属上双方尚存分歧，但较以往有了较大改观，将为环日本海区域经济一体化创造有利条件。四是区域合作机制和倡议有效连接，如“一带一路”框架下中蒙俄经济走廊、“新北方政策”、中韩FTA和中日韩FTA并行，把该地区经济有效联系起来。

（四）宜采用渐进方式推进环日本海区域经济一体化

一是有必要推进环日本海区域互联互通。日本海本身就是一个海洋大通道，环海港口及连接港口陆路的互联互通是区域经济合作的基础支撑。中蒙俄经济走廊建设有力地推动该区域基础设施互联互通。二是中国正在寻求解决对日本海永久性出海口问题。这是个长期困扰中国参与环日本海区域经济合作的难题，不仅影响到中国东北地区对外开放的整体布局，而且危及中国参与环日本海区域经济合作的正常化。如果不设为永久性出海口，区域经济合作就容易受到非经济因素阻断。解决这个问题，需要更加灵活和创造性的外交思路。三是渐进方式推进是可行的必然选择。环日本海地区涵盖中、日、朝、韩、俄、蒙六个主权国家，国家间经济发展水平有差异，非经济领域摩擦纠纷也较多，需要先形成基本共识，逐一破除各方阻力，共同朝着务实合作方向努力，然后逐步推动高水平合作。

三　中日经济关系仍是中日关系的压舱石和推进器

张季风就中日经济关系基本定位、发展支柱、存在问题及未来前景做了详细阐释。

（一）找准中日经济关系的基本定位

从发展历史轨迹看，中日经济关系大致经历六个阶段。第一个阶段（1949~1972 年）特点是民间主导、政府支援、规模较小。第二个阶段（1972~1978 年）特点是政府主导、官民并举，1972 年中日邦交正常化搭建了中日经济合作铁桥，此后单一贸易往来密切，规模逐步扩大。第三个阶段（1979~2000 年）特点是全面合作，以垂直分工为主，日本主导对华直接投资和开发援助，中日关系状态是政经双热。第四个阶段（2001~2009 年）特点是合作深化，中日既有竞争也有合作，中国对日投资起步，中日关系状态是政冷经热。第五个阶段（2010~2016 年）特点是转型合作，经济合作持续深化，从贸易投资拓展到财政金融、服务贸易和区域合作领域。第六个阶段（2017 年至今）特点是新时代合作，中日关系从“政冷经冷”转向“政温经暖”，但很难回到第三个阶段“政经双热”的局面。中日经济关系的基本定位是中日关系的基础，是中日关系中最强韧的部分，也是中日关系的压舱石和推进器，还是促进世界经济稳定发展的重要因素和处理中美经济博弈可利用的杠杆。

（二）继续夯实中日经济关系发展的四大支柱

多年来，中日经济关系有五大支柱，双边贸易、双向投资、对华开发援助、财政金融合作、区域合作。2008 年，日本结束了占到 94% 的对华日元贷款。2018 年，安倍晋三首相访华时提出结束无偿援助和技术合作。这意味着中日经济合作将依赖剩下的四大支柱，双边贸易是基础，双向投资是动力，两者相辅相成，财政金融是深度合作，区域合作是广度拓展。2012 年钓鱼岛争端事件发生后，中日经济合作四大支柱全面后退，到 2017 年才开始恢复。当前，市场规律和经营理性超越政治关系和国民情绪共同发挥作用，双边贸易投资健康发展，财政金融、第三方市场和区域一体化合作取得较快进展。

（三）中日经济关系中存在多方面的发展不平衡问题

一是双向投资不平衡。日本对华累计投资达到 1100 多亿美元，而中国对日累计投资只有 44 亿美元。二是双向旅游不平衡。2018 年中国访日游客高达 838 万人次，而日本访华游客只有 240 万人次。值得注意的是，中日贸易在中国对外贸易中重要性降低了，但并不意味着日本对中国的重要性下降，很多日本高端产品在中国仍具有不可替代性。2014 年中国进口产品和设备中，日本制造占比较高。如电梯占 67.2%，机器人占 56.5%，注塑机占 50.8% 以上，液晶制造设备占 46.5%，表明中国对日本技术含量较高的产品依赖程度仍较高。

（四）中日经济合作继续发展是大趋势

一是全球化趋势难以逆转，中日经济合作将超越双边合作范围。二是中国发展离不开国际合作，当然也需要同日本的经济合作。三是中国经济进入高质量发展阶段，为中日经贸合作开辟了广阔前景。四是中日关系改善为两国经贸合作创造了良好条件，中美经贸摩擦可能会促进中日经贸合作快速发展。此外，中日经济合作的方向将由“重数量”转向“重质量”，在制造业合作基础上扩大服务业合作，从生产领域拓展到民生领域，从深化民间合作拓展到财政金融和区域合作。从趋势上看，2019 年中日经济关系能实现全面恢复，其中双边贸易额有望恢复到 2011 年的最高点；2020~2035 年，竞争与合作并存；2035~2050 年，合作会更加成熟。未来中日在节能环保、前沿技术、医疗康养、现代农业、观光旅游、财政金融、防灾减灾和区域合作等多领域有巨大合作潜力。

（中国国际经济交流中心　刘向东 整理）

政府工作报告解读：以改革、开放、创新推动经济平稳发展

——第 117 期“经济每月谈”综述

近日，中国国际经济交流中心举办第 117 期“经济每月谈”，主题为“《政府工作报告》解读”。会议由中国国际经济交流中心副理事长兼秘书长张大卫主持，中国国际经济交流中心副理事长黄奇帆、韩永文发表演讲。

一 《政府工作报告》总体评价

韩永文认为，在 2019 年两会上，代表们对《政府工作报告》（以下简称“报告”）反映普遍较好，一致认为报告接地气，政策措施含金量高。在会议闭幕式上，报告几乎是全票通过，体现了民意，符合民心。这意味着党中央、国务院集体讨论确定的 2019 年中国经济工作大政方针和具体措施得到了人大代表的肯定和拥护。报告经过人民代表大会集中审议讨论之后，有 83 处做了修改，这些修改没有一项是针对大的政策和工作，所有修改只是就一些具体文字和表述方式提出的。这也可以看出这是一份高质量的报告。黄奇帆认为，2019 年政府工作报告非常扎实，措施非常具体，着力点非常明确。

二 2018 年经济发展回顾

韩永文认为，回顾过去一年，报告明确指出，我们面对的是深刻

变化的外部环境。经济全球化遭遇波折，多边主义受到冲击，国际金融市场震荡，特别是中美经贸摩擦给一些企业生产经营、市场预期带来不利影响。我们面对的是经济转型阵痛凸显的严峻挑战。新老矛盾交织，周期性、结构性问题叠加，经济运行稳中有变、变中有忧。我们面对的是“两难”“多难”问题增多的复杂局面。实现稳增长、防风险等多重目标，完成经济社会发展等多项任务，处理好当前与长远等多种关系，政策抉择和工作推进的难度明显加大。2018 年，我国在复杂多变的国内外环境和条件下，取得了 6.6% 的经济增长速度，实现了 1360 多万城镇新增就业，保持国际收支基本平衡。更为重要的是，经过多年改革开放和供给侧结构性改革，经济增长质量和结构发生重大变化，最终消费对国内生产总值（GDP）增长的贡献率达到 76.2%，服务业对经济增长的贡献率接近 60%，科技进步贡献率提高到 58.5%。依靠内需和经济内生动力，我国经济增长超出预期。

黄奇帆认为，2018 年我国 GDP 同比增长 6.6%，这得益于中央提前谋划，着力采取了稳就业、稳金融、稳外贸、稳外资、稳投资、稳预期“六稳”措施，对国民经济产生了重要推动作用。

三　2019 年经济发展展望

报告将 2019 年中国经济增长预期目标定为 6%~6.5% 区间。黄奇帆认为，总体看，“六稳”措施能使 2019 年的经济稳中求进、稳中求变、稳中求发展，稳稳当当地实现预期目标。具体看，2019 年中国经济预计将呈现“前低后高”态势。一季度，经济增速会有所放缓，预计增速在 6.3% 左右，上半年有可能在 6.35% 或者 6.4%。全年相信会在 6.4% 左右，出现稳中有升态势。这种态势受到三个资金市场、“三驾马车”这六大经济要素支撑。

从股市看，沪指从 2018 年 2500 点上升到 2019 年 3 月的 3000 点左右。股市开局良好，对普通股民来说，可以逐渐“解套”，对股权质押的企业来说，风险缓解，都是好事。从货币市场看，2018 年四季度以来，国家多措并举，“融资难、融资贵”等问题得到相当程度缓解。数据显示，2018 年 12 月新发放的 500 万元以下的小微企业贷款利率的平均水平为 6.16%，比 2017 年低 0.39 个百分点。从外汇市场看，美联储缩表力度减弱，人民币贬值压力有所缓解。此外，消费、投资、进出口这“三驾马车”2019 年以来都见稳，且稳中有升。前两个月消费同比增长 8.2%，增速与上年 12 月持平，走势平稳。投资增长也有趋稳迹象，特别是基础设施投资企稳回升，房地产投资增长较快。

四　推动经济平稳发展的政策取向

黄奇帆认为，当前经济发展的动力，主要源于用市场化方法而不是依赖行政性命令展开的改革、开放和创新。

关于改革。改革的魂和纲是供给侧结构性改革，报告提到的每项改革都与供给侧有关。一是国企改革。重点是推进国有资本投资及运营公司改革试点，积极稳妥推进混合所有制改革。二是民企发展。关键是改善营商环境，不同所有制享有同等公平待遇，解决民企融资难、融资贵问题。三是资本市场改革。重点改革完善资本市场基础制度，催生改革红利。四是货币市场改革。重点是利率市场化改革，畅通金融传导机制。五是降成本。重点是降低制度性交易成本、要素成本、税费成本等。

关于开放。党的十八届三中全会以来，我国开放已经发生了五个转变。一是从出口为主转变为出口和进口双向并重。二是从引进外资为主转变为引进外资和“走出去”共同发展。三是从沿海开放转变为东西南北中一起开放。四是从制造业开放转变为服务业和制造业一起开放。五是世界贸易组织（WTO）和自由贸易协定（FTA）谈判全方位推进。由此，我国通过开放融入世界力度大大提高。对 2019 年开放工作，政府工作报告重点讲了如下几件事。一是进一步降低进口关税，扩大进口总量。二是进一步扩大外资对中国投资的领域，包括金融。原来不开放、不能投的允许外资投资；原来股比规定只准投资25%或不准超过50%的，允许提高至55%、70%、80%，甚至独资；经营范围原来只有10种内容的，现在可以增为20种、25种。三是创造良好的营商环境，实施准入前国民待遇和负面清单管理，实施竞争中性原则。四是提出中国开放新高度、新高地，重点推进自贸区、自贸港建设，推进FTA谈判。

关于创新。报告主要讲了如下几方面任务。一是传统工业更新换代升级改造。二是发展战略性新兴产业。重点是发挥大数据、移动互联网、云计算、人工智能的作用，深化大数据、人工智能等研发应用，培育新一代信息技术、高端装备、生物医药、新能源汽车、新材料等新兴产业集群，壮大数字经济。三是依靠技术创新，加大基础研究和应用基础研究支持力度，强化原始创新，加强关键核心技术攻关。目前我国研发投入规模已位居世界第二，仅次于美国，但核心基础原创性研发投入只占5%。世界发达国家，如美国、日本、德国、英国、法国、澳大利亚、瑞士、瑞典、以色列等用于重大原始创新发明的研发投入，一般占其研发费总量的10%~20%，美国研发费中17%用于基础研发，用于无中生有的创新。在这方面我们差距确实比较大。我们应当加大基础研发费投入，实施科技创新突破和提升。四是促进知识产权转化。学习借鉴美国拜杜法案和硅谷科技成果转化经验，规定任何发明的投资者拥有1/3知识产权，还有1/3给转化者，激励人们做知识产权转化工作。成果经过转化变成“独角兽”公司以后，需要资本市场、股权市场的支持，形成良性机制。

韩永文指出，按照报告精神，2019年经济工作将坚持新发展理念，坚持推动高质量发展，坚持以供给侧结构性改革为主线，坚持深化市场化改革，扩大高水平开放。在政策取向上，报告首次将就业优先政策明确提出来，这说明经济下行压力至少在2019年上半年还比较大。

报告提出，2019年财政赤字率拟按2.8%安排，比2018年预算高0.2个百分点。执行过程中，如果经济遇到困难，实际上还有调整的弹性。货币政策方面，广义货币M2和社会融资规模增速要与国内生产总值名义增速相匹配，其中也留出了一些弹性。

实现这几个政策取向，要继续坚持以供给侧结构性改革为主线，在“巩固、增强、提升、畅通”八个字上下功夫。首先，当前最重要并应该下功夫的，是要打破货币政策、财政政策传导机制以及市场营商环境等方面的阻碍。其次，要打好三大攻坚战。最后，要把握好三个关系，一是统筹好国内与国际市场的关系，凝心聚力办好自己的事情；二是要平衡好稳增长与防风险的关系，要遵循规律，讲究方法，按照坚定可控、有序适度要求，在发展中逐步化解长期积累的诸多风险隐患，坚决避免发生系统性区域性风险；三是要处理好政府与市场的关系，依靠改革开放激发市场主体活力，只要市场主体有活力就能增强内生发展动力，顶住经济下行压力。

为此，报告提出了如下几个工作重点。一是要减税降费，包括降低增值税率，降低城镇职工基本养老保险缴费比例等。全年预计减轻企业税收和社保缴费负担近2万亿元，以此培养和增强市场主体活力，使市场主体将减税降费增加的收益用于创新、市场开发和增加生产，培植长远增长潜力，培养长远发展后劲，为未来发展培植稳定和更加充裕的税源。同时，采取措施将长期沉淀的财政资金收回，确保财政刚性支出所需资金不受减税降费影响。收回长期沉淀资金带有惩罚性，过去是促使资金使用，现在是要收回来用到该用的地方。二是要通过进一步优化营商环境，激发企业积极发展的内在动力，特别提出对监管者也要加强监管。刀尖不仅指向市场违法者，也指向监管者。这有利于推进依法治国和公正司法改革，有利于加快市场法制化建设。三是简化审批优化服务，便利投资兴业，以公正监管促进公平竞争，加快清理妨碍统一市场和公平竞争的各种规定和做法。国家层面重在制定统一的监管规则和标准，地方政府要把主要力量放在公正监管上。

韩永文认为，2019 年和未来一段时期中国经济发展的关键在于培育和强化经济发展的内生动力。首先，推动传统产业改造提升。传统产业仍然是未来相当长时期经济的重要支撑点，需要用新兴产业高新技术来嫁接融合传统产业，推动传统产业改造升级。其次，促进新兴产业加快发展，培育新一代信息技术、高端装备、生物医药、新能源汽车和新材料等产业，形成产业集群。再次，提升科技支撑能力。最后，释放内需潜力和活力，促进形成强大的国内市场。要推动消费稳定增长，大力发展养老，特别是社区养老服务业，加快发展多种形式的婴幼儿照护服务。保证基本医疗卫生服务，完善社会保障制度。依靠铁路、公路等基础设施投资引导社会资金，合理扩大投资。

（中国国际经济交流中心　綦鲁明 整理）

理性认识中美贸易摩擦背景下的双边科技和高技术产业关系

——第 118 期“经济每月谈”综述

5 月 29 日，中国国际经济交流中心召开第 118 期“经济每月谈”，主题是“中美贸易摩擦背景下的双边科技和高技术产业关系”。围绕中美贸易摩擦背景下美国将华为等企业列入“实体清单”，以国家机器和非市场手段打压中国高科技企业，遏制我高技术产业发展等议题，邀请国内著名专家与会研讨。现将专家观点综述如下。

一　美通过恶意粗暴的行政干预手段压制企业公平竞争，进而遏制中国科技和高技术产业发展的目的明显，但不可能阻挡中国建设创新型国家的坚实步伐

中国国际经济交流中心常务副理事长张晓强指出，美国打压华为等中国高科技企业，限制正常的科技人才交流与合作，充分显示美国欲通过恶意粗暴的行政干预手段压制企业公平竞争，以达到使中国科技发展永远落后于美国的目的。这是美国霸凌主义、唯我独尊的显现。美国污蔑中国进行网络攻击是“贼喊捉贼”的伎俩，事实上中国是网络攻击的受害方，美国则是制造全球网络攻击和网络安全阴影的策源地。美国打压华为不是因为华为威胁美国网络安全，而是因为美国不能像以往那样有效通过新一代移动通信网络威胁其他国家信息安全。

美方逆历史潮流阻碍全球科技交流互鉴、合作竞争，是损人不利己的行为。美国打压中国创新发展会对中国造成挑战，但也会给中国新的动力，不可能阻挡中国扩大对外开放、开展国际科技及高技术产业合作、建设创新型国家的坚实步伐。

中国国际经济交流中心副理事长魏建国表示，美国将国内问题国际化、经贸问题政治化，是典型的霸凌主义行径。美国政府进一步对华为等中国高科技企业进行打压，遏制中国高技术产业发展，引起全球舆论关注和具有正义良知人士的愤慨。

二　中国科技事业和高技术产业的进步是靠中国政府真抓实干，由中国科技工作者和企业努力奋斗得来的，中国有信心、有能力通过奋斗成为创新强国

张晓强指出，改革开放四十多年来，中国科技事业和高技术产业发生了历史性变化，取得了历史性成就。北斗卫星导航系统等步入世界先进行列，研发投入总量位居世界第二，申请和授权的发明专利、万人拥有发明专利数量多年来连续增长。这些成就主要是靠建设创新型国家的努力奋斗，靠中国科技工作者和企业的开拓进取所取得。我们清醒地看到，中国高技术产业总体还是大而不强，若干关键核心技术存在瓶颈，但我们有信心、有能力变压力为动力，以更大力度加强基础研究和应用基础研究，攻克关键核心技术，提高高技术产业核心竞争力。中华民族百折不挠的奋斗精神，长期发展积累的坚实基础，中国经济的韧性与活力，巨大的市场，不断增强的科技创新能力和丰富的人才资源，全球最完整的产业体系，中国共产党领导下的体制优势和中国人民的同心协力，都将在这场持久战中充分展现出来。中国科技发展和高技术产业的优化升级，创新能力的不断增强，与世界各国的科技和高技术产业的合作共赢肯定能够冲破阻力，不断迈上更高水平。

中国科学院科技战略咨询研究院院长潘教峰认为，中国政府坚定

明确的科技发展战略方针为中国科技进步指明了方向，中国科技发展始终重视遵循规律，在不同阶段制定不同的创新规划和蓝图，使中国的科技体系、工业体系和国防体系迅速发展起来。中国也高度重视基础研究和研发投入，近十年来基础研究投入保持年均15%的增速，全社会研发投入总额连续20多年保持年均19%以上增速。中国建成了完备的科研工作体系，技术创新、区域创新和国防创新有机互动，这些都是中国科技进步的成功经验。中国也十分重视人才队伍建设，破除束缚科技创新的体制机制，建立大批科技专门型法律和相关配套政策。国际合作和开放水平日益提升，知识产权保护力度不断加大。中国的科技发展走到今天是通过艰苦奋斗、立足自身实际踏踏实实走出来的，是一条极不平凡的道路。

三　中美科技发展处于不同阶段，美国的科技竞争者主要是发达国家，美国打压中国、遏制中国极不理性

中国科学技术发展战略研究院院长胡志坚认为，近年来中国科技发展进步加快，但美国仍是全球科技创新第一集团的主要领先者，中国是第二集团的领先者，也是追赶者。中国和美国不在一个赛场，不是同等级的竞争对手，中国的科技发展并不构成对美国的现实威胁。中国尚处于传统产业链和价值链的中端和中低端，正在努力向高端攀升。美国处于价值链高端，与美国开展竞争的主要是其他发达国家。美国发展的方向是开辟新产业、塑造新的产业链和价值链，不断开发收益率更高的、新的基础资产，而不是为保持传统产业优势对其他国家进行行政、非法的单方面打压。美国应积极参与中国的工业化和信息化建设，抓住数字经济发展机遇，加大自身技术领跑优势，这才是理性做法。

中科院创新发展研究中心主任穆荣平认为，中美创新发展水平仍有差距，全球创新发展格局基本稳定，美、英、法、德、日处于第一集

团，中国的创新发展水平仍相对落后，仅是创新能力提升较快。中国的科技发展从创新水平来看仍是发展中国家。美国打压、遏制中国不利于中美经济社会发展，应科学认识中美之间的差距，看到合作互补的一面，积极推动两国合作。

中国宏观经济研究院常务副院长王昌林认为，美国是高技术制造业和高技术服务业第一大国，美国跨国公司在全球高技术产业链中获取的利润占据整个产业链收益的绝大部分。美国作为全球高技术产业国际合作的最大受益者，主要是因为美国利用了全球的市场、技术和人力资本。美国打压中国、遏制中国事实上会伤害全球科技创新链和高技术产业供应链，即使美国处于“微笑曲线”顶端也会十分痛苦，会对企业、创新机构甚至资本市场带来极大负面影响。

四　四十年来中美科技交流合作硕果累累，两国科技交流合作有很强的互补性，双方可以实现互利共赢

胡志坚认为，四十年来中美科技交流合作硕果累累。2015 年，中美在各自科技合作的双边国家关系中均为对方最高水平。2012 年到 2015 年，双方科研合作数量增加 80% 以上；2000 年到 2014 年，合作论文数量从 5000 篇增长到 55000 篇。中国科研投入加大，科研环境越来越好，对美国科技人才的吸引力增强，双方已形成密切的合作关系。中国赴美留学生数量逐年增长，高水平人才在美学习、工作，为美国创造巨大服务贸易顺差。中美经济和产业体系、创新体系实际上是互补的，这是中美深化创新合作的客观基础。

潘教峰认为，中美科技合作已到新阶段，中国科技实力的增强事实上也促使中美科技界加强合作。中美在 14 个领域互为最重要的合作伙伴，在其他若干领域美国也是我国第一合作伙伴。中国留学生和技术人才也为美国发展做出巨大贡献。这些都说明中美科技合作交流符合规律，能够实现互利共赢。

穆荣平认为，中美科技发展阶段差距明显，经济互补性强，合作空间仍然广泛。中国科技发展的优势是研究领域范围广、覆盖面大，科技人力资源丰富，学习能力强。美国优势是系统创新能力强，双方合作推进科技进步的空间巨大。现在处于新技术革命引领经济增长的酝酿期，世界各国都面临一系列新机遇和新挑战，中美可以凭借雄厚的科技基础、巨大的研发投入以及广阔的市场空间进行广泛的科技合作，这有利于加快技术革命进程，催生引领性产业发展，并带动主导产业转型升级，引发生产方式革命、产业组织创新、产业结构优化等重大变化，进而改变世界贸易格局和分工格局，有利于发挥各国比较优势，提高世界财富创造能力，推动世界经济进入新一轮繁荣期。

王昌林认为，中美是推动世界科技创新和高技术产业发展的主要动力，具有很强的互补性。全球高科技产业国际合作是大势所趋，不可逆转。任何一个国家都不可能拥有科技创新和高技术产业发展所需要的所有资源和条件。只有加强创新链、产业链的合作，优势互补，才能实现共赢。只有携手合作，在互利共赢中成就繁荣才是明智选择。

五　美方应客观认识中国知识产权保护发展成就，使用不实数据污蔑中国、煽动民粹令人不齿

穆荣平认为，强化知识产权保护将会推动中美科技合作。事实上，在过去十年中，中国政府及社会进行了前所未有的努力，加强知识产权保护。中国企业也在推动知识产权保护，中国政府加大了保护知识产权力度以及知识产权侵权赔偿的制度创新，建立了知识产权法院，知识产权保护已经产生质的提升。

中国国际经济交流中心副总经济师张永军认为，美国指责中国“盗窃”知识产权根本站不住脚。美国媒体使用的、所谓中国“盗窃”美国知识产权每年给美国造成巨额损失的数据来源于美国智库，但这些智库研究报告对“盗窃”知识产权所造成损失的推算过程和逻辑不严

谨、不科学，根本经不住推敲。美国社会及官方对中国“盗窃”美国技术的指责没有事实依据。根据这些所谓证据和数据，提出遏制中国高技术发展、阻碍科技合作交流是不负责任的。

（中国国际经济交流中心　田　栋　张焕波 整理）

智库要为“一带一路”高质量发展发挥更大作用

——第 119 期“经济每月谈”综述

中国国际经济交流中心是国内开展“一带一路”研究较早的国家高端智库之一。中心坚持“经验丰富的老领导和研究团队紧密结合、自主设立重大选题和承接交办任务紧密结合、研究工作和交流工作紧密结合”的工作方法，“一带一路”研究工作取得丰硕成果。近日，中心举办第 119 期“经济每月谈”，发布了《“一带一路”：倡议与构想》《“一带一路”：愿景与行动》《“一带一路”：合作与互鉴》系列成果，会议邀请有关专家就新形势下智库在推进“一带一路”走深走实、实现“一带一路”高质量发展、如何更好提供智力支持发表了看法。曾培炎理事长等中心领导和“一带一路”建设工作领导小组办公室负责人出席了此次活动。

一　近年中心“一带一路”研究成果丰硕

国经中心“一带一路”研究深刻把握国际国内发展大局，紧密配合国家中心工作需要，强调战略性、前瞻性，突出有效、管用。近年来在“一带一路”的重大问题研究、交流和智库合作中取得重要进展。

一是推动设立亚洲基础设施投资银行。2013 年，在曾培炎理事长的亲自领导和组织下，中心开展了“关于成立亚洲基础设施投融资机构”的重大课题研究，并向党中央、国务院报送研究报告，得到了习近平总书记重要批示，直接推动了亚洲基础设施投资银行的成立。

二是参与“一带一路”国际合作高峰论坛相关工作。受中宣部委托，中心承办了首届和第二届“一带一路”国际合作高峰论坛智库交流平行主题会议。为首届峰会撰写了《“一带一路”：文明交流互鉴的连心路，共同美好生活的圆梦路》并在大会发放。中心受推进“一带一路”建设工作领导小组办公室委托，高质量完成了《“一带一路”：进展、贡献与展望》基础稿，翻译成 8 种语言，作为第二届国际合作高峰论坛唯一官方文本发放。

三是完成有关部委委托的重大课题研究。近年来，中心承担了国家发展改革委、外交部等委托的孟中印缅、中国—老挝、中国—缅甸经济走廊，以及印度工业走廊、渝新欧国际大通道等课题研究工作。其中，中国—老挝经济走廊、中国—缅甸经济走廊是习近平主席亲自推动的重大项目，课题组起草的规划文本成为第二届“一带一路”国际合作高峰论坛的重要成果。

四是陆续推出“一带一路”重大基金课题研究成果。自 2013 年以来，国经中心以基金课题形式，与上海社会科学院等合作单位一道，共同开展了多项重大基金课题研究。其中，《“一带一路”战略构想研究》获国家发展改革委优秀研究成果一等奖。国经中心与对外经贸大学等机构合作开展“一带一路”贸易投资指数研究并对外发布，产生较大影响。

五是开展“一带一路”理论框架和实践研究。2018 年和 2019 年，曾培炎理事长亲自担任“一带一路”课题负责人，重点开展“一带一路”理论框架构建研究，从理论上向全世界讲明“一带一路”的科学性。这是非常具有挑战性、开创性的工作。目前研究工作正在全力推进中。

与会专家对中心“一带一路”研究给予积极评价。中国经济出版社社长毛增余认为，系列丛书充分体现了高端智库设计的“脑力”、文字行云流水的“笔力”、站位高视野广的“眼力”、实地调研走访的“脚力”。中国经济出版社将把“一带一路”系列丛书，纳入“新中国成立70年来最值得对外推广的百种图书”。中国科学院“一带一路”战略研究中心主任刘卫东认为，中心“一带一路”研究具有直接服务国家决策的权威性、内容涵盖面广的综合性和充分体现国家对“一带一路”决策与实践过程的历史性三个特点。国家发展改革委城市和小城镇改革发展中心主任史育龙认为，系列丛书研究具有较强的务实性，充分体现了国经中心研究紧密结合政策和实践一线的特点。

二 “一带一路”高质量发展需要智库创新担当作为

习近平总书记要求，未来“一带一路”要从“大写意”走向“工笔画”，要推动“一带一路”向高质量方向发展。与会专家围绕“一带一路”高质量建设进行了深入探讨。国经中心副理事长魏建国认为，高质量建设“一带一路”要着力构建全球互联互通伙伴关系，以加强国际产能合作、形成利益共享的发展模式为重点，要把惠民生作为建设的落脚点，要重视人才培训，创新人才培训机制。

推进“一带一路”建设工作领导小组办公室综合组组长、国家发展改革委区域开放司负责人肖渭明介绍了目前“一带一路”的建设进展。他提出“一带一路”高质量发展当前要做好五项工作：一是凝聚合作共识，推动各国摒弃冷战思维、零和博弈和强权政治，推动“一带一路”合作范围向西欧、北美、拉美等地区扩展，积极开展第三方市场合作；二是提高互联互通能力，既要加强铁路、公路、机场、港口等硬连通，又要推进政策、规则、标准等软连通，既要畅通陆、海、空丝绸之路，又要畅通数字丝绸之路，既要共建经济走廊，又要加强管控和后期运营；三是深化经贸投资合作，提升便利化水平，扎实推进产能合作；四是开放合作，加强对外合作的机制和模式创新；五是夯实人文交流基础，聚焦消除贫困、增加就业、改善民生。

史育龙提出，建设高质量“一带一路”需着力解决三项问题：一是针对国外不理解“一带一路”，应抓紧构建“一带一路”的话语体系，使“一带一路”能够说得清、听得懂、传得开；二是针对“一带一路”项目落地过程中遇到的突出问题，要重点聚焦风险防范、项目遴选、责权利分配、规则体系等方面，研究形成支撑高质量建设“一带一路”的长效机制；三是要针对国内政府部门、国有企业、研究机构在参与“一带一路”中遇到的人员、经费出不去等问题，提出解决方案。海南大学“一带一路”研究院院长梁海明认为，“一带一路”高质量发展要着重关注东道国政治风险、汇率风险、文化冲突风险等。

三 着力推进“一带一路”重大课题研究走深走实

“一带一路”从立柱架梁到深耕细作，从大写意到工笔画，对智库的研究工作提出新要求。“一带一路”走深走实，智库研究工作也同样要走深走实，既要拿起“望远镜”，也要拿起“绣花针”。研究工作要坚持问题导向，推进求真务实。与会专家对未来开展“一带一路”研究的重大选题提出建议。

上海市社科联主席王战认为，下一阶段可重点开展从需求侧推进“一带一路”、“一带一路”多边合作机制、第三方市场合作、中国与中东欧国家合作方式创新、沿线国家政权更迭与项目可持续、“一带一路”智库合作、国际投融资规范、“一带一路”地方参与机制、沿线经济增长与难民关联问题、“一带一路”成功经验与案例等十个方面的重大课题研究。

北京大学国际关系学院翟崑教授提出开展五个问题研究：一是要开展“一带一路”与中美关系的联合研究，从当前国际形势看，“一带一路”推进受美国影响较大；二是丝路精神与中国软实力结合问题；三是“一带一路”互联互通与地缘空间问题；四是“一带一路”扩散型互惠和全球互联互通伙伴关系的构建；五是“一带一路”原则理念对国际秩序和理念的影响。

刘卫东认为当前有三项研究较为紧迫：一是“一带一路”的理论研究，国际上一些国家或组织对“一带一路”还未形成认可，主要在于还没有形成“一带一路”的共同理论；二是“一带一路”研究要注意政治语言和学术语言之间的平衡、国内语言和国际语言之间的平衡；三是要加强“一带一路”重大项目的研究，“一带一路”高质量建设方针的落实关键靠项目，当前我国在海外投资的一些项目出现了一些共性和特性问题，要有针对性开展研究，及时总结经验。

（中国国际经济交流中心　梅冠群 整理）

如何推动基础设施高质量发展

——第 120 期“经济每月谈”综述

近日，中国国际经济交流中心举办第 120 期“经济每月谈”，主题为“如何推动基础设施高质量发展”。国家发改委农经司原司长高俊才、住建部城建司巡视员张悦、中国宏观经济研究院能源研究所原所长韩文科、中国宏观经济研究院综合运输研究所所长汪鸣、中国信息通信研究院政策与经济研究院副院长何霞和中国国际经济交流中心副总经济师张永军分别发表演讲。中国国际经济交流中心常务副理事长张晓强主持会议。

一 基础设施是国民经济发展的先导和基石

张晓强指出，党的十九大报告明确指出，我国经济已由高速增长阶段转向高质量发展阶段，2018 年中央全面深化改革委员会第四次会议审议通过《关于推动高质量发展的意见》，会议进一步指出，推动高质量发展是当前和今后一个时期确定发展思路、制定经济政策、实施宏观调控的根本要求。他认为，在新时代推动基础设施建设，必须贯彻落实高质量发展的重要理念和要求，要进一步发挥基础设施是国民经济发展的先导和基石作用。目前开展的“十四五”规划相关研究工作，需要贯彻高质量发展主题，推动基础设施建设高质量发展。为此，中国国际经济交流中心开展了能源、交通、水利、信息和市政建设等五大领域的基础设施高质量发展的研究，形成的研究成果表明，我国在高路公路、高铁、4G 和 5G 等领域的基础设施建设取得了巨大成绩。但对比高质量发展的要求，还存在需要进一步研究和解决的重大问题。

二　基础设施高质量发展能够满足人民群众日益增长的美好生活需要，能够体现新发展理念

张永军对基础设施高质量发展研究的课题成果进行介绍。他认为，随着我国经济发展从高速增长转向高质量发展阶段，我国基础设施建设也将从规模扩张为主向提高质量为主的阶段转变。

（一）基础设施高质量发展，是能够满足人民群众日益增长的美好生活需要的发展，体现新发展理念

基础设施高质量发展的内涵，包含以下五点基本特征：一是把创新作为发展的第一动力，二是协调成为发展的内生动力，三是绿色成为基础设施发展的普适要求，四是开放成为发展的必由之路，五是共享成为发展的根本目的。

（二）我国基础设施还不能完全满足建设社会主义现代化国家的需要，存在较大提升空间

当前我国基础设施建设还存在政策与制度体系不适应高质量发展的要求、管理体制机制不完善、各领域存在一定短板且布局不尽合理、社会效益与财务收益的平衡难度较大、创新作为第一引领的作用发挥不够、基础设施的安全性可靠性及协调发展还需提升等多方面问题。

（三）我国基础设施高质量发展的目标与任务

突破瓶颈，弥补短板，形成更加合理完善的体系；强化基础设施对经济社会发展的支撑作用，形成更加合理的城乡和区域布局；提升

整体效率、安全性、可靠性，对经济高质量发展发挥更好的先导作用；提高基础设施的科技水平，更好满足用户需求；提升可持续发展能力，实现更好的良性循环；增强基础设施五大领域内部及相互之间的协同发展效应；提高基础设施互联互通和国际合作的水平。

（四）促进我国基础设施高质量发展的措施

改革基础设施投融资机制，实现可持续发展；深化破除垄断、放管服、混合所有制改革等方面的体制机制改革，促进市场机制在基础设施领域发挥作用；加强中央层面、中央和地方之间以及各地方政府间的跨领域协调机制，促进基础设施建设协调发展；加大国家和社会多方面投入，前瞻性地推动重大科技创新；提高基础设施建设标准；完善统计监测和考核评价体系，引导高质量发展。

三　把握好交通运输率先实现现代化机遇，打好交通运输服务创新对经济社会发展支撑和引领的“先手牌”

汪鸣认为，交通运输基础设施高质量发展，对稳定投资（稳增长）、发育产业（增动能）、营造环境（调结构）、优化空间（聚要素）均具有积极作用，而交通运输自身的转型升级也有重要的产业价值。

（一）交通运输基础设施建设要适应经济高质量发展的要求

针对区域发展新格局、新型城镇化、社会主义新农村、产业布局优化调整等需求，精准发挥交通运输基础设施的支撑和引领作用。交通运输基础设施建设需要从大区域一般性布局向区域走廊、城市群网络、都市圈系统精准布局转型，形成交通与城市、产业融合发展。

（二）交通投资持续增长动力不足

交通基础设施投资截至2018年的“十三五”年均增长为5.5%，2018年超过3.2万亿元，是2000年的9.3倍，但2018年增速出现大幅回落，仅增长0.7%。交通投资持续增长动力不足，主要在于，一是项目投资收益变差，一次资金投入比例增加。中西部地区项目占比逐年增加，对资本金比例要求高，一次资金投入对总投资的撬动弱。同时，无直接收益项目比重增加。二是项目资金投入能力减弱，突出表现在：地方投融资平台整顿导致的项目融资渠道收缩，地方财政投入能力减弱，民间资本进入积极性低，国家铁路总公司的负债比例较高等方面。

（三）促进我国交通基础设施高质量发展的措施

补短板和新供给形成交通基础设施新的投资重点，促进我国交通基础设施高质量发展的措施包括：强化骨干通道建设；进一步突出对国家重大战略的支撑作用；打通“最后一公里”，提升互联互通水平；军民融合，打造国防交通建设新格局；推进新型智能交通基础设施建设；建设并形成都市圈高效交通系统。

四　推动能源基础设施向以绿色低碳为主转型，充分发挥市场在能源资源配置中的决定性作用

韩文科认为，在我国经济发展过程中，以电力为中心的能源基础设施建设适度超前，形成了门类齐全的能源基础建设、运营体系和世界领先的能源设备制造产业。

（一）能源基础设施建设需尽快向绿色低碳转型

经济社会发展的不充分、不平衡，使得我国能源基础设施建设还有很大发展空间，但需要加快推动能源基础设施向以绿色低碳为主转型。不但要求以绿色低碳的方式开展可再生能源基础设施建设，也要求以资源集约化、环保生态的绿色低碳方式开展运营。

（二）在产业发展政策上，充分发挥市场在能源资源配置中的决定性作用

在总量上，要突破发展瓶颈，充分保证国民经济的正常运转；在结构上，要更加突出清洁能源；在布局上，更好地将国家能源战略规划与地区发展相结合，更多地依靠市场机制，依据因地制宜原则开展能

源基础设施建设与运营。

（三）能源基础设施的发展模式需要全方位的改革与机制创新

以国有建设和运营为主转到多种所有制共同参与建设和运营；以国家集中规划、集中建设为主转向更加突出分布式、考虑地区平衡和市场平衡的发展；更加注重与共建"一带一路"国家的互动，拓宽互联互通，拓宽资源调配的范畴，使营利性或者效益更提升一步；在具体能源路径和技术选择上更加依靠市场的力量；在建设运营上主要依靠避免高杠杆的市场化手段。

五　污水管网更新与修复是实现城市环保基础设施高质量发展的关键举措

张悦认为，在我国城市环保基础设施建设过程中，迫切需要解决管网破漏、清水污水混杂难题，对污水管网进行更新与修复。据测算，我国城市排水管网存量约 63 万公里，约 65% 具有收集污水功能，其中约 20 万公里亟待更新修复，总投资约需 3000 亿元。

（一）城市基础设施的排水管网问题成为目前制约城市发展的突出问题

目前我国城市基础设施的治理难题是清水灌满管道和污水溢流河道，导致污水厂的污水浓度上不去和河道的污水浓度下不来的矛盾，城市管网质量问题是这个矛盾的根源。在我国南方和北方问题表现不一：在南方表现为清水入管问题，大部分城市由于管网破裂，污水厂的进水被大量地下水和河水稀释；在北方则表现为污水外漏问题。管网最核心的问题是管材质量低劣，应当采用球墨铸铁管的管材。

（二）城市排水管网问题主要是由"唯政绩"造成的

主要表现为：市场价格机制不合理，因为污水处理的计价单位是按污水量计量的；重视地面建筑轻视地下管网，监管难且考核不到位，导致出现伪劣管材盛行的现象。

（三）污水管网更新与修复迫在眉睫

应进一步明确目标，落实责任，科学实施，强化考核。目标是提高污水处理的效率，污水的进水浓度要进一步提高；责任主体为政府，需要中央与地方政府的进一步协同；进一步落实存量管网的质量提升，更新排污管材；实施减排的综合评价体系，推广污水厂、管网和河湖的一体化评价体系。

六　贯彻习近平总书记的“十六字”治水方针，实现水利基础设施高质量发展

高俊才认为，为实现我国水利基础设施高质量发展，需要深刻领会和贯彻习近平总书记提出的“节水优先，空间均衡，系统治理，两手发力”十六字治水方针。

（一）节水优先

我国人均水资源仅占世界平均水平的 1/4，且时空分布不均匀，水资源属于不可进口资源。节水优先的两项措施是：农村农业灌溉渠道尽可能实现管道连接；城市大幅提高水价，对不同人群实行差别化水价。

（二）空间均衡

从人口布局、经济发展与资源环境关系出发，进一步实现水资源的空间均衡。第一，继续对南水北调的空间布局进行优化，实施南水北调 1.5 期工程，深挖东线和中线的水资源供给潜力，加大对北京、天津和雄安的水资源供给。第二，长远看，加强水利的西建工程可行性研究，对“三江”（长江、珠江、松花江）到“四河”（黄河、淮河、海河、辽河）的调水工程开展前期论证。

（三）系统治理

统筹自然生态各要素，从国家大系统的总体框架之下实现对水资源的系统治理。

（四）两手发力

从水的公共产品属性出发，充分发挥政府作用和市场机制。实现水利基础设施的高质量发展，要解决投资不足的问题。一方面要优化政府投资，另一方面要完善水资源市场机制，改革水价制度，关键是解决水权问题。

七　构建适应数字经济发展的新一代信息基础设施

何霞认为，全球数字化浪潮带来了数字经济快速发展，数字经济也对信息基础设施提出了新要求，要进一步推动构建高质量信息基础设施。

（一）工业互联网和车联网的发展对信息基础设施提出新需求

工业互联网是新一代信息通信技术与先进制造业深度融合所形成的新兴业态与应用模式；车联网实现了智能动态信息服务、汽车智能化控制、智能化交通运输管理。这些新一代的数字信息系统对信息基础设施提出了新需求。

（二）适应数字经济发展，构建新一代信息基础设施

新一代信息基础设施是通过新一代信息通信技术构建的信息网络基础设施和各行业发展基础平台的集合，对政治、经济、社会、文化、国防等各方面都有重大影响。

（三）全方位、多角度建设高质量的信息基础设施

加大对信息基础设施的投资，形成多元化的投资形态；明确信息基础设施运营商群体的社会化企业定位；推动数字互通、产业互融和监管协同；重视平台数据与个人信息保护，强化平台治理；加强信息基础设施的安全防护。

（中国国际经济交流中心　郭迎锋 整理）

推动实现全球可持续发展

——第121期“经济每月谈”综述

近日，中国国际经济交流中心召开第121期“经济每月谈”，发布《中国可持续发展评价报告（2019）》。中国国际经济交流中心副理事长张大卫出席发布会并致辞。中国国际经济交流中心、生态环境部、哥伦比亚大学、社会科学文献出版社、中原银行、阿里巴巴集团等单位的有关代表和专家参加了发布会，主要观点如下。

一 中国高度重视并努力践行可持续发展理念，目前全球在贸易和治理领域面临的挑战需要通过可持续发展加以应对

张大卫表示，中国政府高度重视经济社会的可持续发展，认真履行巴黎协定、联合国可持续发展议程，中国的省、区、市各级地方政府扎实推进可持续发展领域的各项工作并取得了显著成效，但也存在薄弱环节。当前，自由贸易、全球治理等领域出现的新问题，给全球可持续发展带来了严峻挑战。社会科学文献出版社社长谢寿光表示，中国在推进可持续发展方面的努力，体现了中国在促进世界可持续发展方面的责任和担当，可持续发展指标体系的建立和完善有助于推动全球治理体系改革。中国国际经济交流中心美欧研究所副所长张焕波表示，在当前百年未遇之大变局背景下，人们所面临的绝大多数问题是

过去几十年全球化发展中所积累问题的集中体现。一个国家在发展中要实现包容性、提高民众生活水平、消除收入分配差距过大，推动可持续发展是解决全球化积累问题的重要途径。哥伦比亚大学地球研究院和可持续发展项目主任博世表示，全球化不会一帆风顺，当前中美贸易摩擦等具有全球性影响热点问题的出现，表明我们需要更加关注可持续发展问题，这是让我们应对贸易摩擦和各种不确定性的关键。

二　可持续发展具有普惠性特征，需要各界人士广泛参与

阿里巴巴集团副总裁邢悦表示，普惠性是可持续发展的重要特征，只有不同性别、不同年龄、不同阶层的人们获得公平发展机会，社会才能走得长远。当今时代，平台具有广泛的社会联络功能，也能让包括众多中小企业在内的各类企业和各类人群受益，推动实现社会可持续发展。当今的全球化已经不仅仅是国家行为，更是企业行为，也是普通民众的行为，电子贸易平台已经把全球各国人民连通成一个密不可分的共同体，以终端消费者为服务核心的产业重构已经成为全球化的重要特征，只有全球化推动普惠发展，世界的发展才可持续。

博世表示，可持续发展应面向所有人，为所有人带来权益。实现可持续发展需要每个人都参与其中，我们需要来自金融机构、学界、媒体等各方面的支持，这样才能实现可持续发展目标。生态环境部环境规划院研究员马国霞表示，可持续发展现在进入了全社会参与阶段，企业可以在污染源头治理方面发挥作用，在一些涉及可持续发展的社会责任上，企业会越来越多参与。哥伦比亚大学地球研究院教授郭栋表示，把中小企业融入全球经济发展当中，让他们能够共享全球经济发展的益处，这也是可持续发展的要义之一。

三　城市是实现可持续发展目标的重要载体

博世表示，城市政府或者地区政府、省级政府能帮助更好、更全

面地推动可持续发展政策的实施，但这并不能代表全部，在可持续发展的生态系统当中，政府只是代表一个小的部分。郭栋表示，解决可持续发展问题有两种方式，一是科技创新以及工作方法和管理上的创新；二是节约并高效使用能源。这两种方法的实质是找出一套高效的发展模式，核心是城市化，城市是创新和就业的温床，因为有大量人口集中在城市，可持续发展问题某种程度上可以视为城市的可持续发展。中国国际经济交流中心经济研究部副部长刘向东表示，城市发展之后面临的可持续问题是大城市病问题，其中，居民收入增长赶不上房价增长是其中一个需要深入研究的问题。城市要成为一个完整的系统，需要的不只是高技能人士，还需要环卫工人、公交司机等，增强城市的包容性和可持续发展需要政府管理部门来推进，改善人居环境和降低生活成本。

马国霞认为，城市可持续发展过程中，地方政府一定要把握住资源底线、生态红线等约束性条件，需要在可持续发展政策制定和产业合理布局上发挥主导作用。德国能源与城市咨询机构中国战略顾问陈波平表示，城市可持续发展的环境标准需要考虑不同城市发展水平的差异，但面对当前环境、气候变化领域存在的巨大挑战，我们没有足够时间缓慢改善发展环境。对经济相对落后的地区和城市来说，如果能对其提出相对高的节能减排和环境保护要求，有利于提升该城市可持续发展水平和推动跨越式发展，也有利于它更好地实现产业结构调整，使新的产业、新的技术用一种更高效的方式发展。反之，如果对城市可持续发展提出的要求较低，结果很可能是该城市发展步伐较为缓慢。

哥伦比亚大学地球研究院博士后埃利森认为，相对于超大城市，规模相对小一些的城市宜居度更高，特别是200万到500万人口的城市更加宜居。城市房价在城市宜居度方面扮演非常重要的角色，过去几十年，大城市的房地产得到了很大发展，投资规模大幅增加，但这个过程中缺少对可持续发展的考虑。我们需要把这类因素融合进来，同时与城市规划、绿地等因素更好地结合起来。此外，基础设施的完善程度、能源结构、廉价房的供应，以及医疗和教育资源的获取等，也是影响城市可持续发展水平的重要制约因素。

四　科技创新是实现可持续发展目标的重要手段，应加强在可持续发展领域的教育

邢悦表示，科技是可持续发展的第一推动力，会通过重新定义和重构社会生产要素和流通方式促进社会的可持续发展。以云计算、大数据、人工智能为底层的技术正在改变人们的生产方式和社会治理方式，数字经济时代科技对可持续发展的作用将进一步显现。相应地，测度可持续发展水平的指标也需要相应调整和完善。哥伦比亚大学地球研究院博士后王安逸表示，将可持续发展教育融入基础教育当中，是推动实现全球可持续发展的重要长远举措，这一方面，美国做了比较多的探索，包括教育部门颁发文件具体指导中小学如何开展可持续教育、环境教育；学校也在积极开展可持续发展教育，通过尝试各种不同的途径，组织同学参加与可持续发展相关的活动，或者与研究机构合作，定期组织专家到学校给学生上课。此外，非营利性社会组织也在积极做一些对教师以及学校管理者的培训，将环境保护教育的内容融入课程设计以及教学实践中，帮助他们更好地理解可持续发展。

五　可持续发展是平衡、综合的发展

博世表示，可持续发展需要达到两个平衡，一个是国家间的平衡，另一个是不同评价系统间的平衡。政府可能关注的是某一方面的具体问题，我们要更加全面地看各个层面的问题。一个好的评价系统会有不同方面的问题，比如社会评价、经济评价以及民生评价等，不同评价指标之间需要平衡。与此类似，国家之间也需要平衡。郭栋表示，从操作层面讲，可持续发展不能只考虑经济发展，同时要考虑到社会

民生，要考虑发展对环境所带来的影响。形成共识对于实现可持续发展至关重要，无论是环境的角度还是民生的角度，都很重要。如何实现可持续发展要看可持续发展问题的本质矛盾源自哪里，一个重要的矛盾来源是，资源是有限的，人口却逐年增长，最终导致出现发展的不可持续性。

（中国国际经济交流中心　谈　俊 整理）

《新中国70年经济社会发展回顾与思考》重大课题研究成果发布

——第122期“经济每月谈”综述

近日，中国国际经济交流中心举办第122期“经济每月谈”，主题为“《新中国70年经济社会发展回顾与思考》重大课题研究成果发布”。会议由中国国际经济交流中心常务副理事长、执行局主任张晓强主持，会议邀请了中心副理事长兼秘书长张大卫、副理事长韩永文、国家统计局原局长李德水、国家发展改革委原副秘书长任珑、《求是》杂志社经济部原主任李建军及课题组成员，就新中国70年经济社会发展谈了感受。课题组组长、中心博士后站主任王宪磊，课题组副组长、中心经济研究部副研究员李娣分别发布了主报告和分报告的主要研究成果。

一　开展《新中国70年经济社会发展回顾与思考》研究的重大意义

张晓强指出，2019年10月1日，中华人民共和国将迎来70华诞。中华人民共和国的成立，使人民成为国家、社会和自己命运的主人，中国人民从此站起来了。中国人民从此把命运牢牢掌握在自己手中，中华民族发展进步以此开始了新纪元。回顾中华人民共和国70年的历史，总结创造的成就和经验，思考留下的宝贵启示，有助于我们更好地认识现实、把握未来，在新时代坚持和发展中国特色社会主义，继续为“两个百年”目标和实现中华民族伟大复兴的中国梦而努力奋斗。

二　成果点评与专家主要观点

张大卫认为，主报告仅用了1.7万字全景式地展示新中国70年经济社会发展的历史进程、伟大成就与宝贵经验，内容丰富、气势磅礴，是一份质量很高的报告。我们在座的几位是共和国同龄人，我们个人的成长和国家发展过程是紧密联系在一起的，与祖国始终是血脉相连、生死相依、荣辱与共的，结合自己的成长历程谈几点体会。

一是新中国70年能取得伟大成就，是因为有中国共产党这个伟大光荣的党。70年来，我们党始终把国家繁荣富强和人民幸福作为使命和追求目标，在党的宗旨、章程、行动纲领以及每一项重大部署中都把这两个目标紧密结合起来，在争取祖国富强、经济社会发展的过程中使人民群众的生活一天比一天好，从而凝聚了人心，达成了共识，激励起亿万人民群众为之奋斗。新中国从一个积贫积弱的国家，用70年走到今天，取得伟大成就的实践证明，我们所走的道路是完全正确的。

二是我们党始终坚持制定清晰的战略目标和战略任务。一张蓝图绘到底，一茬接着一茬干，同时，全体人民脚踏实地、砥砺前行，用自己的双手，创造美好的明天。新中国成立后，我国开始第一个“五年计划”，然后“二五”计划，“三线建设”调整经济布局，1964年提出“四个现代化”，坚持一个一个五年计划（规划）贯彻执行，逐步建立了相对独立完整的工业体系和国民经济体系。改革开放后，我们党把解决人民群众温饱问题作为重要的战略目标，八十年代初又把实现小康作为我们党的奋斗目标。在2000年基本实现小康以后，提出了全面建设小康社会的目标和任务，又一个20年过去，2020年我们将如期地向全世界宣布全面建成小康社会。我们党求真务实、矢志不渝，围绕“小康”一干就是40年。我不知道当今世界还有哪一个政党是这么干的。这就是为什么我们国家用70年时间，就能发生翻天覆地变化的原因所在。

三是中国共产党是个善于学习和创新的党。在领导中国建设发展进程中，把马克思主义普遍真理与中国实践相结合，不断弘扬传承我国优秀文化传统，借鉴世界一切优秀文明成果，使国家到处呈现生机勃勃的景象。现在改革开放创新成为时代的最强音。在各地的调研中，处处都能看到地方政府在推动改革发展方面所做的努力。改革开放成为我们的时代精神和民族品格。从全球来看，没有哪个国家是这样的。中国人民从“站起来”后，就一直在用自己的勤劳、智慧，改变我们的社会、我们的生活，也在改变着这个世界，这种强大力量势不可当。

四是我们党始终奉行和平发展的指导思想。新中国成立初期我国与有关国家一起提出了和平共处五项原则，从那时起中国就向世界、向周边释放了很大的善意，新中国是一个与人为善、以邻为伴的国家。70年来，我们始终坚持和平发展的外交路线，始终坚持互惠互利发展经贸合作。习近平总书记2013年又提出“一带一路”倡议，这是中国政府向世界奉献的新公共产品。此后，又提出了建设人类命运共同体和亲诚惠容的周边外交新理念，中国的期望是携手各国共同建设一个更美好的世界。

五是中国共产党作为执政党在不断推进治理体系和治理能力现代化的同时，不断纠正自己的错误。70年来，我们走过弯路，出现过偏差，错过了一些发展机会，但是我们党发现后，直面自己的不足，不断补齐短板，充分彰显了中华民族强大的自我修复能力。正是因为我们民族、我们国家在发展过程中有强大的自我修复能力，我们对中国未来发展充满着信心。

总体上来讲，新中国70年历程，在人类历史长河中只不过是短短一瞬，但这70年为中国未来发展打下了良好的基础。习近平总书记讲我们正处在最接近实现中华民族伟大复兴的关键时刻。越是靠近中华民族伟大复兴的这个目标，我们越有可能面临更多的风险和挑战。我们要和面临的挑战和困难进行不懈斗争，要齐心协力为实现伟大梦想而努力，我们党提出的“两个一百年”奋斗目标，一定会更好地实现，中国的前景更加辉煌灿烂。

韩永文认为，作为一个新中国成立后出生的中国公民，能够切身感受到新中国70年的发展和变化，能够亲历我国的建设、发展和改革工作，感到无比自豪，也很光荣。

回顾新中国70年发展历程，我们的民族、我们的国家经历了各种艰难困苦。我们党在艰难曲折的条件下，带领全国人民百折不挠，一步一个脚印地，使新中国从一个积贫积弱、一穷二白、十分落后的农业国，发展成为工业现代化、城市现代化、国防现代化、部分农业现代化、科技教育现代化强国，这一切来之不易。

新中国成立初期，党和政府接收的是一个长期战乱破坏严重、经济贫苦落后、民不聊生的烂摊子。在内生条件极差的背景下，面对美国等发达西方大国的围堵，党和国家首先要解决的是使人民吃得上饭、吃得饱饭和不受战争威胁的问题，以保证国家能够长久站立。其时发展战略选择有两个：一个是发展农业，另一个是发展国防和重工业。在当时十分艰难的条件下，以毛泽东同志为代表的中国共产党人坚持独立自主发展方式，勇敢地走上了建立独立自主的工业体系和国民经济体系的道路。尽管早期只是建立了初步、比较粗糙、相对独立的工业体系和国民经济体系，建设过程也极为痛苦和艰难，国家勒紧裤腰带推进国家建设，但千年古国毕竟迈开了由落后的农业国向工业国家转变的步伐，为改革开放后的腾飞奠定了基础。改革开放以后，为适应经济发展大局需要，我们在战略选择上做了调整，对国民经济发展也做了调整，这是正确的。改革开放后，我国农业、工业有了翻天覆地的变化。1978年开始的改革开放先从农村改革开始，到了1984年基本上解决了老百姓的吃饱饭问题。同时，开始推进城市改革和国有（营）企业改革，给企业部分经营自主权，实行价格双轨制，调动了生产者的积极性，解放了生产力，推动我国经济建设进入快速发展时期。

总结和回顾中国经济发展的历史，再谈几点感受和体会。一是要解放思想，实事求是，这是我们党一贯坚持的思想路线。二是各时期的重大战略选择一定要体现和代表全国人民的意志和愿望。正是因为我们党始终以为人民谋幸福、使人民富起来的思路来推进体制改革，推进经济发展，获得了全体人民的支持与拥护，进而领导全体人民不断实现一个又一个既定的发展目标，使党和国家为实现人民美好愿望有了不竭的奋斗动力。三是任何时候都不能忽视实体经济的发展尤其是制造业的发展。新中国初期走的就是以产业立国之道，今天仍然要坚持。中国拥有巨大的人口规模，有人口就是有劳动力供给的市场，只有发展实体经济才能保证人民收入不断增长、生活水平不断提高。在中美贸易摩擦大背景下，我国一些劳动密集型产业开始向东南亚国家转移，当然，产业转移本身是市场主体追逐利益的客观规律所致，但我们应该采取一些措施，减少或延缓产业转移进程，毕竟我国还有很多收入比较低的劳动力和贫困人口，解决他们的收入、就业和提高生活水平依然是大问题。另外，要提升制造业的竞争力，必须推动技术创新，这就要求我们始终坚持科教兴国。70年来，我国传统工业在产业规模迅速扩大的同时，不断地升级改造、技术创新，走出了一条有中国特色的建设工业化强国的道路。当前，美国加强在科技领域遏制中国发展，提醒我们技术创新依然要发扬自力更生、艰苦奋斗精神。此外要重视解决好经济中脱实向虚问题。美国经济过分依赖金融产业，导致2008年世界金融危机。吸取美国的教训，应该重视在推进经济和产业结构协调、合理发展基础上，坚持发展第二产业，特别是发展制造业；在推进服务业发展上，要坚持立足于发展服务于制造业的生产性服务业；加快推进与人民生活水平提高相适应的现代生活服务业发展。四是要高度重视粮食安全。要贯彻落实好总书记讲的确保国家粮食安全，把中国人的饭碗牢牢端在自己手中。总之，在中国共产党正确领导下，我们应继续发扬中华民族勤劳致富的优良传统，发扬独立自主、自力更生、艰苦奋斗的精神，把我国建设得越来越好。

李德水认为，新中国成立初期，儿童入学率只有 20%，全国 80% 以上是文盲，我国持续开展了全国性的扫盲活动。经过 70 年努力，我国九年义务教育巩固率达到 94.2%，2018 年中等职业学校、普通高中、普通本专科在校学生分别达到 1555.2 万、2375.4 万和 2831 万人，中国有着全世界最为雄厚的人才后备力量。据国外学者统计，目前，中国从事科学、技术、工程和数学工作的劳动者已占全世界同类劳动者总数的 1/4，拥有熟练技术工人的数量将超过经济合作与发展组织（OECD）成员国的总和，企业研发支出正以每年 20% 的速度增长。这些数字说明，人才资源是第一资源，创新正成为我国发展第一动力，将在现代化建设中发挥重要的作用。

李德水讲述了“不应被遗忘的一段往事——三线精神”。“三线建设”是党中央、毛主席在 20 世纪 60 年代中期做出的一项重大战略决策，是中国经济史上一次大规模的工业迁移过程，是在当时国防局势日趋紧张的情况下，为加强战备逐步优化我国生产力布局的一次由东向西转移的战略大调整。更重要的是连续 16 年用 2000 多亿元的投资进行建设，这是巨大的政治智慧，对整个国家和人民来说其经济效益也是无法估量的。在庆祝共和国成立 70 周年之际，我们不应忘记那些为“三线建设”献出了青春甚至生命的建设者，应当向他们致敬。

任珑认为，总结过去，使我们更加坚定了对中国特色社会主义道路、制度、理论和文化的自信，在习近平新时代中国特色社会主义思想的指导下，再用30年的时间，建设社会主义现代化强国，实现中华民族伟大复兴。希望新时代年轻人认真体会新中国70年来走过的路、形成的宝贵经验和精神财富。把庆祝新中国70年作为未来实现中国梦的巨大动力，奋斗新时代。

（中国国际经济交流中心　李　娣 整理）

当前经济形势和政策建议

——第123期“经济每月谈”综述

近日，中国国际经济交流中心举办第123期“经济每月谈”，主题为“当前经济形势和政策建议”。会议由中国国际经济交流中心常务副理事长、执行局主任张晓强主持，国务院发展研究中心原副主任卢中原、中国工商银行研究所副所长樊志刚、中心副总经济师张永军分别发表演讲，主要观点如下。

一 当前经济形势

张晓强认为，中国的经济发展已经从过去的高速增长时期转变为高质量发展时期，是世界第二大经济规模，2018年突破90万亿元人民币，大约13.6万亿美元，是居世界第三位的日本的经济总量的2.7倍。2020年是决胜全面建成小康社会的最后一年，要保持一定的增长速度，但重点是推动高质量发展，是产业结构优化升级、动能转换、更好地满足人民群众不断增长的对美好生活的需求，而不是去过度强调高速增长。

针对美方领导人在内阁会议讲话中称2019年中国经济表现系57年来最差的不实言论，张晓强指出，首先，美方的这一言论没有实际的统计数据支撑，1989年和1990年我国经济遇到了困难，当时的国内生产总值（GDP）增速仅为4%左右，表现不如2019年。其次，按照国际货币基金组织（IMF）测算，2019 年全球经济增长 3%，统计局数据显示中国前三季度保持了 6% 以上的增长速度，远高于全球增长预期，在世界主要经济体中首屈一指。最后，从 2008 年到 2018 年中国对全球 GDP 增量的贡献率平均达 34%，2019 年中国经济增量将超过 8000 亿美元，仍将是世界经济增长的主要贡献者。

（一）经济增长视角看当前经济形势

卢中原认为，中长期增长的主要供给面要素发生了根本性的变化。决定中国经济中长期增长速度的是三个供给面的要素，即劳动力、资本和生产率。现在前两个已经发生了根本性的变化。劳动力已经出现了负增长，资本增长随着人口老龄化导致储蓄率降低而放慢。三个拉动增长的要素，一个为负，一个放慢，那么就只有靠第三个即生产率的增长来拉动。但是我国全要素生产率增长率近年来在大幅度波动中逐步下行。

外部环境趋紧多变，短期下行波动加剧。中国经济现在进入中高速增长的常态，波动的幅度越来越小，经济运行的总体态势是稳定的，但稳定不是说短期没有波动。趋紧表现在两个方面：一方面，中美贸易摩擦也就是国际上的贸易保护主义、反全球化，这种态势会干扰我们的增长趋向；另一方面欧盟最近又出现了一些新的针对中国的声音，指责中国各种财政补贴扭曲了经济运行。

张永军认为，长期来看，近些年我国适龄劳动人口数量开始出现下降，同时劳动力参与率降到了 76% 左右，导致劳动力减少。年龄结构以及劳动力参与率等因素变化之后，影响到储蓄率，进一步影响到投资。这些年投资增长率出现了明显下降。因此决定了现在潜在增长率或者说趋势增长率下降。历史上不少国家在经济增长方式转换过程中出现了金融危机，导致大起大落，总体来看，我国到目前为止比较平稳，说明我国宏观调控把握得比较好。

短期来看，需求方面，从整个零售额的增长来讲，是减速的态势，其中汽车消费影响比较大是一个重要的因素。投资方面，我们国家经过多年建设之后，基础设施比较完善，同时又处在后工业化时期，投资增长下滑是必然的，2019 年大概在 5%。物价方面，从居民消费价格指数（CPI）看，更多是受到供给方面的冲击，使得部分产品供给出现了问题，尤其是猪肉供给出现不足之后，价格上涨很快。而从生产价格指数（PPI）看反而是下降的，这个月同比下降 1.2%。价格结构性差异说明，目前 CPI 的上涨不反映总量供求关系。可见，供给和需求出现问题也是造成经济下行压力加大的因素之一。

（二）金融视角看当前经济形势

樊志刚认为金融机构特别是大银行在整个逆周期调节中发挥主力军作用，但也应该看到在这个过程当中，目前还存在一些制约因素。第一，资本金补充存在压力。银行给企业，尤其是小微企业发放贷款支持实体经济，以及根据银行整顿要求过去表外的不占用资本的资金必须回到表内等因素，导致资本金不足。第二，低成本资金来源稳定性下降。中国由于老龄化等因素，储蓄增长速度远远低于贷款增长速度，导致银行支持实体经济的资金来源受到一定的影响。第三，风险因素。2019 年以来，虽然经济下行压力逐渐增大，但银行资产质量仍持续改善。截至 6 月末，银行业整体不良率为 1.81%，但是结构上出现了非常明显的分化，导致总体不良率仍面临较大的反弹可能。

二　政策建议

卢中原认为，短期的宏观调控，可以减少经济波动，但是解决不了中长期下行的态势。劳动力增长率下降、人口老龄化带来的储蓄率降低，都不是短期的政策能解决的，是一个中长期的制度性变革。全要素生产率提高是我们应对中长期经济下行压力要抓的根本，接下来可从技术创新、结构优化、劳动者素质提高、管理改进、制度变革等五个方面去推高全要素生产率。

樊志刚认为，当前稳增长方面，银行通过贷款等方式，支持实体经济，支持企业，发挥了比较明显的作用，自身不良率仍然处在比较合理的范围。下一步银行在支持稳增长、积极配合逆周期调节方面还有一些压力，尤其是需要补充资本金。目前央行推出了一些新办法，比如发行永续债等。

张永军认为，第一个方面是扩大社会总需求。经济增长下滑可能存在社会总需求不足，在宏观经济政策方面，要加大一些重点项目投资，出台一些刺激消费政策措施，扩大社会有效总需求。

第二个方面是财政政策。未来一段时间财政政策，更多是巩固减税降费成果，以稳为主，使它能够发挥更好的效果，不宜再去加大力度。同时在财政支出方面，可以通过调支出结构、加快进度等方式，使它发挥更大的作用。

第三个方面是货币政策。过去我们经济增长动力主要来自工业，工业中抵押物比较充足，但是现在我们经济增长的主要动力来自服务业，服务业大多是轻资产行业。如果还要求要像工业那样，按照大体相同的标准去做抵押才能贷款，显然没有那么多的资产去做抵押。因此疏通货币传导机制很重要，相应地要做这方面金融管理制度改革。

第四个方面是劳动力。城镇化目前存在一些障碍，尤其是要加快解决差不多 3 亿异地就业、异地生活人口如何落地的问题，包括就医、教育等方面。如果能够尽快地实现失业保险和医保全国统筹的话，那么会有更多农村或者小城市劳动力转移到大中城市去，对于劳动力供给有积极的影响。

第五个方面是乡村振兴战略。农村的整个公共服务的水平比城市低，这对农村消费有一定影响。比如中部农村地区冰箱、彩电、洗衣机等普及率已经很高了，但电网还存在薄弱环节，导致使用空调受到一定影响，农村道路对汽车消费也有一定影响。下一步针对农村公共服务薄弱环节需要进一步改造扩容。

张晓强认为，中国的发展离不开世界，世界的发展离不开中国。最近国际货币基金组织（IMF）、世界银行等国际机构，以美国布鲁金斯学会为代表的一些著名智库的研究分析都指出，目前全球经济特别是发达经济体增长乏力。世界贸易组织（WTO）估计2019年的国际商品贸易只能增长1%。这是受保护主义高关税的影响，也和若干国家内部的经济结构调整，或者说改革进展缓慢是密切相关的。关于中美经贸摩擦，IMF、日本、韩国、欧盟都认为，如果扩大下去，会对全球的增长和贸易带来消极影响，都非常关注10月刘鹤副总理和美国姆努钦财长、莱特希泽贸易谈判代表达成的一些重要成果，这些外部因素也是我们研究2020年对策客观上必须考虑的。

（中国国际经济交流中心　梁　鹏 整理）

RCEP 促进亚太地区经贸发展

——第 124 期“经济每月谈”综述

近日，中国国际经济交流中心举办第 124 期“经济每月谈”，主题为“RCEP 和区域经济合作”。会议由中国国际经济交流中心副理事长魏建国主持，中国国际经济交流中心首席研究员张燕生，中国社会科学院亚太研究院研究员、亚太经济组织与东亚合作中心秘书长沈铭辉，商务部研究院研究员、亚洲研究所副所长袁波分别发表演讲，主要观点如下。

一 RCEP 有利于推动地区经贸发展和区域经济一体化

区域全面经济伙伴关系协定（RCEP）谈判于 2012 年 11 月正式启动，由东盟 10 国率先发起，邀请中国、日本、韩国、澳大利亚、新西兰、印度 6 个对话伙伴国参加，谈判前后经历七年时间，旨在通过削减关税及消除非关税壁垒，建立一个 16 国统一市场的自由贸易协定。RCEP 谈判参与方涵盖约 47% 的全球人口，约占 32% 的全球 GDP、29% 的全球贸易及 32% 的全球投资，将成为世界上人口最多、覆盖区域最大的自由贸易区。目前，RCEP 已经结束全部文本谈判以及实质上所有市场的准入谈判。基于“10+6”框架的 RCEP 若能达成协议，RCEP 的 16 国间所有商品实现零关税，将带动中国 GDP 提升 0.55%，拉动中国出口总量提升 3.15%。

（一）RCEP 的定位是达成一个现代的、全面的、高质量和互惠的经济伙伴协定

袁波认为，RCEP 谈判是当前亚洲地区规模最大的自由贸易协定谈判，也是我国参与的成员最多、规模最大、影响最广的自贸区谈判。RCEP 协定目前包括 20 个章节，涉及零市场准入、货物贸易、服务贸易等传统领域，也涵盖市场竞争、知识产权、电子商务、中小企业和经济基础合作、政府采购等新兴规则领域。从货物贸易看，致力于能够消除大多数货物贸易的关税和非关税的壁垒，形成一个统一的区域原产地规则和便利的海关程序。对企业而言，区域累计的原产地规则很有价值。当前谈判取得突破性进展，对于走向十字路口的世界经济，亚太 15 国给出了明确的回答——往全球化的方向走、往自由贸易的方向走，为全球自由贸易的发展起到了示范性作用。

（二）RCEP 若最终达成协议并完成签署，将有利于促进区域经济发展和地区经贸合作

张燕生认为，RCEP 为我国和世界未来发展构建了一个规模最大的平台，为世界区域发展提供了另一种可能的选择，对中国、亚洲和世界而言都是一个重要的推动。首先，RCEP 是由亚洲推动的，在遵循适宜标准的基础上，既考虑到照顾发达国家对贸易投资自由便利化的利益诉求，也兼顾到亚洲地区一些发展程度、自由化程度和便利化程度较低的经济体。其次，RCEP 将采取分步实施的推动方式，讲究“合而不同”的开放道路，给各国留下了适应开放过程的时间。16 个国家领导人在会后发表了联合声明，除印度外的 15 个成员已经结束了全部的文本谈判和实质性市场准入谈判，准备 2020 年签署协定。然而，在这个时间点上，印度在“10+6”的协议中没有参与进来，而是提出该协议目前的谈判条款不利于印度的国家利益，因此暂不加入这一协议。沈铭辉认为，从宏观层面来看，在当前贸易保护主义、单边主义盛行的背景下，RCEP 的达成将统合区域内原有的多个“碎片化”的“10+1”自贸协定，给区域经济一体化进程和地区贸易发展注入新的“强心剂”。“合并”后通过采取进一步便利化措施，将帮助打通制度性障碍，有效推动区域内贸易发展，使东亚生产网络更加畅通。从微观层面来看，“合并”后规则使用的便利程度将会大幅提升，自贸区利用率将有效提高。如果能设计出一个更加便利实用的原产地规则，地区生产企业的获得感会增强，受益更多。袁波认为，在一些发达经济体选择退出自贸协定、实施贸易保护主义的当下，以发展中国家为主要成员的 RCEP 谈判取得突破，说明多边主义和自由贸易依然深入人心，将为解决经济全球化发展问题起到示范作用。

（三）印度需要一个相对更长的过渡期来调整和适应可能带来的竞争和冲击

张燕生认为，在过去的四年，按照世界银行营商环境效率便利化的指标，中国和印度均取得了较显著的进步。然而就目前看，无论是营商环境、全要素生产率，还是工业竞争力，印度和中国相比还存在较大差距，需要印度从自身条件和发展实际出发，进行改革调整。有相关分析指出，印度担心中国的工业和澳大利亚的农业对印度产生较大的冲击，希望达成的 RCEP 协议中能够包含更有利于印度本土产业的保障性措施，使印度能采取所谓的紧急进口限制措施，保护印度的农业和工业。总体上看，印度的利益诉求有三点，一是印度要求签订自由贸易协定的经济体的家电产品和食品进入印度，其中有三成以上是原产印度的零部件材料。二是对中国的工业品和澳大利亚的农产品进入印度，要设置新的紧急进口限制措施。三是建立起一个联合管控措施，以避免其余的 RCEP 成员利用其他成员国向印度出口过多的产品。

二　中国在推动全球化和区域经济一体化中扮演积极角色

（一）在区域经济一体化方面，中国始终扮演积极、开放、参与的推动者角色

专家认为，在推动区域经济合作方面，中国并不排斥任何区域性的合作方案，包括当前的 RCEP、中日韩自由贸易协定及全面与进步跨太平洋伙伴关系协定（CPTPP）等。日本、澳大利亚、新西兰等国最先成为跨太平洋伙伴关系协定（TPP）的成员，因此对 RCEP 的需求不如东盟强烈，但日本表态要致力于建立包括印度的协定，并且希望在 RCEP 中扮演领导者的角色。对于 RCEP 及其他区域贸易协定对中国的影响，据测算，RCEP 签署对中国 GDP 的影响是正面的，系数为 0.55；若中国加入 CPTPP，对中国 GDP 的影响是 0.48；若中国下一步同时加入 CPTPP 和 RCEP，对中国 GDP 的影响是 0.65。此外，以上协定对中国的就业和出口的影响也都是正面的，对其他成员则可能产生正向或负向的影响。

（二）在推动国内制度型开放及国内规则与国际高标准规则的衔接时，要始终保持“中国特色”

张燕生认为，除了通商层面，中国的开放实际上是一个全方位的开放，但在规则等制度型开放以及符合国际高标准的规则上仍有一定差距，仍面临国际高标准的环保标准、政府采购条款、国有企业、劳工标准、知识产权等挑战。中国需要进一步推动高标准规则等制度型开放，并在改革开放过程中不断加以深化。在引进先进技术、设备和人才的同时，需要重点保障关键技术设备和人力资源自主可控。在扩大重要领域对外开放的同时，要确保国家安全和其他安全保障和风险防范。

（三）中国在推动进一步开放中，要致力于从自身出发，做好制度衔接和安全保障

专家认为，在开放过程中，始终要坚持做到以下三点。一是在推动开放时，要从中国的文化、历史和传统角度推动开放，始终保持好中国特色。二是推动国内制度的进一步开放，推动相应规则标准制度和国际高标准的规则相衔接。三是在开放过程中，要确保金融、能源、粮食、科技、信息和生物等重要领域的安全，以保证自身发展的自主可控。

（中国国际经济交流中心　何七香 整理）

智库报告
选编

世界经济

欧洲“贸易往来支持工具”影响及启示

为了应对美国针对伊朗重新施加的制裁，2019 年 1 月 31 日，德国、法国、英国在巴黎成立了“贸易往来支持工具”（简称“工具”），旨在避免使用美元进行跨境支付，减少美国制裁对欧、伊之间正常贸易的干扰，并促进欧元国际化。为了应对美对我可能发起的金融战，借鉴欧洲经验，建议我国适时申请加入“工具”；建立以人民币计价的易货贸易结算体系；加快人民币跨境支付系统的国外布局，支持易货贸易结算体系。

一　简介

（一）出台背景

2018 年 5 月 8 日，美国宣布退出伊朗核协议，并恢复对伊朗的全面经济封锁。若欧洲企业违反美国针对伊朗的次级制裁，则面临不能使用美元、不能跨国与个人或实体来往贸易等多重限制。为了避开美国的管制，维护与伊朗的贸易往来，并鼓励伊朗继续履行伊朗核协议，德、法、英三国在 2019 年 1 月 31 日与伊朗建立了总部位于巴黎的“工具”。“工具”于 6 月开始正式运作，于 7 月完成了第一笔交易。为了对接“工具”，伊朗成立了“特殊贸易和金融机制”。

“工具”向所有欧盟成员国开放，未来可能接受非欧盟国家的加入。

欧盟对外事务部秘书长施密德在2019年7月表示，除了10个已经加入“工具”的欧盟国家，还有7个成员国宣布将加入“工具”或成为“工具”股东。同月，俄罗斯外交部宣布，希望加入“工具”和欧洲一道规避美国对伊朗的制裁。

（二）运行机制

“工具”通过易货交易来避免使用美元进行跨国支付。通常情况下，在两国进出口贸易中，进口方需向出口方跨境支付货款。而“工具”可以匹配进出口交易。欧洲和伊朗的进口商将货款支付给本国的出口商。比如，若欧洲一家企业想从伊朗进口商品，该企业向伊朗出口商发出订单，并向“工具”提供与交易有关的文件。“工具”将这笔订单注册在贸易分类账上，并将这笔订单与另一笔欧洲向伊朗出口的注册订单进行匹配。接着，“工具”会批准欧洲进口商对出口商的付款。伊朗的“特殊贸易和金融机制”也会批准伊朗进口商对出口商的付款。这样一来，欧洲和伊朗之间并不会涉及直接的资金流动，而进出口贸易仍可以正常进行。

（三）运行范围

目前“工具”仅处理基于人道主义物品、食品及药物的贸易。未来可通过“工具”处理的贸易范围是否会扩大，欧洲企业是否可以通过“工具”进口伊朗石油尚不明确。俄罗斯认为“工具”需要促进伊朗石油出口，以支持伊朗经济。伊朗也不断要求“工具”涵盖石油贸易。但美国官员警告欧洲国家“工具”不可进行涉伊石油的进出口。

二　意义及影响

（一）“工具”减轻次级制裁对欧洲企业的影响

美国次级制裁可拒绝外国实体使用美元，将其从美国金融系统中剔除，并禁止美方与其有贸易往来。一些大型国际银行就曾受到美国制裁的严重打击，因此很多银行不愿意从事可能危及其进入美国市场的业务。这对从事涉伊贸易的欧洲企业有着很大影响。而“工具”的出现免去了银行在欧洲和伊朗贸易往来中扮演的角色，因为通过“工具”所达成的贸易不再涉及境外支付。

（二）“工具”挑战美元交易体系

目前，大部分国际贸易都需通过SWIFT（银行结算系统）进行美元交易。美元主导货币的地位使得美国对SWIFT有非常大的影响力，这意味着美国几乎垄断国际金融体系。而“工具”独立于美元主导的交易体系。“工具”可促进国际货币的多元化，削弱美元的货币主导地位。若欧洲想进一步削弱美国在全球金融体系中的影响力，则可充分发展“工具”，使其替代或严重挑战现有主流交易体系SWIFT。

（三）“工具”需进一步扩大贸易品的范围

欧洲尝试通过“工具”弥补伊朗因制裁而遭受的经济损失，以此鼓励伊朗继续遵守伊朗核协议。但显然若“工具”未来依旧仅处理人道主义相关贸易，无法向伊朗提供足够的经济利益，伊朗是否会继续遵守伊朗核协议则面临质疑。

三　启示

一年多来，特朗普政府对我先后发起贸易战、科技战，不排除继续对我发动金融战。如果中美金融战开启，美方会在金融领域对我发起制裁，可能限制我方使用美国控制的国际支付体系SWIFT。欧洲的“工具”是有益的探索，为我们下一步应对金融战提供了借鉴。

一是我国可适时申请加入“工具”交易体系。一方面可以保障我国企业与伊朗的正常贸易往来，以保护我国企业免受美国的经济制裁；另一方面，我们可以借此学习“工具”的经验。

二是可借鉴“工具”，创立以人民币计价的易货贸易结算体系。可以在共建“一带一路”国家和地区选择一些重点国家，在粮食、能源等大宗商品方面开展易货贸易结算。如果美国限制我使用国际支付体系 SWIFT，可顺势扩大贸易结算体系的国家范围和贸易商品范围，也可以将部分服务贸易纳入进来。

三是加快人民币跨境支付系统建设。加快人民币跨境支付系统的国外布局，提高在共建“一带一路”国家和地区的使用水平，扩展功能支持易货贸易结算体系中贸易差额的清算。

（中国国际经济交流中心　张焕波　毛天羽）

欧盟对华态度转变原因及总体研判

3月12日，欧盟委员会发布《欧盟—中国：战略展望》报告称，在经济上，中国是欧盟在5G网络发展等关键领域的竞争对手，政治上则是一个全面对手。报告强调，欧盟缺乏对华战略的统一立场，各成员国在与中国构建合作关系时有责任遵守欧盟的规范和政策。报告显示了欧盟一部分人对中国政治和经济方面影响力上升的深刻忧虑，可能影响欧盟高层对华态度，使其调整对华战略。为此，我们应积极应对。

一　背景

《欧盟—中国：战略展望》报告评估了中欧关系多方面的机遇和挑战，并列出了10项具体行动。报告认为，在政治上中国的影响力正在以前所未有的速度增长，中国成为全球领先大国的雄心显而易见。经济上，中国再也不能被视为发展中国家，现在的中国是全球规则重要的参与者并且技术力量领先。欧洲越来越意识到，中国带来的挑战与机遇之间的平衡已经发生变化，中国的强大应该伴随承担更大的责任，中国应该做出与其改革开放承诺相符的实际行动。

最近一个时期，欧盟对华质疑的声浪逐渐高涨。2019年2月中旬，西门子—阿尔斯通的铁路业务合并案被欧盟否决之后，法德经济部长对外联合表示，需要对过时的欧盟竞争法律进行整改，以应对来自欧洲之外的产业竞争，特别是来自中国全球化企业的竞争挑战。2月底，在欧盟—阿拉伯联盟峰会上，欧盟理事会主席图斯克表示，“在美国退出中东之后，不应当把该地区留给遥远的强权”，言中暗指中国的意味非常明显。3月初，法国总统顾问博讷（Clement Beaune）表示，“五年前欧盟的成员国在对华关系态度上还是分歧不断且天真幼稚的，如今这天真的阶段该过去了”。

以美、欧、日为代表的发达经济体在对中国市场开放、工业补贴、知识产权保护、国有企业和技术转让等问题上的基本态度比较一致，持质疑态度，美、欧、日签署关于贸易相关的三方联合声明就是这一情况的真实反映。

二 原因分析

此次欧盟的态度转变，究其原因是欧盟自身面临三重矛盾。欧盟国家已经感到自己在全球化浪潮中被逐渐边缘化，多重因素的累加导致欧盟在全球治理体系中影响力下降，促使欧盟保护主义抬头和极端政治势力的较快发展。一些势力因此想把这些深层次问题向外引导，归咎于中国。

（一）欧洲价值与现实之间的矛盾

过去，欧洲关于全球化的基本理念是：加强全球贸易体系，通过经济手段获得政治话语权，即凭借经济实力，用自身内部治理经验作为约束条件进行价值观输出。历史上，欧盟凭借强大的经济和技术实力推行这种模式是行得通的，但现在欧洲经济大不如前，绑定价值观的做法反倒成为欧盟进行各种谈判的自缚枷锁。同时，这种价值矛盾也影响了欧洲内部的经济改革进程。包括德、法等经济强国在内的欧洲国家整体处在高福利、低效率的状态，政治集团为了党派利益不断在真正切实的改革议题上拖延，没有人愿意冒着失去选票的风险触及改革的根本，这导致2008年国际金融危机之后欧盟经济难以解决根本问题。

（二）欧洲一体化与一致性之间的矛盾

21世纪初欧盟扩容之前的15个成员国，无论是在经济发展水平、政治地位还是价值观上都具有相当一致性，德法之争是领导权之争，而不是意识形态之争。德法与其他成员国之间的经济差距也较小，当时的欧盟基本是由先进工业国组成的政治经济共同体。与之相反，从现在28国的欧盟却可以明显看出“层次”差异，中东欧经济不够发达，南欧近年来经济不景气，都需要外部的资金支持，愿意加入“一带一路”建设的行列。与之相对应，西欧和北欧国家经济比较发达，进行经贸交往时往往价值观先行。在这种情况下，欧洲很难就重要的方向性议题达成统一意见。

（三）欧盟对中国和对自身双重误解的矛盾

欧盟对中国经济发展的原动力缺乏充分理解，片面认为政府行为扭曲市场造就了今天中国强大的产能和产业创新能力。早有专家指出这方面的误区，2016年中欧数字协会主席路易吉·甘巴尔代拉就曾表示，欧盟应该反省为何自身产业竞争力不断下降，实际上其中一个重要原因是监管过度使整个工业创新和投资能力受到限制。欧盟自身的体制约束加上改革缺乏根本动力，导致产业竞争力不断下降。许多欧洲人对这个问题没有清醒认识，却试图将这些欧盟自身问题归咎于所谓中国非市场经济行为和产业补贴政策。

欧盟对华态度转变中的美国因素不容小觑，美国不断在背后策动欧盟对华进行高科技限制。前不久，美国总统特朗普就曾警告德国经济部长，放弃与华为的合作，否则美方将削弱两国间的军事情报共享。

三　总体研判

（一）维护多边贸易体制符合中欧的共同利益

欧盟并没有舍弃原来的价值观。该报告的基本逻辑是认为中国虽然明确表示出支持多边主义的态度，但在具体执行过程中有选择性地维护一些规范而牺牲其他规范，并且这些选择是基于对国际规则的不同理解。也就是说，欧盟认为中国在维护多边体制的理念上与其并不相悖，只是认为中国维护多边秩序方面的具体行动不太符合欧盟的期待。因此，至少在特朗普执政期间，维护多边贸易体制符合中欧双方的共同利益，也能够让欧盟占领道德制高点，符合欧盟一贯秉持的理念。尤其是在英国脱欧的背景下，维护多边贸易体制可以为欧盟创造稳定的外部经济环境，有利于欧盟经济持续稳定复苏。尽管欧盟和中国在产业政策、技术转移等方面存在分歧，但是对于欧盟和中国以及整个世界经济而言，特朗普政府主导的“美国优先”和与之配套的一系列贸易保护主义措施，对欧盟则是更大的挑战，中欧拥有共同的利益诉求，报告中提到的一些问题可以通过谈判协商来解决，中欧之间存在基本的合作前提和互信基础。另外，中欧之间也能在“一带一路”、世界贸易组织（WTO）改革等方面寻求务实合作。

（二）欧洲内部对华态度并不一致

目前，欧盟以德、法为中心的主要国家，对中国在欧盟境内的基础设施建设和高科技产业扩大投资非常警惕。但中东欧和南欧因为经济形势不佳，期待中国的投资，中国正在通过“16+1”机制不断加深与中东欧的合作。意大利已签署“一带一路”备忘录。因此，在对华合作问题上欧盟并不是铁板一块。此次报告即使提交欧盟领导人峰会讨论，恐怕也难以得出一致意见。如果德、法两个大国利用权威强行通过该报告成为法案的话，势必会加深欧盟分裂，加剧欧盟内部深化改革难度。

（三）欧盟过去也曾多次转换对华态度

自 1995 年欧盟发布首份对华政策文件《中欧关系长期政策》以来，欧盟几乎每隔 3 年就要根据形势变化出台一份对华政策文件，以此规划欧盟对华政策框架及行动要点。目前，距离欧盟 2016 年出台对华战略的纲领性文件已经过去3年时间，出台新的对华战略文件不足为奇。欧洲历史上也曾有多次对华态度转向。

（四）欧盟仍然坚持“2016中国战略”作为对华交往的基石

《欧盟—中国：战略展望》报告中强调，欧盟仍致力于推进《中欧合作2020战略规划》（2013年），并且2016年欧盟对华战略仍是指导欧盟对华政策的支柱，这个定位并未发生改变。

综上所述，此次《欧盟—中国：战略展望》报告反映了欧盟一部分人对华态度逐渐发生转变的情况，但是在中欧共同面临国际复杂局面的形势下，中欧合作仍然是主流。我们应务实且有针对性地推进与欧盟有关国家的合作，使各方在与我合作中不断获益，以此抵减中欧战略竞争的负面认知。总体判断，该报告不会影响未来中欧关系走向大势，欧盟更不会就此走向全面保护主义。

（中国国际经济交流中心　李浩东）

英国脱欧背景下伦敦国际金融中心地位变化

伦敦是仅次于纽约的国际金融中心。伦敦金融城在国际金融领域发挥着重要作用，尤其是在全球外汇交易市场常年居全球首位。但英国脱欧会给欧洲金融市场结构带来变化，伦敦国际金融中心的地位会受到一定冲击。同时，会给德国法兰克福和法国巴黎等其他具有一定金融资源优势的城市带来机会。

一　欧盟其他具有国际金融区位优势的城市竞争力分析

法兰克福、巴黎、卢森堡和都柏林在国际金融资源禀赋上具有一定的优势，在 2018 年 9 月的全球金融中心指数（GFCI）分别列第 10 名、23 名、21 名和 37 名。英国脱欧会给这些城市的国际金融发展带来一定机会。

（一）德国金融中心法兰克福

法兰克福肩负着维持欧盟金融市场稳定的重任，在国际货币政策领域扮演着重要角色，是欧洲中央银行、欧洲保险和职业养老金监事委员会所在地。同时，证券业是法兰克福金融中心的核心支柱，是全球市值最大的证券交易所之一德意志交易所的总部所在地。2018 年 12 月法兰克福金融合作促进会（FMF）的调查报告显示，资产规模达 8000 亿欧元的 30 家金融机构向欧洲央行申请将其总部迁至法兰克福。同时，由于英国脱欧，法兰克福的政治地位会进一步提升，金融交易及清算业务可能获益。

（二）具有雄厚经济基础的国际大都会巴黎

巴黎是法国工业、商业、航空和金融等领域的中心，但在国际金融资源禀赋的比较优势不明显。2019 年 3 月，负责维护欧盟国家银行业运行秩序的欧洲银行管理局（EBA）正式从英国伦敦迁至法国巴黎，法国总统马克龙对此表示“加强了巴黎作为主要金融中心的地位”。综合来看，虽然巴黎在税负和国际金融的比较优势上较法兰克福等竞争对手有一定差距，但凭借雄厚的经济基础和新举措可能会从英国脱欧中综合获益。

（三）欧洲机构优选之地卢森堡

卢森堡政治稳定、经济繁荣、治安良好，是诸多欧盟机构的所在地。欧盟法院、欧盟议会秘书处、欧盟审计署、欧盟统计局等欧盟机构设在卢森堡。欧洲投资银行总部、欧洲货币基金、欧洲金融稳定基金、欧洲稳定机制等金融机构也设在卢森堡。同时，卢森堡常年是世界第一大跨境基金分配中心、全球第二大基金中心，也是欧洲重要的财富管理和私人银行中心。基于以上的金融资源优势，卢森堡可能接盘大量从英国迁出的金融产品及其管理的资产。

（四）总部经济热土都柏林

爱尔兰最重要的竞争优势是欧盟范围内最低的企业税率，是全球重要的总部基地之一。苹果、谷歌、华为和微软等国际知名跨国公司都将欧洲总部设在都柏林。此外，都柏林与伦敦在时区、语言以及文化融合和法律体系上同源或类似。英国脱欧后，凭借在科学技术、现代化基建设施和税收政策等方面的优势，都柏林可能接盘从伦敦迁出的各类欧洲总部和运营中心。

二　伦敦国际金融中心地位受英国脱欧的短期影响分析

伦敦金融城发达的银行业、高度国际化的保险业、全球最大的外汇市场以及领先世界的证券交易市场与债券市场，使其在世界金融格局中扮演着不可或缺的角色，在2018年9月的全球金融中心指数（GFCI）中居第二位。短期内，英国脱欧对伦敦国际金融中心地位既有负面影响，也有正面激励作用。

（一）伦敦商业环境整体上受到英国脱欧的负面影响

欧盟作为英国的最大贸易伙伴，英国脱欧进展的不顺利已经对伦敦的商业环境带来了显著的负面影响。同时，脱欧后英国要撤销与欧盟有关的法律规定，会带来诸多立法上的不确定性，与欧盟的关税等优惠政策不复存在，但同时英国也脱离了欧盟整体贸易框架与规则，对伦敦商业环境的正面作用与负面影响并存。

（二）对伦敦金融业环境的影响需要辩证分析

从正向激励来看，英国脱欧之后欧盟的严格金融监管纪律不复存在，伦敦可以凭借较低的监管度，吸引更多的金融机构开展业务往来，给伦敦的金融业带来新的发展机遇。从负面影响来看，英国脱欧之后银行业所取得的欧盟执业资格将被取消，国外金融机构无法再通过英国进驻欧盟市场，势必会对伦敦国际金融中心地位带来不利影响。

（三）金融市场环境波动明显，市场预期偏负面

英国脱欧公投后，英镑/美元市场汇率持续下跌，同时资产风险溢价逐渐攀升，脱欧对英国汇率和资本市场造成不利冲击。同时，脱欧进程的波折不断，不能给市场稳定预期，对金融市场的影响也偏负面。另外，在金融牌照便利优势丧失的情况下，伦敦的金融机构考虑外迁至法兰克福、巴黎等城市成为现实的选择。在此背景下，伦敦金融城的人力资本优势也会逐步降低，依赖于现代金融人才的金融科技和创新性金融业务也会受到影响。

三　伦敦国际金融中心的长期发展趋势判断

长期来看，在国际金融的重新分工中欧盟其他金融中心有机会在某些专业领域逐步取代伦敦，但伦敦的国际金融中心地位难以被取代。

（一）欧盟内部金融资源面临重新分工

英国未脱欧之前，凭借欧盟单一市场优势，众多跨国企业和金融机构将英国作为进入欧盟市场的门户，在伦敦设立欧洲总部。英国脱欧之后，伦敦将面临金融体系变革的局面，留在欧盟的国际金融中心将可能借势推动重新洗牌。长期来看，经济实力、政治环境、税务水平、金融基础建设等硬件条件和社会治安、法律框架、监管环境、跨国联系、人才储备、移民政策等软性条件，都会对伦敦和其他具有不同金融资源禀赋的欧盟城市带来一定的挑战和机会。伦敦的机会在于脱离欧盟统一的金融监管后，英国监管当局将拥有更多的独立性和灵活性；而不利的因素在于欧盟单一市场优势的丧失。相应地，法兰克福等其他欧盟城市会在具有一定金融专业优势的领域取代伦敦。

（二）其他欧盟城市难以取代伦敦的国际金融中心地位

第一，从同一个国家的资源禀赋优势来看，与德国和法国等欧洲国家相比，英国在金融业上具有竞争优势，英国金融业增加值占国内生产总值（GDP）比例基本保持在7%左右的水平，远远高于德国3.5%的水平。第二，具有金融业发展的制度优势。一方面，现代国际金融发展所形成的“路径依赖”是伦敦国际金融中心确立的天然优势，目前全球金融投资实行的主要金融规则、合约、监管以及法律框架，是在英国形成的。另一方面，具有高度创新的现代金融业发展需要英美法系的制度环境，纽约、伦敦和香港的国际金融中心地位是其他大陆法系国家的城市难以超越的。

（中国国际经济交流中心　郭迎锋）

美英数据互通协议的战略意图、影响及对策建议

当前，国家间数据资源争夺和保护不断升级，“长臂管辖”原则、法律“域外效力”等扩张数据管辖权的制度一再出现，全球跨境数据流动近二十年相对稳定的国际规则制度被不断推倒重建，进入了新的动荡变革时期。近期，美英签署“史上首份”双边数据互通共享协议，这将对中国乃至全球数据治理体系及国家数据主权产生广泛而深远的影响，中国应采取战略措施加强数据管辖，积极维护国家数据主权。

一　美英签署“史上首份”数据互通协议

2019年10月3日，美国司法部长Bill Barr与英国内政大臣Priti Patel签署了一项新协议。该协议将消除法律障碍，允许两国执法机构直接获取对方科技公司比如脸书、谷歌、推特等的用户、通信数据，以便更迅速地调查恐怖主义及其他严重的刑事罪行。

新协议是根据美国2018年设立的《云法案》迈出的第一步。尽管协议尚未包含禁止科技企业加密数据的权利，比如端对端加密，即仅有通信的两方能够看到数据的加密功能，但根据协议条款，在获得适当的法院授权之下，执法部门可通过“长臂管辖”直接向对方国家的科技公司请求存取电子数据，将时间缩短至几周或几天，不必再通过可能耗时数年的政府流程。而此前两国只能通过政府层面的“共同法

律援助”（MLA）机制为本国执法部门申请数据，往往需要花费半年至两年时间。这份双边协议如同样本，美国将可广泛同各国签署。

二　赋予美国数据“长臂管辖权”的《云法案》

2013年“斯诺登事件”推动了美国将数据跨境流动纳入政治议题，与国家安全、网络安全、隐私保护等政策紧密挂钩，加剧了各国政府间在网络空间的战略博弈与数据资源争夺。美国一方面在国际上大力推行跨境数据自由流动政策，主张数据本地化是一种贸易壁垒和不正当竞争行为，通过制定相关法律法规为合法调取并存储他国境内数据提供制度保障；另一方面，通过“长臂管辖”扩大国内法域外适用的范围，以满足新形势下跨境调取数据的需要。《云法案》正是加强美国政府获取海外存储数据权力体现。2018年3月，美国总统特朗普签署了加强跨境数据流动的政府监管的《澄清境外数据的合法使用法案》（*Clarifying Lawful Overseas Use of Data Act*，CLOUD，即《云法案》）。该法案对1986年出台的《存储通信法》（SCA）进行了重新修正，将使联邦执法部门能够强制位于美国的电子通信或远程计算服务提供商披露其拥有、保管或控制的要求数据，无论数据是否存储在美国或外国都赋予美国政府调取存储于他国境内数据的合法权力，为获取他国数据扫清制度性障碍，建立了一个可以绕过数据所在国监管机构的数据调取机制，将美国执法机构的执法效力实质性地扩展至数据所在国，这也在很大程度上改变了全球数据主权的游戏规则。

该法案有几大显著特点：一是美国政府可以依据数据的重要性和影响程度不同，对一些重要行业、重点领域或安全敏感的数据实施禁止或限制出境管理；二是该法案采取的是“数据控制者”标准，打破了“服务器标准”，允许调取不在美国境内的电信服务或远程计算机服务的提供者控制、监管的数据；三是法案对数据调取行为的抗辩设置严格的条件，仅包括目标对象不是“美国人”且不在美国居住，披露内容的法律义务将给服务提供者带来违反外国法律的实质性风险。为此，《云法案》精妙地设计了一套打破各国数据本地化政策屏障的框架。

第一类：数据核心区。美国国内数据或者涉及“美国人”的数据属于核心区，严格掌握在美国法管辖之下，并受到隐私权保护，其他任何国家都不能单方面获取该数据。

第二类：数据合作区。法案提出美国与“合格外国政府”基于“礼让”（comity）进行数据信息交换，允许这些国家的执法机关获得美国公司的境外数据，以换取美国获得该国公司境外数据的权力。同时，当美国政府在这些国家获取信息时，信息提供者可以向美国法院提出撤销或修改动议，以违反该国家的相关法律为由拒绝提供该信息或数据。

第三类：数据自由区。即“非合格外国政府”的信息和数据，只要与美国产生“最低限度联系”，就完全处于美国的司法管辖之下。美国政府可以随心所欲获取相关信息，该国法律对这些信息的保护无法成为信息提供者拒绝提供信息的司法抗辩理由。

由此可见，《云法案》抛开了传统的双边或多边司法协助条约，单方面赋予美国政府对全球绝大多数互联网数据的“长臂管辖权”，该做法不仅损害了数据所在国对其境内数据的管辖权，加剧了当前国家间与数据有关的司法主权冲突，也对于强调“隐私保护”乃至“数字主权”的国家构成了极大挑战。其他国家要调取存储在美国的数据，则必须通过美国“合格外国政府”审查，需满足美国所设定的人权、法治和数据自由流动标准。从法案设置的一系列条件来看，中国很难被美国认定为“合格政府”，将对中国数据主权造成较大冲击。

三　推动建立以美国为核心的全球数据霸权体系

一直以来，美国都是“以数字自由主义”为名，行使“数字保护主义”甚至“数字霸权主义”之实。随着中美在高科技领域的竞争演化趋势，地缘政治因素对跨境数据流动政策的影响将进一步加大，以“国家安全”关切为核心的“重要敏感数据”也成为跨境流动限制重心。当前，为进一步扩展在全球的数据霸权，美国正加紧与其领导的多国情报联盟“五眼联盟”（Five Eyes）构筑“数据同盟体系”，强化以“国家安全”为主要考量的数据跨境流动政策的价值取向。2019 年 7 月 30 日，“五眼联盟”在一份声明中就表示，科技公司应该在其加密产品和服务中纳入新机制，允许政府有适当的合法权限，能够以可读和可用的格式获取数据。事实上，这已不是“五眼联盟”第一次要求科技公司开设加密后门。英国情报法早已允许政府可强制本国公司破解加密信息；澳大利亚政府 2017 年的一份备忘录呼吁采取法律行动，防止不可破解的加密行为；2018 年“五眼联盟”联合发布备忘录，督促政府要求科技公司设立加密后门，而对于不合作的企业，则可以采取强制措施进行数据访问。

此外，美欧日正联手试图着手制定跨国数据流通规则，构建基于“共同理念”的“数据流通圈”。2019 年二十国集团（G20）大阪峰会期间，日本商议与美国商务部、美国贸易代表办公室和欧洲委员会等机构从 2019 年开始启动制度设计，具体议题包括：允许个人和产业数据的相互转移；严格限制向个人信息保护体制不完善的国家转移数据；对违反要求的企业处以罚款，进而打造美日欧互认的数据共同体，建立以西方为中心的跨境数据流动规则框架，数据同盟可以意识形态和政治制度划线，形成明确指向中国、俄罗斯等国的排他性体系，并可能将在美国及其全球性同盟安全网络中发挥重要作用。

四　维护中国数据主权与国家安全的路径与建议

面对美国等主要大国借助数据战略尤其是法律制度设计强化数据治理、数据资源控制的新态势，我国应立足于维护数据主权的立场，全面加强国家整体数据安全治理能力，打造全球数据安全高地，以掌握数据跨境流动合作的话语权和主动权。为此，应统筹处理好三大关系：一是数据的“出”与“入”；二是跨境数据流动管理的“宽”与“严”；三是数据治理中的“集中”与“分散”。加快形成以法律形式明确重要数据的认定标准、基本范围、保护措施、管理体制和主体责任等战略管理体系。

第一，建立完善数据保护法律体系。深入贯彻落实《网络安全法》，加快开展《数据安全法》《跨境数据流动管理办法》等专项法律法规和政策的制修订，明确国家各部委监管职权范围。加强数据泄露威胁情报共享与溯源能力，打造龙头企业与政府机构之间的快速生态协同系统，对国家安全构成重大威胁的数据泄露事件，综合利用外交、信息、军事、经济、情报以及执法等力量，对其进行威慑和打击，惩罚恶意网络行为者。

第二，建立健全行业数据分级分类制度。国家对数据建立区分机制，制定完善行业数据跨境流动分级分类的指导目录、等级保护条例和管理细则，与现有网络安全和数据安全管理体系做好衔接。针对不同类型的数据实施不同强度的治理管辖，将重要敏感数据纳入基础设施保护范畴。加强在能源、电力、制造、交通、通信、金融等涉及关键基础设施以及重要工业装备领域，制定数据分类管理制度、跨境数据流动合同监管制度、安全风险评估制度。同时，在保护自身数据主权基础上，也可以寻求对数据本地化原则进行一定突破，如在反恐、跨国走私犯罪、金融犯罪等领域，提供较为便利的可获得本地数据的途径，适当允许部分非敏感数据的非本地化。

第三，将跨境数据流动嵌入贸易投资协定中。当前考虑到短期内各国无法形成相互协调的数据流动政策体系，因此，跨境数据流动政策嵌入双、多边的贸易投资谈判之中，在国与国之间、区域与区域之间体现出多样性、灵活性，形成不同解决方案。我国应当充分利用“一带一路”国际合作倡议等契机，在完善国内规则基础上，由国家网信部门负责牵头，统筹外交部、商务部等相关部门以及主要龙头科技企业，启动跨境数据流动对外合作工作推进机制。在当前各种双边、多边贸易谈判中，增加数据跨境流动的谈判内容，在加强统筹前提下，实现数据跨境流动规则的统一。

第四，探索构建数据港、数据海关等特殊功能区。通过经济、法律、技术、管理、国际规则等多种手段，建立健全数据跨境取证、域外管辖等的国际协调机制。可考虑利用特定区域，如上海自贸区、海南自贸区、深圳中国特色社会主义先行示范区等制度创新优势，探索建立开放、透明且可操作的跨境数据流动监管体系，通过在特定区域建立数据跨境流动自由区，吸引涉及数据跨境业务的一批企业入驻，从技术和政策等方面完善跨境数据流动的解决方案，推动建设全球数据港。

第五，推动制定跨境数据流动的国际治理框架。在各国纷纷主张数据主权的情况下，特别是美国、欧盟等实施长臂管辖对传统国际执法协作体系构成冲击的大背景下，应设计符合国家利益和中国企业全球化战略的执法数据调取方案，积极与各国建立双边—多边的数据执法调取协议，推动建立国际执法协作条件和框架，解决数据管辖冲突。

（中国国际经济交流中心　张茉楠）

美国 2014 年和 2018 年农业法案主要改革趋势及启示

一 背景介绍

在 20 世纪 30 年代，面对资本主义经济大危机和全球贸易保护主义的盛行，美国对国民经济运行进行了一系列卓有成效的干预，即“罗斯福新政”，其中对农业实施了强有力的政府支持，农业补贴政策开始逐步形成。不过，此时农业补贴政策的主要目的在于，通过增加农业生产补贴和出口补贴，提升农业生产力，拓展国际市场，保证粮食安全，实施主体是联邦政府。美国农业补贴政策的雏形主要体现在 1933 年的《农业调整法》中。1950 年前后，全球农产品市场供过于求，农产品价格大幅度下跌。此时，美国政府开始全面增加农业补贴。1970 年前后，美国开始实施“目标价格—价差补贴系统”，并在 1977 年通过《粮食与农业法案》予以全面实施。此后，美国的农业补贴政策每隔 5 年便根据国内外形势进行一次修订、补充和完善。《2014 年农业法案》是美国的第 16 个农业法案，于 2014 年 2 月 7 日由奥巴马正式签署生效。2014 年法案构建了 2014~2018 年美国农业政策的基本框架，有效期至 2018 年作物年度。2018 年 12 月 20 日，特朗普签署 2018 年农业法案，即《2018 年农业提升法案》（以下简称《2018 年农业法案》)，有效期至 2023 年。与以前的农业法案相比，2014 年法案在预算总额和补贴结构上均做了重大调整，2018 年法案基本延续了 2014 年法案，其调整将对世界农业领域产生重要影响。

二　美国 2014 年和 2018 年农业法案的主要改革趋势

《2014 年农业法案》的出台受当时经济表现欠佳、预算支出受限、世界贸易组织（WTO）规则制约以及农业发展目标等多重因素的共同影响。《2018 年农业法案》主体延续了 2014 年法案的脉络，政策支持结构有所调整，主要体现在以下四个方面。

（一）《2014 年农业法案》预算显著下降，《2018 年农业法案》与预算基线水平持平

《2014 年农业法案》制定之初，美国正经历债务危机，其债务总额达到 171000 亿美元，已超过国会 2011 年定下的 164000 亿美元的债务上限。根据 2011 年 8 月通过的《预算控制法》，国会将启动预算冻结机制，自动减少预算支出，这将对美国经济增速造成影响。基于此，2014 年法案对农业政策开支进行大幅削减。根据美国国会预算办公室（CBO）预估，2014 年法案在 2014~2023 年的总预算是 9564 亿美元，较 2008 年法案 10 年预算的水平下降近 400 亿美元，较 CBO 2013 年 5 月预算基线下降 165 亿美元。这与 2002 年法案和 2008 年法案预算大幅增资形成鲜明对比。

与《2014 年农业法案》相比，《2018 年农业法案》中 2019~2028 年的总预算为 8672 亿美元，较根据《2014 年农业法案》预测的 2019~2023 年总预算下降 9.3%，但与 2018 年 4 月预算基线水平持平。

表 1　2014 年和 2018 年农业法案预算情况

单位：百万美元，%

项目	2014 年 1 月 CBO 基线 *	2014 年法案下 2014~2023 年预算		2018 年 4 月 CBO 基线 **	2018 年法案下 2019~2028 年预算	
		预算额	比例		预算额	比例
商品计划	58765	44458	4.6	61151	61414	7.1
环境保护	61567	57600	6.0	59754	59748	6.9
贸易	3435	3574	0.4	3624	4094	0.5
营养	764432	756433	79.1	663828	663828	76.5
信贷	-2240	-2240	-0.2	-4558	-4558	-0.5
农村发展	13	241	0.0	168	-2362	-0.3
研究推广	111	1256	0.1	604	1219	0.1
林业	3	13	0.0	10	10	0.0
能源	243	1122	0.1	612	737	0.1
园艺	1061	1755	0.2	1547	2047	0.2
作物保险	84105	89827	9.4	78037	77933	9.0
其他	1410	2363	0.2	2423	3161	0.4
合计	972905	956401	100.0	867200	867200	100.0

注：① * 该结果为基于 CBO 2014 年 1 月的基线预测，其中，CBO 基线为按照 2008 年法案的标准计算的 2014~2023 财年预算总和；② ** 该结果为基于 CBO 2018 年 4 月的基线预测，其中，CBO 基线为按照 2014 年法案的标准计算的 2019~2028 财年预算总和；③ “信贷” 项下预算基线为负值是因为农场信贷系统保险基金有收入。

资料来源：Congressional Budget Office（CBO），“The 2018 Farm Bill（P.L.115-334）：Summary and Side-by-Side Comparison”，CRS，February 22，2019。

（二）“绿箱” 支持政策不断加强且重点突出

WTO 农业协定规定，国内农业支持措施主要分为两类，一类是不引起贸易扭曲的政策，即 “绿箱” 政策，可免予减让承诺；另一类是对贸易有扭曲作用的政策，即 “黄箱” 政策，要求各成员国必须逐步予以削减。作为世界上对农业实施高补贴的国家之一，美国在 2014 年法案中取消或降低了目标价格和目标收入补贴、贸易支持、农场保护等政策支持，这些均属于需要减让的 “黄箱” 政策。同时，美国将财政支持重点转向收入和作物保险、农业科研、技术推广、农村发展等项目，这些均属于“绿箱”政策。能源和园艺项目的预算增加额主要用于新能源、节能、特殊作物等项目的研发推广，属于“绿箱”支出，其占比也有较大幅度提高。与2008年法案的补贴结构相比，2014年法案更加“绿色”。在2018年法案中，环境保护预算保持相对稳定，为597亿美元；研究推广和园艺项目预算则稳步增长，分别为12.2亿美元和20.4亿美元，较2018年4月预算基线增加101.8%和32.3%。

（三）“黄箱”支持政策在2014年法案预算中大幅削减，在2018年法案中又有增加

与品种、单产、价格等挂钩的“黄箱”支持政策主要集中于商品计划，这也是历年美国农业法案的重心。自1996年以来，营销贷款、直接补贴、反周期补贴和平均作物收入选择计划一起构建了美国农民的收入安全网。其中，直接补贴是商品计划中单项补贴额度最大的。由于国内债台高筑，美国对这项每年预算为40.8亿美元的计划已力不从心。另外，由于美元加速贬值、生物燃料和畜产品需求驱动，2007年开始农产品价格迅速上涨，2011年之后开始走低，但截至2014年农产品价格依然维持在较高水平，这使农场主对直接补贴的依赖减少。反周期补贴和平均作物收入选择计划也因市场价格高于目标价格而很少被触发。因此，2014年法案对商品计划进行较大调整，取消了直接补贴、反周期补贴和平均作物收入选择计划等“黄箱”政策，同时增加价格损失保障计划（PLC）和农业风险保障计划（ARC）。商品计划2014~2023年预算支出为445亿美元，较2014年1月预算基线减少24.3%，较2008年法案预算支出下降51.4%。

但是，在2018年法案中，商品计划预算又增加至614亿美元，较2019~2023年预算基线增加2.6亿美元，较2014年法案预算支出增加38.0%，占总预算的比重从2014年法案的4.6%提高到2018年法案的7.1%。比如，2018年法案将价格损失补贴的参考价格设定了115%的上浮率，提高了单位产量，还提高了农产品的无追索权营销援助贷款率（类似我国的最低收购价）等，“黄箱”支持力度再次加大。

（四）保持较大力度的农业保险支持水平

农业保险是一种帮助农民管理生产风险的市场化手段，属于WTO鼓励的“绿箱”支出，越来越受到各国政府的重视。目前，美国是全球最大的农业保险市场，其农业保险保费收入占世界的一半以上。考虑到自然灾害频繁发生和市场价格大幅波动，2014年法案加大了保险项目的支持力度，是营养计划之外预算支出最大的项目，在整个农业法案预算中占比为8%。该法案中，保险项目增加了补充保障选择计划（SCO）和对陆地棉生产者的叠加收入保护计划（STAX），扩大了作物保险的品种和险种的范围，提高了新进入农民的保费补贴比例，2014~2023年预算支出将增加57.2亿美元，是12项内容中预算增加最多的一项。

受美国联邦政府赤字压力的影响，美国国内在《2018年农业法案》出台前的讨论阶段，不断有声音呼吁降低农业保险补贴和支持力度，农业保险计划曾一度面临预算削减的压力。但是，由于近两年世界农产品价格处于低位，在美国农场主的强烈需求和相关利益集团的积极争取下，《2018年农业法案》中农业保险的总预算额仅仅略下降1.04亿美元，占支出总经费的9%，较《2014年农业法案》略下降0.4个百分点。但在新法案中的地位并没有下降，未来五年（2019~2023年）农业保险仍然是第二大支出项目。

三　对我国国内农业支持政策改革的启示

整体看，美国农业法案在保持预算稳定的前提下，重在优化结构、突出重点、提高效率。与之相比，我国不管是国内农业支持总量的增速还是与GDP的占比，均高于美国，但存在支持结构和政策目标不一致问题，政策效率亟待提升。因此，借鉴美国经验，我国可从以下三个方面推进改革。

（一）优化“绿箱”政策支持领域和重点

“绿箱”政策不仅有利于农业生产的长期稳定发展，而且能减轻补贴对市场的扭曲以及减少国际贸易摩擦。根据 WTO 数据，2016 年，我国“绿箱”政策支持水平为 13131.5 亿元，近 10 年来年均增长 13.9%。其中，增长最快的却是管理人员的办公场所、办公设备、工资以及退休人员工资等支出。借鉴美国经验，我国不仅要保持“绿箱”政策支持力度，而且要优化结构，加强对农业科研、病虫害控制、培训、检验检疫服务、市场营销促销服务等服务的支持力度，同时突出有机农业、生物技术、信息收集、土地保护等支持重点。

（二）不断完善价格支持和农业补贴政策

“黄箱”政策虽然对市场和国际贸易有扭曲作用，但可以在微量许可范围内充分利用。从美国实践看，美国的部分国内农业支持政策也是在打擦边球。我国应充分利用国际规则，在原有框架下完善小麦和稻谷的最低保护价政策，稳定农民种粮积极性；完善玉米和大豆的“市场定价 + 生产者补贴”政策；建立粮食种植收入保护计划和收入保险制度，多项支持措施共同发力，最终实现种粮农民收入稳定增长。

（三）建立健全农业保险制度

与美国相比，我国农业保险仍主要以保成本为主，产品不够丰富，风险保障水平较低，应尽快建立健全农业保险制度和支持体系，推进农产品收入保险和完全成本保险试点，促进我国农业保险保障水平从现有的保成本向保价格、保收入延伸；组建中国农业再保险公司，健全保险管理制度，建立再保险和巨灾风险保险制度。

（中国国际经济交流中心　张秀青）

日本开展第三方市场合作的原则要求和担忧

以 2018 年 10 月日本首相安倍晋三访华并签署《关于中日第三方市场合作的备忘录》为契机，中日两国开启了第三方市场合作新篇章。如何开展合作，优先在哪些领域合作仍需探讨。近期，中国国际经济交流中心课题组走访了日本相关机构，听取他们对中日第三方市场合作存在的障碍和挑战、重点合作领域等的建议和看法。

一 中日第三方市场合作具备基本条件

随着中日关系改善，两国经贸合作进一步加强，这为中日开展第三方市场合作打下了坚实基础。中日两国作为世界主要经济体和具有重要影响力的国家，共同开展第三方市场合作不仅有利于各自经济发展，也符合国际社会期待。

（一）中日第三方市场合作空间已经打开

日本国际协力银行（JBIC）中国问题专家担当佐伯泰助表示，2018 年安倍首相访问中国时双方签订了备忘录，在双方关系改善的背景下，日本金融机构非常支持和关心中日企业探讨如何在第三方市场开展合作。

日中经济协会调查部项目担当畑田好朗表示，中方具有很多优势，尤其具备较高的性价比以及快速决断力和执行力等优势；日方拥有较高的技术水平，包括品质管理在内的工程专有技术，以及海外投资的丰富经验、较高的信用度等优势；双方发挥彼此强项，共同承担风险，携手推动契合第三方国家需要的项目，实现三方共赢。举例来说，在中东地区，两国企业已开展高效燃气发电项目商业合作，日本综合商社邀请中方企业作为总承包商加入，主要负责工程建设项目的设计采购施工运行等。在东南亚，日本综合商社与中国太阳能板厂商组建合资公司，共同承接了世界最大规模的太阳能发电工程。

（二）具备在第三方市场开展金融合作的条件

JBIC 调查部部长菊池洋表示，中日企业在第三方市场合作会面临国家信用危机风险。2010 年，JBIC 与国家开发银行交流时，中日在这方面认识差距较大，2017 年这种差距有所缩小，2019 年则几乎没有差距，中日金融机构已经具备联合提供融资的条件。

JBIC 已与国家开发银行和中国进出口银行合作开展业务。2009 年和 2018 年 JBIC 与中国进出口银行先后两次签署《关于第三方市场合作的备忘录》，合作方式是通过双方企业项目具体合作，银行提供资金支持。举例来说，JBIC 与国开行和中国进出口银行为越南发电项目提供联合融资，而中日企业分别提供锅炉设备和发电机组设备。

（三）信息交流和经验分享非常重要

佐伯泰助指出，中国金融机构在第三方市场领域经验较少，日本在这方面具有丰富经验，包括在开拓海外市场过程中应当注意的风险问题，合同签约、合同内容以及环境等问题如何考虑，目前 JBIC 与国开行正在开展相关经验分享与交流活动。

JBIC 非洲问题专家细岛孝宏表示，中国企业在过去十年对非投资非常活跃，包括基础设施建设和资源开发合作，日本企业需要向中国企业学习相关经验。但是，中国企业还面临一些非洲国家还不起债的风险。日方希望在第三方市场合作上能够与中国共担风险。

二 日方开展第三方合作的原则要求和担忧

佐伯泰助表示，JBIC 开展第三方合作的原则要求是项目能如期偿还债务，且项目本身符合环境可持续发展理念，JBIC 在项目经济性和环境可持续性方面有详细审查规定。日方对两国开展第三方市场合作面临的东道国制度风险和两国企业竞争与磨合问题表示担忧。

（一）面临东道国制度风险

中日两国企业在开展第三方市场合作时，都面临东道国的国家风险及规避问题。JBIC 企划部门调查部次长古高辉顕指出，国家制度性风险在非洲比较普遍，日本企业在非投资时常遇到政府更迭导致合约失效、突然加税、专利被宣布失效等不可预料的风险。中国企业在非投资也同样面临这些风险，双方需共同面对。

（二）两国政策支持信息不对称

日中经济协会理事、企划负责人十川美香认为，关于开拓第三方市场，日本企业对于日本政府的支持政策比较了解，但对中国政府的支持政策不是很清楚。日方企业希望了解中国开拓第三方市场的具体政策，包括如何促进公平开发或正在实施的具体政策，希望中国增强政策透明度。中日签署的第三方合作备忘录是一个方向性文件，最重要的是 52 项项目的落实。日方更关心在项目推动过程中，中方如何克服困难，希望能够增进这方面的经验交流，互通有无。

（三）中日企业商业模式不同

政策研究大学院大学教授大野健一指出，在第三方市场合作上，日本企业最不想合作的就是中国企业，因为中日企业商业模式大不相同。中国企业决策速度很快，自由自在不受约束，日本企业跟不上中国企业速度。但中国企业并不太关心环境资源保护和人权等问题，特别是对当地人才培养方面，中国企业几乎没有作为，只是把本国的劳动者和技术人员带来做项目。日本企业非常注重细节，在一些细节对接上，中日企业非常不合拍。客观讲，日本企业与中国企业合作非常困难。

大野健一表示，近来，日本企业之所以在第三方市场与中国企业合作，其主要动机可能是想进入中国市场，即看重中国潜在的巨大内需市场机会。另外的动机或许是中国企业在某些技术上有领先优势。如在传统汽车领域向新型汽车领域发展过程中，中国在自动驾驶和人工智能等方面技术领先，如果丰田等日本公司着眼于未来汽车产业的变化，他们可能会考虑与中国企业进行合作。

（四）实际落地项目很少

日本国际问题研究所客座研究员、现代中国研究专家津上俊哉指出，中日两国政府虽然都支持两国企业开展第三方市场合作，但企业之间实际落地项目很少。如何打破中日合作只是停留在讨论层面上，落实不下来，需要中日企业共同努力。

（五）风险评估标准不一致

津上俊哉指出，双方对项目风险评估存在差异。比如，中日共同承接的泰国东部经济走廊高铁项目，日本企业测算后觉得该项目风险很大，投资不划算，可能失败。因此，评估标准不一致，很难进行合作。即便从小的方面合作，双方也需要慢慢磨合。

（六）中日在第三方市场价格竞争激烈

细岛孝宏表示，在非洲公共事业投资方面，日本企业通过招投标方式进入非洲的比较多。但中日企业在非洲地区投标问题上处于相互竞争关系，日本企业经常在价格上输给中国企业。投标价格问题比较敏感，很多日本企业希望与中国企业开展合作，共同解决价格问题，联合投标，然后再发挥双方各自优势参与当地国家公共基础设施建设。如果能采用这种合作方式，今后中日双方合作的机会将增大很多。

三　拓展中日第三方市场合作建议

深入推进中日第三方市场合作，落实两国领导人合作共识，需进一步拓展合作领域，共担风险，积极推动。

（一）拓展合作重点领域

畑田好朗指出，中日第三方市场合作的重点领域有交通物流、能源环保、产业升级、金融支持、地区开发等传统合作领域，也包括信息技术、新能源汽车以及电动汽车快速充电系统标准统一化等新兴产业领域。

（二）积极推动民间合作

细岛孝宏认为，中日第三方市场合作主体应是两国企业，由双方企业自发合作产生一些项目，对于一些好的项目，国际协力银行会加大宣传力度，加大金融支持。

（三）共担风险

古高辉顕指出，在应对国家制度性风险方面，欧美企业的做法值得中日两国企业借鉴。欧美企业会事先评估这些国家的制度性风险，然后联合起来一起做，比如开发一些大型的资源类项目。中日两国企业可以事先对东道国制度风险进行评估，互相沟通之后，采取联合投融资和合作经营的做法，这比单独投资的风险低很多。除企业合作外，中日两国金融机构和政府间合作也有必要，以共同抵御第三方市场的国家制度性风险。菊池洋表示，双方在第三方市场建立合作机制，可以减少市场进入风险，希望双方加强前期沟通合作。

（四）寻找当地合作伙伴

细岛孝宏认为，日本向海外派遣人才成本较高，很多日本人不愿去像非洲这样条件艰苦的地方。日本企业为降低海外投资风险，解决人才问题，一般采取并购当地企业等方式寻找当地合作伙伴以解决人手不足问题。日本商社在这方面发挥了很大作用。日本企业进入非洲之前，日本商社经常并购当地企业，利用当地企业人脉和经验，为日本企业提供强有力的人才保证。

（中国国际经济交流中心　逯新红）

安倍经济学面临增长熄火的三道“坎”

2013年以来，在安倍政府“旧三支箭”和“新三支箭”的政策作用下，日本经济呈现持续景气扩张态势，但受多种因素影响，日本经济运行表现并不稳定，陷入低速增长的风险在加大。2019年4月22日至26日，中国国际经济交流中心课题组赴日了解日本经济发展情况，尽管日本官方专家认为日本经济景气扩张仍在继续，特别是设备投资维持较高水平，但日本经济景气扩张已到顶点，逐步转向萎缩阶段。趋势上看，日本经济未来增长前景不容乐观。安倍经济学正面临难以调和的三道“坎”：增加消费税带来的消费紧缩效应、贸易摩擦导致出口下降风险和少子化老龄化抑制了劳动生产率提升。

一　再度上调消费税将给居民消费带来紧缩效应

自2014年4月上调消费税至8%后，日本政府计划2019年10月再度上调消费税至10%。2014年增税带来的紧缩效应相当显著，2014年二季度日本经济年化增长率为–7.2%，拖累了全年经济增速（–0.4%）。鉴于此，日本政府将上调消费税延迟至2019年10月，同时采取多种综合措施抑制增税对经济景气的收缩影响。

（一）日本经济景气持续扩张已达到即将转向的顶点

日本农林中金综合研究所调查第二部部长南武志认为，过去六七年时间，日本经济景气呈现持续扩张态势，进入 2019 年已经达到扩张顶点，今后可能会走向自然萎缩的不景气状态。据测算，2013~2018 年，日本经济平均增长率为 1.2%，其中民间消费拉动 0.3 个百分点，民间设备投资拉动 0.5 个百分点，净出口拉动 0.8 个百分点，民间住宅投资、政府最终消费支出、公共投资及存货变动等其他因素合计负拉动 0.4 个百分点。日本官方对经济增长的预测相对乐观一些，原因在于民间消费和投资可能带动景气回升。据日本内阁府预测，2019 年日本经济增长可能达到 1.3%，其中民间消费和设备投资拉动 1.1%，剩余的 0.2% 为政府公共投资支出。日本政府对民间消费和设备投资持续拉动经济增长抱有较大的期待。与日本官方乐观预期不同，民间经济学者认为，今后民间消费和投资对经济增长拉动相当有限。

（二）上调消费税可能造成居民消费陷入长期低迷

南武志认为，再度上调消费税可能造成居民消费陷入长期低迷，原因在于，近年来日本企业工资没有实质性增长。每年春季，日本的工会组织要求提高工资（即所谓的“春斗”），但提高工资收入主要依靠制造业，而汽车、电器、电机等制造企业的收益主要依靠对外贸易，一旦对外贸易出现萎缩，企业提高工资的动机就会减低，而工资收入提高不上来，消费信心就会受到打击，支撑经济增长的消费今后难有起色。为了办好 2020 年东京奥运会，日本政府会加大公共基础设施投资，但带动经济景气回升幅度有限，主要体现为建筑行业的景气扩张和访日外国游客增加所拉动的需求。许多民间经济学者认为，这次增税并不会带来物价上涨，而且消费者还会提前透支消费，在实际收入并未增长的背景下，居民消费将很难再次被提振起来。

（三）日本政府采取诸多措施抑制增税的紧缩效应

财务省大臣官房综合政策课经济财政政策调整官上田淳二认为，上调消费税可能会对市场需求造成紧缩效应。为了避免经济景气度下滑，日本政府做了大量准备，期待能通过增加公共支出抵补市场需求缺口，具体采取了包括实施免费幼儿教育（2.8 兆亿日元）、暂时和特别预算支出［包括住房保障、减灾、汽车购置等补助金（2.0 兆亿日元）］、提供医疗费用补贴（0.4 兆亿日元）和税收抵免（0.3 兆亿日元）等措施。日本提高消费税的目的是实现财政收支平衡，但为降低短期不利影响尚需多增加公共支出 0.3 兆亿日元。日本政府期待扩大公共支出能克服增税带来的负面冲击，也期待企业收益率增加能提高从业者工资，然后提高居民消费，让经济进入良性循环。

二 中美经贸摩擦给日本经济带来一些负面冲击

如前所述，2013~2018 年，日本经济增速更多地依赖净出口的拉动。因此，当全球贸易增速陷入低迷，依赖出口导向的日本经济增长就会遭遇严峻挑战。日本专家表示，倘若中美经贸摩擦长期化，将会给日本出口带来不利影响，从而拖累日本经济增长，甚至终结日本景气扩张的进程。

（一）出口增速下降将导致日本经济跌入不景气循环

南武志表示，由于日本经济对出口增长依赖较大，出口下滑将终止日本经济景气扩张状态。令人担心的是日本对华出口出现了下滑迹象，很大程度上影响日本经济景气。在外贸不景气情况下，日本制造企业设备投资的意愿并不强烈，也会大幅拖累经济景气持续扩张。就扩大出口来说，日本工业品出口的关税率已经非常低了，通过推进日中韩、日欧、日美等自由贸易协定（FTA）谈判达成，虽然短期内能对日本出口有一定促进作用，但刺激作用并不大，甚至还不如汇率调整作用大，扩大日本出口的关键是提高出口产品的技术含量。

（二）中美经贸摩擦对日本经济造成不利的影响

日本经济产业研究所研究员张红咏认为，对日本企业的调查显示，中美经贸摩擦确实对日本企业带来不利影响，几乎有 60% 的企业回答已造成现实影响，在华有分公司或办事处的日本企业，有70%以上回答今后会做出一些改变，甚至可能会撤离。这意味着日本企业对中美经贸摩擦背景下中国经济走势有强烈的不安全感。另一项调查显示，与中美两国有贸易往来的日本上市企业的累计收益与其他上市企业相比大概下降了0.6%。这表明中美经贸摩擦对构建产业链的日本企业有着一定的负面影响。举例来说，2018年华为公司向日本企业采购6700亿日元的货物，相当于日本对华出口额的4%左右。如果日本对华为采取排外做法，不仅对华为公司造成伤害，而且会对东亚产业链产生不利影响，最终影响到参与中间品贸易的日本生产商以及购买产成品的最终消费者。短期内，日本推进与主要经济体的自由贸易协定会起到正向作用，能有效缓冲中美经贸摩擦带来的负面影响。例如，日欧缔结经济伙伴关系协定（EPA）对日本出口扩大有较大正向影响。据统计，2019年3月，日本对华贸易增速下降了9.4%，但日本对欧盟贸易增速逆势增长7.3%。

（三）中美经贸摩擦长期化将影响东亚产业梯度转移

野村综合研究所未来创发中心战略企划室首席研究员田中博敏认为，美国副总统彭斯发表对华强硬表态后，日本企业开始认识到，美国对华的态度不只是特朗普总统个人的表态，而是美国整个国家对华的态度转变。在较长时期内，美方不会对中国让步，其背后有国家安全保障的考虑，即美国军方唯恐中国掌握某种先进技术改变中美军事力量的对比。日本企业认为中美两国是同等重要的国家，非常担心中国对美出口商品受到中美经贸摩擦的冲击，今后会采取防范措施应对。在中美经贸摩擦背景下，如果以美国市场为出口目的地，日本企业可能会将生产据点逐步从中国撤离。野村综合研究所未来创发中心战略企划室主任木村靖夫认为，考虑到美国对华技术遏制因素，日本企业对华转移研发中心趋势可能被迫终止，因为它们不得不考虑美方的态度，这对日本企业来说是令人头疼的问题。

三　少子化老龄化将阻碍日本劳动生产率持续提升

短期内，日本政府可改善出口提振经济增长，但日本经济实际增速超过了潜在增长率，再次提升的难度较大。少子化老龄化是制约潜在增长率提升的长期性因素。尽管日本劳动力由2012年的6565万人上升至2018年的6830万人，女性和老年人就业增加造成就业人数增加384万人，但15~64岁适龄劳动人口则由2012年的8055万人下降至2018年的7552万人，同时总人口下降115万人，非劳动人口下降280万人。日本政府承认经济增长最大阻碍是劳动力严重不足。安倍政府开出的药方是增加女性就业和让更多老年人返岗，但让女性增加就业还必须应对由此导致的生育率下降问题。安倍政府执政以来，日本的全要素生产率始终处于下降状态，如果不能有效遏制其下降态势，日本经济将进入不景气循环，其结构性问题更加积重难返。

（一）安倍经济学结构性改革的实施效果并不明显

南武志认为，安倍经济学在设备投资和企业收入增加方面有一定效果，但在实施结构性改革来提高劳动生产率方面效果并不理想。2015~2018年，日本劳动贡献率构成中劳动者人数的贡献非常大，劳动时间却有所缩短，意味着实际劳动生产率并没有提高多少。2018年以来，日本政府尽管采取措施推进劳动方式改革，努力减少一些无谓的加班，但这对提高劳动生产率并不会产生立竿见影的效果。趋势上看，日本经济今后面临的最大课题仍然是在整个劳动力人口全面减少的情况下如何保持较高的潜在增长率。

（二）日本经济持续增长的出路在于提高劳动生产率

经济产业研究所副所长森川正之认为，2001~2018年，日本经济平均增长率为0.9%，而平均潜在增长率为0.7%，实际经济增长率比潜在增长率要高一些。安倍政府上台后，每年都召开经济增长率的特别对策会，目的就是提高日本经济的潜在增长率。总体看，在安倍经济学作用下，日本经济潜在增长率提高了0.3%，这主要归因于增加劳动和资本的投入量。安倍政府采取增加女性就业和让60~70岁老年人重新返岗的政策措施，同时也增加外国劳动力投入，整体增加了社会劳动量的投入，从而推高了潜在增长率。趋势上看，女性劳动力投入已到顶点，老年人进入劳动力市场的规模也不大，今后通过增加劳动量的方式提高潜在增长率已没有多少余地，只能在提高全要素生产率方面有所改善。2013年以来，日本的全要素生产率始终呈下降态势。如果日本在创新和人力资本提高方面不能做出较大改善，就很难实现政府设定的2%的增长目标。

（中国国际经济交流中心　刘向东）

日本专家眼中的世界贸易组织改革

近日，中国国际经济交流中心“WTO 改革与 CPTPP 对策”课题组赴日本走访多家智库，就世界贸易组织（WTO）与经济一体化问题进行交流。通过交流发现，日本智库专家在 WTO 改革方面达成了高度共识，且准备在二十国集团（G20）大阪峰会期间有所作为。

一　日本专家普遍认为 WTO 应当改革

日本专家从全球贸易环境和技术环境变化，以及 WTO 面临的诸多问题等方面论证了 WTO 改革的必要性。日中经济协会高见泽学认为，至今为止，经济全球化是以自由贸易为核心的全球化，这导致世界经济发展的不平衡以及各国国内矛盾的多发。以信息技术为核心的第四次科技革命推动了全球贸易环境的大幅改变，实现即时信息传输。因此，WTO 要适应形势变化进行改革，日中应携手合作推动亚洲区域贸易自由化和一体化，推动更高质量贸易体制发展。佳能国际战略研究所山下一仁认为，WTO 是 1995 年初从关贸总协定演化而来的，这个协定已经存在 20 多年了，已落后国际贸易现实。因此，改革势在必行。日本贸易振兴机构（JETRO）米山洋认为，WTO 在立法、监督和司法功能等方面都存在诸多问题，无法满足日益复杂的国际贸易发展需要。日本财务省关税局审议官高见博认为，WTO 是当前最具代表性的多边贸易促进机构，曾经解决了许多贸易问题，推进了全球贸易发展，推动了以中国为代表的新兴经济体的飞速发展，促进了国际价值链、产业链的构建，贡献巨大。但WTO目前面临非常严峻的局面，需要改革。总之，通过调研发现，日本专家总体对WTO改革持积极推动态度，主张推进WTO改革。

二 日本拟推进的WTO改革内容

日本官方机构下设的智库对WTO改革内容的表达是在立法、监督和司法三大功能的认知框架下进行的。根据日本财务省高见博和日本贸易振兴机构米山洋等人的发言，日本方面拟推进的WTO改革内容主要包括三个方面。

一是强化监督功能。现有的WTO监督职能中缺少惩罚规则，不具备强制力。欧盟和美国都认为监督功能发挥得不够，日本也持大致相同的意见。目前，日本已经联合美欧提出强化方案，致力于增加罚则。在大阪峰会上及以后，日本会朝着强化惩罚规则的方向努力。

二是强化立法功能。现有的一致同意原则限制了谈判成效的发挥，加上美国在中间起妨碍作用，多国之间形成共同意见非常困难，多是谈而不判。因此，WTO立法功能方面明显需要改革。另外，信息技术进步也导致国际贸易新领域的出现，比如电子商务。欧盟和美国希望推进电子商务国际立法。日本希望电子商务重建规则，致力于数据能够跨境传输。全面与进步跨太平洋伙伴关系协定（CPTPP）、日欧经济伙伴关系协定（EPA）等贸易协定中都已加入电子商务内容，原则包括：数据流动自由化；服务器设置地域不设限，不管制；数据流通密码不强制解密；数据企业规制、保护和消费者保护并举。欧美日三方希望这些原则能够得到采纳。

三是强化司法功能。首先，司法组织建设问题。当前WTO上诉机构上诉法官从7名减少到3名，其中两位也将在年内到离任时间。这严重限制了 WTO 司法功能的发挥。在大阪 G20 峰会上，日本将致力于解决上诉法官问题。其次，在强化解决纠纷功能方面，日本强调美国参与的重要性，希望借助美国的施压，推动 WTO 司法功能改革。虽然日本方面表达十分含蓄，但反映出日本欲借助美国，推进美欧日在知识产权保护、国企改革等问题上达成一致诉求。

三　日本推进 WTO 改革前景与路径

关于 WTO 改革前景，日本专家认为不可能很快顺利完成。山下一仁认为，WTO 采取的是全体一致方式，但在很多重大问题上要取得全体一致非常难。很多人都认为 WTO 应该改革，但现实中是不可能的。仅仅针对全体一致性的规则来说，若要修改这个规则，就需要通过全体一致的表决认可。这本身就是一个悖论。以山下一仁先生为代表的民间专家认为 WTO 改革不可能很快顺利完成，近期 WTO 改革不可能取得大的成果。

关于 WTO 改革路径，有官方和民间两条路径。山下一仁认为，立足高水平规则，通过 CPTPP 扩容的方式最终实现 WTO 规则升级才是现实路径。CPTPP 扩容是实现 WTO 改革的现实路径。因为 CPTPP 是个高标准的自由贸易协定，通过 CPTPP 逐渐扩容，越来越多的国家和地区加入 CPTPP，就等于世界更大范围内的自由贸易区标准升级。如果中国和美国这两个大国也都加入 CPTPP 的话，就意味着高标准自由贸易区变成了 WTO 所不能忽视的重要力量，那么 WTO 改革最终就可以实现了。

虽然民间提出了通过 CPTPP 扩容方式推进 WTO 改革的看法，但日本政府采用的是立足 WTO 推进三大功能强化的改革路径。通过与日本财务省、日中经济协会、日本经产省研究所、日本贸易振兴机构等机构交流，日本政府明显还是希望与欧美一道推进 WTO 三大功能的强化，通过对 WTO 规则和组织机构的调整推进 WTO 改革。在 G20 大阪峰会上，日本准备在首脑层面上做出政治努力。

总之，通过交流发现，日本方面对于WTO改革已经有成熟的考虑，形成了WTO改革的高度共识，并且也形成了G20大阪峰会期间行动的初步路径。

（中国国际经济交流中心　徐长春）

印度拒绝加入 RCEP 的原因及未来加入可能性

11 月 4 日，第三次区域全面经济伙伴关系（RCEP）领导人会议在泰国曼谷举行，历时 7 年的谈判终于取得突破，包含中国在内的 RCEP15 个成员国准备 2020 年签署协议。然而，在这一关键时刻，印度却拒绝加入 RCEP。印度退却的背后有何动因和影响？未来是否仍有加入的可能性？

一　印度拒绝加入 RCEP 的原因

RCEP 谈判冲刺阶段，印度临终退场既有担忧外部冲击影响，也有其自身政治压力和地缘安全考虑，意味着当前印度并没有做好相应准备。

（一）担忧进口商品带来冲击

一是担心贸易逆差持续扩大。印度商务部发布的数据显示，2018~2019 财年，印度对东盟贸易逆差为 218.33 亿美元，对华贸易逆差为 535.68 亿美元，对日为 79.12 亿美元，对韩为 120.53 亿美元，对澳为 96.09 亿美元，对新为 2.51 亿美元。倘若加入 RCEP，印度担心贸易逆差将会加大。二是担心国内产业受到严重冲击。如果加入 RCEP，低关税下将有更多成员国的产品涌入印度，特别是大量低价中国产品涌入会对印度制造业造成冲击。印度商务部数据显示，2018 财年，印度从中国进口电信设备总价值为74.17亿美元，占同类产品总进口的41.39%，电子配件总价值为58.11亿美元，占同类产品总进口的36.90%。另据国际数据公司IDC统计，2019年第三季度，印度手机销量最高的前五个品牌中，有四个来自中国，合计约占印度市场份额的七成（68.4%）。同时，印度也担忧农业会受到较大冲击。印度是一个农业占较大比重的经济体，农产品进口扩大会给农业带来冲击。当前，印度从澳大利亚和新西兰进口额比较小，2018~2019财年，两国进口额占印度总进口额的比重分别为2.56%和0.12%。世界贸易组织（WTO）数据显示，目前印度对乳制品、动物制品及水果蔬菜进口关税非常高，平均税率分别为63.8%、104.5%和101.1%。如果降低关税，将会有更多来自澳新的乳制品、动物制品及水果蔬菜流入印度市场，对其国内农业生产和居民生活构成较大冲击。

（二）对RCEP部分条款不满意

一是贸易保护机制。由于对外贸易逆差较严重，印度希望寻求一种自动触发机制，使其能够在进口产品超过一定额度情况下自动提高产品关税，限制进口量，但RCEP没有满足印度这一要求。二是规避原产地规则。RCEP目前条款并不能保证完全阻止一些国家通过其他国家向印度出口高关税产品，印度担心此类事件的发生。三是对关税基准年份的确定无法达成一致。RCEP提议将降低关税的基准年定为2013年，但是印度希望将降低关税的基准年定为2019年。自2014年以来，印度提高了多种商品关税，更倾向于2019年作为基准税率，以便征收更多关税。

（三）政治和公众舆论压力

一是国大党反对。国大党曾召开会议讨论印度是否加入RCEP，认为签署这一协议将对印度经济产生诸多影响，特别是诱导贸易赤字进一步恶化。二是农业部门反对。印度加入RCEP遭到了多个行业部门的反对，特别是农业部门。印度《自由新闻报刊》报道，印度主要牛奶供应商曾声称，代表 1000 多万农民要求印度不要参与 RCEP 并讨论农产品问题。三是其他反对声音。印度国民卫队（RSS）一家经济附属机构曾宣布一项为期 10 天的全国性抗议活动，反对印度政府签署 RCEP。印度人民党的内部部门也曾敦促中央政府不要签署该协议。

（四）与中国有关的政治因素

英国经济学人智库（EIU）提出，印度退出 RCEP 和中印关系有关。中印两国对共同边界意见不统一，且两国政府对彼此扩大全球影响力的战略举措均感不安。

二　不加入 RCEP 对印度的影响

短期看，拒绝加入 RCEP 对印度经济可能不会产生多大影响，但长期处于区域贸易圈子之外将会使其利益受损。

（一）短期影响

印度各界赞赏拒绝加入 RCEP 的决定。印度《自由新闻报刊》11 月 5 日报道，印度联邦部长皮尤什·戈亚尔（Piyush Goyal）表示，祝贺莫迪总理勇敢决定不加入 RCEP，因为这违背了印度的经济利益和国家优先事项。这个决定将促进印度制造，也将帮助农民、中小微企业和乳制品行业。《印度斯坦报》11 月 23 日报道，此次拒绝加入 RCEP，印度并没有失去什么，因为印度已经与大多数 RCEP 成员国签署了自由贸易协定。但 EIU 分析称，由于印度退出 RCEP，其将被排除在全球价值链之外，这样的政策方向破坏 2019 年 9 月宣布的大幅削减公司税带来的投资收益，臃肿的银行业和高税收将继续抑制投资和消费。

（二）长期影响

长期看，印度很可能因为没有参与 RCEP 而受到严重损失。目前全球正迅速建立高质量的自由贸易协定，晚加入意味着印度今后将不得不做出更多让步，而且 RCEP 是一个标准相对较低、包容性较高的自由贸易协定。印度选择放弃了 RCEP 创始国身份，意味着印度将在市场融入和话语权上失去先机和优势，更可能被排除在区域一体化之外，既可能将跨国公司的投资拒之门外，使其工业更加依赖于政府的保护，导致长期低效率，也将损害印度在亚洲甚至全球的影响力。

三　印度未来加入 RCEP 的可能性

当前，印度拒绝加入 RCEP 的态度很坚定，但东盟和中韩澳都希望 2020 年签署 RCEP，而日本对此表现较为犹豫。

（一）印度当前拒绝加入的态度坚定

11 月 5 日，印度外交部明确表态，他们清楚自身的利益，已向其他参与国明确表示，印度不会加入 RCEP，这既反映了印度对当前全球形势的评估，也反映了对协定的公平性和平衡性的评估。印度认为在有重大的核心利益问题尚未解决情况下，当前不加入 RCEP 是正确的决定，今后将继续坚持加强与本地区的贸易、投资和人文关系。

（二）多国支持 2020 年签署排除印度的协议

东盟国家均表示期望在 2020 年完成协定的签署。中国商务部表示，RCEP15 个成员国已在整体上结束了谈判，目标是在 2020 年签署协定，并且愿意与印度共同努力来解决一些未达成一致的遗留问题。韩国总统文在寅表示，如果 RCEP 最终签署，将对恢复和扩大自由贸易秩序发挥重要作用，韩方全力支持 2020 年签署 RCEP。澳大利亚贸易部长西蒙·伯明翰表示将在 2020 年签署协议，也期待印度的加入。

（三）日本表达出遗憾和犹豫心态

11 月 29 日，日本经济产业省副大臣牧原秀树表示，日本从来没有想过印度会退出，将继续努力说服印度加入，但不考虑在没有印度参与的情况下签署一项由中国支持的区域贸易协定。

四　中国深入推进 RCEP 的后续策略

当前，中国正在积极争取日本支持及早签署排除印度的 15 国 RCEP

协定，在此基础上，联合日本等国家积极做印度的工作，早日解决未达成共识的系列遗留问题，争取印度能够转变态度，尽早加入 RCEP。当前我国应积极与东盟、日韩澳新等成员国探讨 RCEP+ 框架下的双边或多边合作议题，以及 RCEP 标准升级问题。签署 RCEP 协定后，需加快中日韩 FTA 谈判进程，实现比 RCEP 更高的标准水平，并及早探讨中国加入全面与进步跨太平洋伙伴关系协定（CPTPP）的可行路径。

（中国国际经济交流中心　金　达　刘向东）

氢能"热"中"冷"思考

——日韩氢能发展启示

当前，氢能产业备受全球关注，日本、韩国推动氢能及燃料电池汽车研发及示范力度较大，产业发展走在世界前列。而在我国，无论是近期各地政策规划的相继出台，还是二级市场相关概念的持续爆发，氢能作为一个新的风口正在受到市场热捧。为了解两国产业最新进展和先进做法，更好地促进我国氢能发展，中国国际经济交流中心课题组近期赴日本和韩国，访问中国驻日使馆、日本经济产业省、韩国产业通商资源部，以及日本东丽、丰田、韩国现代等企业，就日韩氢能及燃料电池发展战略、行业现状与支持政策等进行交流，有关情况如下。

一　日韩氢能产业发展基本情况

（一）日本：着力构建"氢能社会"

氢能早期应用于航天和军事领域，在多年研发基础上，日本近年提出构建"氢能社会"，采取多种措施在引领氢燃料电池技术国际标准和产业化进程中取得先机。

在氢能产业链条上，日本龙头车企已基本掌握氢燃料电池核心技术，东丽等企业主导全球膜、碳纸和碳纤维等关键材料生产。受资源禀赋约束，日本在上游制氢环节存在短板，拟从澳大利亚、文莱等国进口氢气，正积极研发褐煤制氢和可再生能源制氢等技术。目前采用主流的高压气态储氢和压缩气体车辆运氢，同时研发低温液化储氢和管道输氢模式。日本计划将氢气价格从目前的100日元/标方（人民币约6.4元/标方）降低到2030年30日元/标方（人民币约1.9元/标方），使其接近汽油和天然气价格。日本燃料电池在民用领域的大规模应用开始于家庭分布式燃料电池热电联供系统（ENE-FARM），2008年开始量产。目前ENE-FARM累计售出28万套，预计2030年达到530万套，达到日本家庭户数的10%。氢能在日本交通上的应用，是2014年丰田推出世界上第一款燃料电池乘用车MIRAI时才实现的。截至2019年5月，MIRAI累计生产9500辆，其中出口6500辆，在全球率先实现量产。此外，日本也开始向商用车拓展，已有18辆巴士和160辆叉车投入使用。

（二）韩国：致力打造“氢经济”

韩国氢燃料电池汽车研发有数十年积累，目前已将“氢经济”列为三大创新增长战略之一，将氢燃料电池汽车作为下一个经济增长引擎，拟迅速占领全球氢燃料电池汽车市场。

韩国拥有自主膜电极技术，但碳纤维等关键材料依赖进口。目前正积极推进碳纸、高压容器零部件等国产化，计划到2022年实现100%国产化。与日本类似，韩国氢气产量仍难以满足产业发展需要。韩国主要采用天然气裂解制氢，已形成仁川、平泽、三陟、同阳等天然气制氢基地。2018年，其氢气产量13万吨，计划到2040年增至526万吨，正积极筹划海外氢气进口通道。在储运上，目前主要采用“高压气态＋管道”方式，拥有蔚山、丽水、大山为中心的氢气管道，但在液化氢和液态储运技术上仍处于前期研发阶段。应用环节，韩国乘用车发展较快，现代公司NEXO燃料电池乘用车技术世界领先。商用车方面，于2018年推出第三代燃料电池大巴车。同时，已将家用热电联供和分布式发电列入氢能产业发展重点，并给予政策支持。

二　日韩政府支持氢能产业发展的主要做法

（一）从国家能源战略视角制定氢能发展目标

2017年日本发布《氢能基本战略》，将氢能作为重要的二次能源进行示范应用，提出2030年实现氢燃料电池发电商业化，建立大规模氢能供给系统，2050年全面普及氢燃料电池汽车，建成零碳氢燃料供给系统。鼓励家用燃料电池消费，采用ENE-FARM替代家庭传统能源。韩国2019年发布的《氢经济发展路线图》明确，2018~2022年为氢能立法、技术研发和基础设施投资准备期，2022~2030年为氢能推广发展期，2030~2040年为氢能社会打造期。韩国政府还计划制定出台《韩国氢能经济与安全管理法》等，为本国氢经济五年基本计划和年度计划提供法律支持。

（二）多措并举培育和壮大氢能产业

一是日韩都有专门机构负责引导氢能产业发展。日本主要通过隶属于经济产业省（METI）的新能源产业技术综合开发机构（NEDO）支持氢能研发项目。作为日本最大的公立研发管理机构，NEDO的作用主要是促进能源环境相关科技产品的转化。韩国主要由产业通商资源部牵头制定产业政策。二是日韩均通过大量资金和多种形式助推产业发展。2018年，METI投入2.6亿美元用于氢能与燃料电池产业研发。对加氢站建设实行50%的上限补贴，对运营也给予一定补贴。为推广ENE-FARM，设立“民用燃料电池补助金”，采取退坡机制，目前已停止补贴。还实行购车补贴，购买一台丰田MIRAI可享受约10万元人民币的补贴。韩国则实行车辆购置补贴、税费减免及高速公路费、停车费减免等激励，为燃料电池设备企业和天然气制氢企业给予价格优惠，并计划放宽加氢站建设限制。下一步，政府还将投入3000亿韩元（约合18亿元人民币），提高氢能零配件技术研发能力，建设氢能研发生态系统。

（三）致力于构建海外氢能供给体系和销售市场

日韩均存在资源短板，都希望构建海外氢能供给体系。日本正探索通过液氢船将澳大利亚褐煤制氢气运回国内，如试验成功，将大规模扩展氢气海外贸易。近日，在与国际能源署合作发布的报告《氢能的未来》中，日本呼吁尽快启动第一条氢贸易国际航线。日本还积极拓展燃料电池汽车海外销售市场，丰田、本田已成功将氢燃料电池车销往美欧等地，并与通用、戴姆勒等建立了技术合作关系。韩国积极参与美国、加拿大、欧洲等建立氢能双边或多边合作关系。韩方希望加强中日韩在氢能领域的交流，尤其是同中国的合作，以解决其氢源和海外市场销售等问题。

（四）多方合作破解“加氢焦虑”

加氢站缺乏是燃料电池汽车应用推广的重要制约因素。日本已基本破题“加氢焦虑”，目前共运行加氢站 107 座，是世界上加氢站数量最多的国家，这得益于政府对加氢站长期的财税政策支持。2018 年初，为快速推进氢能基础设施建设和运营，日本政府还牵头组织车企、能源和气体企业、金融企业多方合作合资建立了 Japan H2 Mobility（简称 JHyM）经营实体。韩国提出 2022 年，政府与企业合作投资 23 亿美元，推广 1.6 万辆燃料电池汽车，建设 310 座加氢站，并计划将全国液化石油气（LPG）加气站改造成油氢混合加氢站，加快私营加氢站普及运营。

三 启示与建议

（一）对氢能的应用不能局限于“一窝蜂”式地造车

目前，国内氢能发展的所有注意力几乎集中在交通领域，各大车企都在积极布局氢燃料电池汽车。实际上，氢对能源体系的作用是多方面的，在发电、储能、建筑等领域，氢能都将大有可为。日本将家用分布式热电联供系统和氢燃料汽车作为发展重点。韩国也将氢能拓展到氢船舶、氢列车、氢无人机等装载、物流及农林作业等应用场景。我国需要以更宽广的视野更全面地挖掘氢能的价值和潜力。

（二）政府应做好统筹助力突破关键技术

日本通过 NEDO 的良好机制，组织产业链龙头企业参与，汇聚政产学研用力量集中进行科研攻关，知识产权实行内部共享，有助于快速实现技术突破，也避免了分散研发带来的资源浪费和恶性竞争。近年来我国企业自主研发的意识增强，不少涉氢央企、国企和民企各自都在瞄准燃料电池电堆技术进行研发，但基本上是各自为政，技术路线各异、专业人才稀缺、圈内互相挖人现象突出，日本做法值得借鉴。

（三）需警惕产业无序竞争和产能扩张风险

日本东丽公司历经百年深耕细作，成为全球顶级材料供应商，膜电极用膜和碳纤维占据全球最高份额。近年来将业务扩展至膜电极，但东丽表示产业链延伸到此为止，绝不涉足电堆，并表示当前还不会大规模扩张碳纸产能，其专业精神和谨慎态度令人深思。反观我国，一些地方为了追求短平快的政绩，和追求暴利的企业结合起来，不顾当地资源环境条件蜂拥而上布局产能，给予大量补贴和政策优惠，竭力打造各类“氢廊”“氢谷”“氢城”“氢镇”。初步统计，全国宣称布局氢能产业的省份已超过 2/3，规划的氢燃料电池电堆总产能超过 1500 兆瓦，燃料电池汽车产能总计近万辆，跟风冒进现象严重。

（四）自主技术突破前不急于推广终端市场应用

虽然有扎实的技术积累，但鉴于氢源和成本问题未得到有效解决，日韩对下一步市场推广均持谨慎乐观态度。我国尚未突破关键技术，氢燃料电池汽车产业链利润大多在上游电堆环节，核心技术在国外。有些地方官员从政绩考虑重市场、轻研发，不惜重金大量外购技术，而一些国家在技术研发上投入多年尚未获得回报，正面临成本亟须摊薄的困境。此时我们大规模敞开市场，必将导致产业链利润大幅外流，出现“花自己的钱，帮别人开拓市场”的尴尬局面，也就真正助力了对方氢能社会的实现。当国际经贸关系不佳时，极易受制于人。因此，终端市场的推广应与我国自主创新进度相匹配。

（五）立足国情科学谋划氢能定位

日韩发展氢能的初衷皆有其深层次原因。日本虽然在经历了20世纪70年代的石油危机后便开始对氢能的研究，加速氢能发展却是在福岛核事故之后，主要目的在于实现“氢电共存”，解决能源短缺、缓解环保减排压力，并重新掌握在全球能源和新能源汽车发展上的技术主导权。韩国也是个能源高度依赖进口的国家，发展氢能与日本初衷相似，同时希望通过扶持新兴产业来提振近年增长乏力的经济态势，发展氢经济是重要抓手。我国资源能源禀赋多样，对能源的选择及经济调控的回旋空间较大，应从我国国情出发，根据我国能源战略和产业发展需要，从全产业链系统谋划，科学理性明确氢能定位。

（中国国际经济交流中心　景春梅　何七香　欧训民）

以“谈、打、变”三招推进全面开放格局下的油气产业发展

油气资源是现代社会发展的重要物质基础，是工业经济运行的“血脉”，对保障国家能源安全、满足生产生活需要、实现经济社会高质量发展具有不可替代的意义。新中国成立以来，尤其是40年改革开放，油气产业改革极大地解放了社会生产力，油气产业发展速度、规模产量、产业结构、技术创新、对外开放都取得了非凡成就。近年来，国际油气能源格局不断变化，对我国油气能源安全产生了深刻影响。

一　当前世界油气产业的新形势

（一）油气能源占据主导

全球油气产业正在发生周期性和结构性转变。2018年，油气资源在全球一次能源消费中占比超过一半。据国际能源署（IEA）最新统计，石油占比31%，天然气占比23%。化石能源仍是世界主要能源，天然气消费增长量占全球一次能源总消费增量的43.5%，已成为全球能源增长贡献率最高的基础能源。

（二）供需格局发生改变

油气生产供应能力呈现东方下行、西方上行趋势，以美国为主的非石油输出国组织国家对全球油气供给量的影响力日益显著，油气需求

增长引擎正在由西方转向东方，以中国为首的亚太地区成为新兴消费增长动力。《2019全球能源展望》显示，今后原油、天然气的供需将分别进入平稳增长期、快速增长期，至2040年油气供需总量基本持平。近几年，全球油气供给侧取决于美国、沙特、俄罗斯三方博弈，主要取决于美国；需求侧将取决于以中国、印度为主的亚太地区。中美经贸关系走向将对2019年全球油气供求和价格走势起到关键作用。

（三）油气定价权正转移

世界各国间能源政策的调整方向不断分化，能源利用效率和新能源开发技术日益进步，油气资源在各地区间消费需求差距愈加明显。供需两端不断变化，导致石油输出国组织正在逐渐丧失全球油气定价权，美国对国际油价的影响尤为凸显，亚太主要消费国对石油和天然气定价话语权增强。

二　影响世界油气格局的新力量

（一）非常规革命引起大变革

历史上所形成的一条东半球俄罗斯、中亚各国、中东资源国和非洲主要油气富集国的常规油气供应带，正在被西半球丰富的非常规油气资源开发所改变。加拿大油砂、委内瑞拉超重油、墨西哥湾和巴西深水石油以及北美地区的页岩气和煤层气等非常规油气资源开始突破经济、技术界限，尤其是“页岩革命”后，美国的技术优势、灵活机制、以中小型企业为主的市场结构促进了页岩油气的市场发展，大大降低了开采成本，具备了应对低油价的能力，使得美国占全球页岩油技术可采量的16.8%，全球油气资源上游开发呈现向西调整的态势。

（二）大国能源战略重塑格局

特朗普政府奉行“能源独立”政策，致力于不断改善国内能源生产环境，特别是2018年实施的《减税与就业法案》，大幅下调企业所得税税率至21%，给予提高采收率和边际开发井政策优惠，美国油气行业竞争力提升显著，不但促进美国的能源独立，也使其敢于用“美国优先”原则破坏原有的世界贸易组织架构、重塑逆全球化的体系规则，加之中美之间积累的历史性和结构性矛盾，也使中美贸易关系变得更为复杂。

（三）供需两端博弈力量渐强

自第二次石油危机后，OPEC 作为传统油气供给方对油气价格影响力在减退。未来全球原油定价，一方面，将取决于美国、沙特和俄罗斯三国之间的博弈，美国对全球油气价格的影响在增强；另一方面，中国和印度为首的主要消费大国将在亚太油气定价中拥有更大话语权。应加快推进上海油气交易中心成为专业化、国际化油气交易和定价中心，形成中国价格、发出中国声音，提升我国在能源领域尤其是天然气定价机制方面的话语权和影响力。

三　深化改革和国际合作，保障油气能源安全

近两年，我国连续成为全球最大原油、天然气进口国。《2018 年国内外油气行业发展报告》显示，中国原油对外依存度高达 69.8%，天然气对外依存度达 45.3%，而且油气对外依存度将在相当长的时间内保持上升趋势。这些严峻的挑战，既是“危”也是“机”，必须按照市场化原则，推动实施中国油气市场对外开放、对内搞活，构建公平竞争的市场环境。必须提升国有油气企业市场竞争力，直面外国资本、外国企业进入后的激烈竞争，练好内功，增强参与国际油气合作能力，掌握我国油气能源安全主动权。

总起来讲，深化新时代的油气改革和国际合作，要“乐于谈”以求共赢、“敢于打”以求发展、“善于变”以求安全。

（一）谈：坚持共同体理念，加强统一战线，拓展油气供给多元化

加强重要双边互利关系。当前的中美关系，是自 1979 年中美建交以来，我国正在经历的国际战略环境最为深刻和严峻的变化，这对我

国改革开放形成了较大阻碍，但有一点不会改变，美国既想遏制中国又要利益优先，这正是我国加强重要双边关系的空间。一是与美国的双边关系。从以前的石油到如今的天然气都是美国外交政策的重要抓手，可考虑加大对美国油气产品进口，争取贸易谈判有利结果。二是与俄罗斯的双边关系。中俄在能源领域具有很强的互补性和合作潜力，当前中俄两国遭遇国际经贸关系恶化的相似背景，油气合作成为中俄能源贸易的重头戏，未来俄罗斯可能成为我国第一大天然气供应国。同时可考虑在上游资源开发、中游管道、液化天然气（LNG）等基础设施建设方面开展广泛深入合作。三是与欧佩克的关系。随着美国对中东地区的原油进口量日益下滑，中东油气资源国纷纷向东看，期盼增加向中国的原油出口量并提高其市场份额，这有利于我国增加自中东地区进口石油的话语权。

深化“一带一路”合作关系。能源合作尤其是油气产业合作成为“一带一路”倡议的先行者和主力军。目前，连接共建“一带一路”国家和地区的“油气合作经济带”已经初步形成，其全球性能源和经济辐射带动作用将日益显现出来，人类命运共同体的理念日益落地生根。今后应继续与沿线国家相关企业、国际同行开展更广领域、更深层次的合作，积极构建“一带一路”能源合作平台，研究新的商业模式，不断开辟新的海上通道、优化海外资源配置和资产布局，提高风险管控能力，努力拓展油气供给多元格局，持续扩大我国在国际能源事务中的话语权和影响力。

（二）打：坚持战略思维，打造核心竞争力，推动全产业链改革

企业改革打造核心竞争力。自身硬才是我们敢于打的支撑。中美贸易摩擦再次表明，国际贸易的竞争最终都要落脚到企业之间的竞争上来，企业强则国强，提高企业的核心竞争力才是唯一出路。全面开放格局下，油气企业将愈加直面外国强势资本的竞争，晚改不如早改，被动改不如主动改。一是坚持两个“一以贯之”，加大市场化改革力度，充分发挥非国有资本的“鲶鱼效应”，真正让国有企业活起来。二是大力推进产业互联网、智慧企业建设，实现运行管理“一张图”，以科技信息化提高风险智能研判预警水平。三是竭力促进技术创新，解决“卡脖子”难题。

体制改革强化市场活起来。油气全产业链的改革是强起来的土壤。目前，从我国油气产业链看，“三桶油”唱主角，没有形成国资、民资、外资的“百花竞放”。应以油气管网改革为突破口，推动市场化改革方向，采取不同政策完善油气市场结构，形成上游多主体多渠道供应、中游统一高效集输、下游销售充分竞争的油气产业格局和“N+1+N”市场体系，充分发挥市场配置资源的决定性作用和更好发挥政府作用，深入推进油气管道这个重点领域和关键环节改革，构建公平竞争的油气能源市场体系。从顶层设计、法律法规、监管体系、产业政策等多方面为更多资本主体参与投资运营提供政策支持，有效重塑油气行业运营效率，促进国内油气勘探开发业务发展，增强国内油气供应保障能力。

（三）变：坚持底线思维，加强自身建设，保障可持续发展

摸清实际储备安全线。近期的充足储备才是我们能源安全的底气。油气储备安全，远期靠提高自给自足能力，近期靠增加战略油气储备和不断提高使用效率。目前，美国已是全球第一油气生产大国，预计2023年前实现能源独立。美、英、日的战略石油储备分别为348天、232天、184天，而我国仅为50天，而且我国的天然气储备能力不到全国消费量的6%，与国际平均水平在15%以上差距很大。IEA设定的90天储备安全线仅做参考，我国应借鉴欧洲做法，通过模拟演习来了解储备安全线实数，同时，应考虑在长三角、珠三角等地区建设大型石油储备基地，统筹推进新建LNG接收站，完善储气调峰辅助服务市场机制，避免重蹈西方国家油气危机覆辙。

推进勘探开发多元化。目前世界基本形成了以中东地区为主的东半球常规油气版图和以美洲地区为核心的西半球非常规油气版图。要居安思危，提升国内油气的供给能力。一是应尽快出台与《外商投资准入特别管理措施（负面清单）2019年》配套的文件，围绕矿业权改革这个核心，规范油气探矿权和采矿权出让、流转的操作细则，改变油气勘探开发垄断现状。二是努力在天然气特别是在非常规天然气上有所突破，要大力开展页岩气、煤层气、致密油等非常规油气资源勘探开发技术攻关。三是优先考虑我国富余资源，重点突破。结合我国农村农业生产活动衍生出大量生物质废弃物资源，应考虑重点开发农村生物质能源，既能处理废弃垃圾、改善环境条件、促进生态循环，又有助于缓解能源紧张局面。

在新时代全面开放格局下，油气产业改革应当以“四个革命、一个合作”能源安全战略为遵循，将改革向纵深推进，寻找一条既符合世界能源发展规律，又适合我国国情的可持续发展特色之路，实现油气产业高质量发展，保障国家能源安全。

（中国国际经济交流中心　萧新桥）

全球气候治理面临的挑战和中国的角色

近期，美国、英国和加拿大等国都因气候问题引起了政治风波，增加了未来气候治理走向的不确定性。在特朗普宣布美国退出《巴黎协定》，站到世界对立面后，近期又挑起了对中国的贸易战，中美关系急剧变化，使得国际社会对中国在应对全球气候变化中将发挥的作用报以期待。

一　应对气候变化的最新情况

（一）美国的绿色新政

特朗普宣布美国退出《巴黎协定》，不仅引来国际社会广泛指责，美国国内反对声音也十分强烈。民主党自获得众议院控制权以来，将“绿色新政”作为气候变化相关政策重点。这是由众议员奥卡西奥—科特兹提出的、获得了几位民主党总统候选人支持的政策，提出帮助美国实现100%可再生能源发电，在10年内大幅减少温室气体排放。“绿色新政”在美国得到很大关注，甚至被认为是美国重回气候舞台的机会，但现阶段该“新政”只具象征意义，民主党只是借此表明绿色发展立场。

（二）英国脱欧困局下的气候春天

近期，英国爆发了一场气候运动，运动的组织者是新成立的激进环保团体“反抗灭绝”（XR），举行了为期 11 天的抗议活动，要求政府重视气候变化的危险性并有所行动。最终英国议会于抗议活动结束后宣布，地球正面临气候紧急状态。脱欧分散了英国对气候变化的关注，也弱化了英国在气候舞台上的作用，但英国在能源转型方面的行动较为积极。英国政府在 2015 年就曾宣布 2025 年前关闭所有燃煤电厂；英国气候变化委员会于近日发布报告，建议英国制定新的排放目标，在 2050 年前实现温室气体净零排放。

（三）加拿大推行碳税面临阻碍

为落实《巴黎协定》减排目标，缓解碳排放问题，加拿大联邦碳税计划自 4 月起正式实施，联邦政府允许每个省和地区有自己的方案来为碳排放定价，但有四个省份表示强烈反对，而新生效的碳税政策主要以这四个省份作为征收目标。这四个省都是保守党当政，它们在政治上反对这项联邦计划，一些省份甚至将联邦政府告上法庭，指责联邦政府要求征收碳税行为违反宪法。

二　全球气候治理仍面临极大挑战

2016 年底生效的《巴黎协定》确定了 2020 年后全球应对气候变化目标，即把全球平均气温升幅控制在工业化前水平 2℃之内，并努力限制在 1.5℃之内，但达成这一目标仍面临极大困难和挑战。

（一）各个国家自主贡献与 2℃温升目标存在很大缺口

按《巴黎协定》约定，各国都提交了国家自主贡献（INDCs），但合计的减排量距离实现 2℃目标还有很大缺口。到 2025 年距离实现 2℃温控目标的碳排放缺口为 87 亿吨，到 2030 年缺口将扩大至 152 亿吨。

（二）美国退出《巴黎协定》的不利影响将持续

一是会导致上文提到的缺口进一步增加，使 2025 年缺口增加 9 亿吨，2030 年增加 12 亿吨；二是影响其他国家进一步减排的意愿，在未来谈判中更加强化自身利益诉求，影响合作共赢局面；三是特朗普政府拒绝继续为《联合国气候变化框架公约》下的绿色气候基金注资，影响对发展中国家减缓气候变化行动的资金支持。

（三）发达国家提供气候援助资金积极性不足

考虑到发达国家应担负的历史责任，《联合国气候变化框架公约》要求发达国家必须为发展中国家提供应对气候变化的资金支持。发达国家承诺在2020年之前，每年融资1000亿美元帮助发展中国家应对气候变化，但目前发达国家提供的资金超过一半都是贷款而非赠款。比如，依照各国在2017年前后提交的材料，法国只有2%的资金是赠款，日本为5%，德国为45%，而挪威、瑞典、丹麦、瑞士和加拿大等都曾表示其捐款全部为贷款。发达国家在捐助资金上积极性不足，对发展中国家公平参与气候治理是极大阻碍。

三　中国在全球气候治理中的角色和作用

中国始终是全球气候治理和生态文明建设的重要参与者、贡献者和引领者，信守国际承诺，勇担大国责任，主导建立气候变化南南合作基金，推进绿色“一带一路”建设。到2020年，全球气候治理将进入新时期，中国除了做好自己的事，也要继续加强与美国、欧洲和共建“一带一路”国家的合作，共同推动建立公平合理、合作共赢的全球气候治理体系。

（一）积极承担大国责任，协同推进能源转型、污染防治和应对气候变化

我国温室气体排放总量全球第一，积极参与全球气候治理，是负责任大国应有的担当，是实现构建人类命运共同体目标的重要部分，也是我国生态文明建设的内在要求。积极参与应对全球气候变化，与我国建设生态文明、推动经济高质量发展战略具有高度一致性，应以推动能源清洁低碳转型为抓手，协同推进能源转型、污染防治和应对气候变化目标的实现。

（二）中美应对气候变化仍有合作空间

当前，中美贸易摩擦对两国各领域合作都造成了负面影响，但中美在应对全球气候变化上仍有合作空间。一方面，中美作为碳排放量最高的两个大国，两国的实际行动将直接决定全球气候变化目标能否实现，两国在气候变化领域的合作事关全人类共同利益；另一方面，全球合作应对气候变化在美国仍有较广泛共识。加州州长在特朗普宣布退出《巴黎协定》后立即做出反击，宣布加州将举办全球气候行动峰会，而中国在2018年的这次峰会上发挥了主导作用。近年来，中国各级政府与美国各州在气候领域始终保持着紧密合作。未来在气候领域的进一步合作会给紧张的中美关系带来正能量。

（三）中欧在低碳技术领域合作空间广阔

应对气候变化给各国绿色技术创新带来了新机遇，已成为新的经济增长点和科技竞争制高点。欧洲在低碳技术方面具有大量储备，中国则具有减排的巨大需求，中欧合作前景广阔。以碳捕捉和存储（CCS）技术为例，在欧洲这一技术由于成本高，可能导致对化石燃料的依赖延续等原因，没有得到足够重视，而中国到2030年煤炭在能源消费结构中的占比仍会在50%左右，碳捕捉和存储将是中国实现低碳发展长期战略目标的重要选择。未来中国与欧洲在应对气候变化领域合作空间会随着紧迫性增加而增大。

（四）坚持共同但有区别责任原则，响应发展中国家需求

发达国家不时指责中国在共建“一带一路”国家投资建设煤电厂等污染和高碳项目，不利于沿线国家低碳发展。事实上，一味用发达国家标准来要求发展中国家是没有道理的，在缺乏资金和技术支持情况下，发展中国家只会将解决能源短缺问题放在比低碳发展更为优先的位置。即便如此，中国仍致力于建设绿色“一带一路”，严格遵守所在国环保法规进行海外投资。中国帮助投资建设的能源、交通等项目，采用的技术标准高于所在国原有水平，有利于能源高效利用和控制碳

排放。中国在积极参与全球气候治理过程中，应始终维护发展中国家的发展权，呼吁建立更加公平的全球气候治理体系，坚持共同但有区别责任原则。同时，中国也应主动为其他发展中国家提供资金和技术支持，通过气候变化南南合作基金，支持发展中国家加强应对气候变化能力建设。

（中国国际经济交流中心　陈　妍）

《全球要事报告（2018~2019）》出版研讨会暨全球大势研讨会综述

近日，中国国际经济交流中心举行《全球要事报告（2018~2019）》出版研讨会暨全球大势研讨会。国经中心常务副理事长、学术委员会主任魏礼群主持会议。国经中心常务副理事长张晓强、副理事长兼秘书长张大卫、副理事长黄奇帆、副理事长韩永文、中国社会科学院荣誉学部委员谷源洋、时事出版社副总编苏绣芳等同志出席会议并讲话。

一　研讨会主要观点介绍

魏礼群指出，本次出版研讨会也是书评会，是一次思想碰撞、分享观点的会议。当今世界正处于“百年未有之大变局”时期，人才资源是第一资源，培养人才就是培养最大的资源。博士后培养是一项很重要的创新性工程，国经中心各位领导对此予以了高度重视。博士后科研工作要强化使命担当，紧紧围绕党和国家的中心任务和重大需求，加强现实针对性、决策科学性、战略前瞻性研究，为我国经济社会发展提供更多智力支撑，为国经中心持续发展注入更多活力。魏礼群指出，《全球要事报告》至今已连续出版七部，是新型智库的重要发声平台，希望科研工作站和博士后继续紧密关注全球大事，深入研究全球大势，拓展国际视野，深化国际问题研究，向国际社会讲好中国故事，传播好中国主张。

张晓强认为，当今全球生产力的科技创新要素非常活跃，生产关系变革百年不遇，世界经济政治格局正持续深度演化。《全球要事报告》的主报告突出“大变革”主题，并相应归纳了全球十件大事；分报告的十九个专题报告从全球发展战略态势、美国退群、2019年中国宏观经济形势与政策展望、大数据时代、“一带一路”建设、区块链技术发展等进行专题分析并汇集成书，内容丰富。张晓强提出，在遴选全球大事要事时，要深刻、准确把握对“世界百年未有之大变局”的理解，要充分考虑“大变局”的内涵，综合考虑生产力要素活跃、发展创新、新一轮科技革命和产业革命的不断深入、日益凸显的单边主义和孤立主义对全球贸易关系及经济关系产生的深刻变革和影响，需深入研究中美贸易摩擦本质，美国对中国实行遏制性战略的深远影响，金融关系的深度变化等因素。张晓强指出，《瞭望》杂志近日刊文对“世界处于百年未有之大变局”提出的几个观点值得关注思考。一是当今世界经济重心在发生变化，从北大西洋、西欧北美转向太平洋，由西向东、由北向南转移。二是中国等发展中国家和新兴经济体在世界经济中的比重上升与广大发展中国家的群体性崛起，必将对世界政治格局产生深远影响。当今，非西方化与多极化并行，中国需要和发达国家合作，同广大发展中国家一起推动全球经济治理和世贸组织（WTO）改革。此外，在当今多极化格局中，俄罗斯、印度等大国间的博弈和战略性竞争并存，也是需要重点关注的因素。三是全球化进程的变化。20世纪，西方发达国家是全球化的倡导者，如今欧盟、日本等国从长远利益出发，仍支持多边主义和全球化，但需要注意到全球化进程的变化及其深刻特点，尤其是新兴经济体正在成为推动全球化的新生力量。四是科技和产业变革。在新一轮科技革命及产业革命中，中国、印度等新兴经济体从“全面跟跑”开始逐步转变为“跟跑、并跑和领跑并存”，接下来以区块链、大数据、5G为代表的新一轮科技革命对工业互联网、物联网、车联网等生产生活方式的影响还将持续深化，因此需要准确把握科学技术作为第一生产力对生产关系带来的深刻影响。五是全球治理秩序的变化。美国近来的一系列退群行为，表明了美国等西方国家在全球治理上略显能力不足、意愿缺失，这为新兴国家参与推动世界银行、国际货币基金组织、WTO 改革等全球治理活动提供了新机遇，也为中国逐步走向世界舞台中心，努力实现两个“一百年”的伟大目标和中华民族复兴的“中国梦”提供了新思路。

张大卫认为，《全球要事报告》的出版很有意义，同时对报告提出了几点希望。一是把握报告的专业性、学术性、即时性和资料性，重点关注中国经济和社会发展问题，在报告选题、主题分类、研究深度等方面下足功夫。二是在选题上要覆盖全局，体现规律性、前沿性等特点，要透彻分析新科技革命引发的产业变革，“百年未有之大变局”的场景背景，由此引发的中美战略博弈形势及长期性、艰巨性，宏观金融领域的重大事件以及军事战略格局变化等。三是致力于创建研究新理论，建设研究新体例，包括对马克思主义理论引领下的“人类命运共同体”的深刻诠释，对新科技革命引发的全球关系变革的深度分析，对中华民族伟大复兴及其带来的世界经济政治格局变化等问题的理论创新等。四是争取将报告打造为回顾过去、展望未来的精品系列研究。

黄奇帆认为，《全球要事报告》遴选的经济和全球热点事件体现出趋势性、结构性、基础性和战略性的特点，和“百年未有之大变局”的主线一致，事件的选择机理日益成熟，与近年世界计量经济学在金融工程学的应用有异曲同工之处。建议侧重论述所选事件本身的意义及其经济学、社会学等内在逻辑，科技创新对于全球的意义要凸显全球视野，对政治事件的描述要体现战略性定位，全球金融事件中的美国政府债务问题是“全球百年未有之大变局”的重要影响因素之一，在双边、多边和区域协定方面，需重点关注美、日、欧等西方国家之间达成的协议与实际进展，以及中国的“一带一路”建设。对中国改革开放四十年的经验总结可归纳为两大关键词：以供给侧结构性改革为主线、推动由商品和要素流动型开放向制度规则型开放转变。

韩永文从方法论的角度肯定了《全球要事报告》的研究视角，认为报告引入量子理论等微观方法分析全球视野下的宏观问题，是一种开创性尝试，具有一定理论创新意义。建议聚焦全球经济、科技两大主线，加强对大事的评选标准及其方法的内在逻辑分析，同时多方听取社会各方和专家学者的建议，将报告打造成为国经中心品牌。

谷源洋认为，在研究世界经济和美国经济下行及可能产生的影响时，要重点关注以下几个问题：一是当前世界经济与美国经济增长放缓究竟是暂时性还是持续性的？二是世界经济和美国经济是否会滑向衰退，甚至陷入技术性衰退？三是世界各国及其央行是否做好了应对准备？以上问题需要我们予以重视。

二 《全球要事报告（2018~2019）》主要内容与要点

国经中心博士后站主任、人力资源部副部长、《全球要事报告》主编王宪磊介绍了报告的研究内容与要点。

7 年来，《全球要事报告》“从大事看大势”，瞄准美国国家情报委员会推出的未来 15~20 年全球经济、政治、社会、安全重大发展趋势的最新报告，认为全球“活要素”或“因素效应”进一步显现。报告将“智能程序思维”理论拓展定义为“程子理论”，不断完善“活要素计算的数学原理”，即“活要素独立原理、活要素替代原理、活要素转换原理”。

报告认为，全球生产力的科技创新要素非常活跃，全球生产关系的“活要素”变革百年未有，世界格局正继续深度演化，中国走向复兴持续迈出坚实步伐。报告由此遴选出全球具有重大影响的 10 件大事，即全球生产力创新要素活跃，在量子科学、生命科学与人工智能等推动下，重大科技工程成果显著，嫦娥四号探测器成为人类首次在月球背面软着陆的探测器；全球生产关系正在发生深刻变革，全球经贸关系中经济全球化、贸易自由化、投资便利化，与单边主义和保护主义的博弈正在加深；构建人类命运共同体共识增加，中国进入高质量发展阶段，“一带一路”建设合作共赢深入推进，中国为世界发展注入了正能量等。

《全球要事报告（2018~2019）》研究显示，活要素初始条件决定的路径和预期日益凸显，表明世界主要国家战略调整与政策选项出现了“定义域”与“值域”互换景象。而活要素的本质属性显示，人类发展进步大潮滚滚向前，全球经济社会发展时有波折起伏，但各国走向开放、走向合作的大趋势没有改变。在互联网推动下，产业链、价值链、供应链不断延伸和拓展，带动了生产要素的全球流动，助力数十亿人口脱贫致富。合作共赢、友好交流、优势互补是生产力发展的客观要求，也必然决定生产关系大势。各经济体逐渐形成利益共同体、责任共同体、命运共同体的共识在增强。无论前途是晴是雨，携手合作、互利共赢是唯一正确选择。

（中国国际经济交流中心　何七香 整理）

推进分布式金融的实际应用与跨境发展

——首届分布式金融生态共识大会观点综述

2019年10月24日，中共中央政治局就区块链技术发展现状和趋势进行第十八次集体学习，习近平总书记强调，我们要把区块链作为核心技术自主创新的重要突破口，明确主攻方向，加大投入力度，着力攻克一批关键核心技术，加快推动区块链技术和产业创新发展。2019年11月16日，由Index Chain及UKDE中国等国内外区块链机构联合主办的首届全球分布式金融（DeFi）生态共识大会在重庆召开，来自国内和北美、拉美、欧洲和韩国的区块链行业上千名人士参加了会议，线上同步直播平台观看人数超过35万人。参会人员围绕区块链技术的发展，DeFi商业模式、发展路线及如何与实体经济结合，“一带一路”大背景下国家主权数字货币发展等热点话题进行了交流与探讨。

一 关于中国央行即将推出数字人民币

中国人民银行相关负责人近期就央行数字人民币的有关表态，以及央行数字货币研究所2016年以来的各项工作布局，是与会专家热议的一大话题。当前的数字货币按发行主体分类有三种：一是国家主导发行如中国央行主导的数字货币电子支付（DCEP），二是企业主导发行如脸书（Facebook）主导的天秤币（Libra），三是共识主导发行如共识社群主导的比特币（Bitcoin）。中国人民银行于2014年开始研发数字货币，依托国家强大的资金、技术、人才实力，耗时5年，即将推出数字人民币DCEP，相信DCEP必将促进人民币的国际化和全球各国法币数字化的进程。

根据与会专家对央行有关研究的分析解读，人民币数字货币DCEP采用了一种分级式的体系，即由中央银行与各商业银行共建，包括中央银行数字货币系统、商业银行数字货币系统以及认证系统：中央银行数字货币系统用于产生和发行数字货币，以及对数字货币进行权属登记，是由中央银行或中央银行指定机构运行维护的用来处理关于数字货币信息的计算机系统，其主要功能包括负责数字货币的发行与验证监测。商业银行数字货币系统用于针对数字货币执行银行功能，是由商业银行或商业银行指定机构运行维护的用来处理关于数字货币信息的计算机系统，其执行现有银行的有关货币的各种功能，即银行功能，主要包括从中央银行申请到数字货币后，负责直接面向社会，满足提供数字货币流通服务的各项需求。认证系统用于对所述中央银行数字货币系统和数字货币的用户所使用的终端设备之间的交互提供认证，以及对所述中央银行数字货币系统和所述商业银行数字货币系统之间的交互提供认证。

有关专家认为，与市场其他代替纸币的货币系统相比，DCEP初步具有便捷性好、安全性高等特点，便捷性表现在以下方面：在发行方式上，DCEP为货币本身的数字化，不依赖任何银行账户和单一网络；在存储方式上，DCEP的存储载体可以是手机，也可以是卡、磁盘、计算机等电子设备，为用户提供了多种选择。尤其是以手机为载体的DCEP可以充分利用手机的键盘、显示、定位、存储、计算、通信等功能，还可二次开发，大大扩充支付场景和提升便捷性；在支付方式上，既可提供类似于纸币的当面付交易，也可提供类似于电子支付系统的网络远程支付交易，既可支持联机也可支持脱机交易，方式便捷、灵活；在交易速度上，付款速度比联机刷卡支付方式有很大提高。非常适于小额快速支付；在使用习惯上，既可兼容原有的刷卡支付方式，也可提供面对面的数字货币支付，同时还可提供电子化的交易记录，便于理财统计，用户可接受度高。

二　跨境人民币结算新探索：中新国际供应链集成共享服务平台

与会专家认为，在目前“一带一路”的跨境商业场景下，通过金融创新，解决跨境商贸的国际支付、结算中存在的挑战与问题，将带来巨大的社会与经济效益，催生万亿级的商业市场。

参加本次会议的英国区块链金融科技公司 UKDE 立足英国与欧洲的合规金融牌照和金融产品服务开发平台，已经与合作伙伴共同打造了中新国际供应链集成共享服务平台。在供应链“商流、物流、资金流”等信息集成流转基础上，借助应用程序接口（API）和软件开发工具包（SDK）等手段对接国际银行间区块链系统，集聚中国及新加坡等东南亚国家主要金融机构，为供应链企业提供清算、结算和支付服务，降低对由美国控制的环球同业银行金融电讯协会（SWIFT）的依赖及相应成本，探索建立跨境人民币结算新机制，并重点提升人民币结算效率和便利性，扩大人民币计价的国际贸易规模，提升人民币国际化程度。

三　共建“一带一路”国家希望联合外部伙伴共同建立数字货币跨境支付结算体系

通过前期对共建“一带一路”国家商贸物流需求场景的研究，以及对中国央行人民币数字货币方案的分析评估，来自新加坡、印度尼西亚、马来西亚与蒙古国等国的与会专家认为，数字货币的发展将是大势所趋。共建“一带一路”国家的商贸支付结算向数字货币体系的升级势在必行。以印度尼西亚、马来西亚为代表的共建“一带一路”国家有极大的兴趣建立自己的数字货币体系，同国际化的数字人民币一起，建立跨境支付结算新格局。

与会各国专家认为，世界金融格局即将变革，这主要表现为：传统法币与数字货币的结算成为基本需求；银行间分布式记账、点对点结算，跨境支付去中心化；国家数字货币不断涌现，促进金融的全球一体化进程。

四　区块链新的产业形态正在形成

与会专家认为，区块链产业的形成，一度与比特币的诞生和发展密不可分，但区块链并不等于比特币等数字币。在比特币等虚拟货币的热潮逐渐消退后，各国已开始意识到区块链作为新型底层计算技术的真正价值，纷纷加快战略布局。从全球来看，区块链应用场景已基本实现从起始的数字货币和矿机制造向金融服务的延伸，目前向着供应链、数字版权、食药可追溯等多个领域发展。区块链产业主要由围绕区块链技术及衍生出的产品、应用和服务组成。预计 2019 年全球区块链产业规模达到 120 亿美元，2013 年至 2019 年的年均增长率超过 60%。

区块链是数字经济时代的产物。当前全球正快速进入数字经济的时代，各行各业都在数字化。在此过程中，区块链让数字资产实现可信流转，智能合约在区块链中发挥了重大作用，上链量将是数字经济发展的重要指标。区块链产业既包含区块链本身的硬件制造和软件研发，也包含应用区块链技术所形成的一系列细分行业，涉及制造、金融、医疗、供应链、物联网等多个领域。美国、德国、荷兰、新加坡等国家已经开始围绕区块链部署多维度应用，物流跟踪、生产制造、能源结算、慈善管理都是其中的重点领域，将区块链与实体经济发展、社会福利增加等公众需求紧密结合在一起。

从我国来看，数百家以区块链为主营业务的企业涵盖了产业链上游的硬件制造、平台服务、安全服务，产业链下游的产业技术应用服务。

2018年我国区块链产业规模为29亿美元，预计2019年达到42亿美元，2013~2019年的年均增长率超过65%。伴随着数字票据、资产托管、物流航运、食药安全溯源、数字内容版权等领域区块链应用及改造需求的大幅增加，众多区块链解决方案提供商将展开激烈的竞争。

五 区块链技术仍处于初级阶段

区块链技术诞生9年了，但在全球商业化应用规模还有限。区块链技术框架相比5G等技术而言，仍处于初级阶段，存在可扩展性不强、效率较低、手续费偏高、经济模型设计不尽合理等现实问题，因此未能大规模商业化落地。同时，由于私钥加密、智能合约、分片、跨链、侧链等关键技术仍处于试验或试用阶段，还存在程序和代码上的漏洞，故商业化应用受限。另外，区块链的基础设施建设及规模化应用尚需时日。区块链的正常运行要涉及诸多同步优化和实时转化问题，在区块链上记录相关信息需要多方参与并实现数据同步。从目前情况来看，相关硬件和软件的建设仍需较长时间，超大容量的区块链存储系统暂时还难以实现。而且区块链的去中心化和去中介化特质使得行业监管更加困难，其技术特点决定了不能够被任何单一的个人或机构拥有和控制，即使从法律上确认区块链组织或项目的创建者必须承担所有可预见损害的连带责任，但也很可能因为创建者匿名和数量众多而难以确定主要责任人。有可能难以追踪有计划的洗钱活动，对现行税制的严密性构成挑战。

六 应加强区块链基础理论与技术研究

全球主要国家已经开始围绕区块链技术，在物联网、智能制造、供应链管理、数字资产交易等重点领域积极部署应用。推进区块链和经济社会融合发展，应加强基础理论与技术研究，重点支持区块链存储、加密、共识和跨链等关键性技术的研发与应用，着力促进关联区块链技术的跨学科共性基础研究与交叉学科应用研究。另外，要高度重视技术生态培育，整合政府、高校、企业、行业组织等资源优势，建设完善区块链创新生态。加快推动5G与区块链融合发展，充分发挥5G的低时延、高速率、低成本的特点，提升区块链系统效率。还应该加强法律法规与行业监管，增强区块链技术的安全可控性和对区块链平台的自主掌控权。进一步研究推出区块链在投融资、智能合约、资产证明等领域的法律法规，维护区块链产业良性运转的生态，降低相关企业的合规性风险。应持续加强规范国内数字货币交易所，严控场外交易，严厉打击洗钱、诈骗、传销等行为，加快研究推出数字货币交易监管措施。

虽然已经开始探索区块链在物联网、智能制造等领域的应用落地，但总体看，由于涉及场景较为复杂，落地模式还不够清晰，区块链在实体经济领域的应用还处于起步阶段，仍须完善技术，找准应用场景，解决工程实施等现实难题。值得注意的是，在区块链的一些应用中，所有交易数据都是公开透明的。因此，信息隐私如何保障，是区块链发展须解决的课题。专家建议，要加强对区块链技术的引导和规范，加强对区块链安全风险的研究和分析，探索建立适应区块链技术机制的安全保障体系，推动区块链安全有序发展。

与会人士认为，不断加强基础技术理论的研究和突破，区块链才能安全、可靠、持续地发展与应用；不断完善基础支撑设施，区块链应用的落地才能有序健康。一方面，要加强相关基础技术理论的研究，例如与区块链性能和安全相关的共识算法、与数据隐私相关的零知识证明等密码算法；另一方面，需加快完善基础支撑设施的建设，如区块链行业公共网络、分布式数字身份体系等。还要重视区块链技术的标准并加以推广，在区块链技术产业落地过程中，让更多企业参与行业应用标准化研究，进而形成国家和国际标准，提升我国在该领域国际话语权和规则制定权。

七　发挥智库作用推动基于数字货币的跨境支付结算通道建设

本次大会中，来自印度尼西亚、马来西亚等国的参会代表对在共建“一带一路”国家研发部署当地数字货币体系表示了浓厚兴趣，纷纷对中国国际经济交流中心等智库参会人员表示，将联合本国相关机构，持续深入推动基于数字货币的共建“一带一路”国家跨境支付结算通道，与共建“一带一路”国家共同开展构建传统法币/数字货币分布式结算基础设施，构建跨境银行间点对点结算基础设施，提供商业银行区块链转型解决方案，协助主权国家发行数字货币等方面的研究。

（中国国际经济交流中心　任海平　整理）

中美关系

关于中美博弈的几点看法和建议

近日，中国国际经济交流中心召开理事长会议，专门就中美经贸和中美关系问题进行研讨，形成的判断及建议如下。

一 对中美博弈的几点看法

（一）中美博弈具有长期性、艰巨性和复杂性，是新兴崛起大国和守成大国的实力较量，实质是美国限制中国发展，维护其当今世界唯一超级大国地位

在美国看来，中国对美国超级大国地位形成了严峻挑战，已从战略疑虑到战略焦虑，从战略焦虑到战略恐慌。美国鹰派势力长期存在，逢中必反，在美国国内矛盾日益突出的情况下，会长期用对华遏制转移矛盾。美国挑起贸易战绝非临时起意，中美冲突必然发生，两国关系回不到过去，双方斗争不会短期内结束，将是一种博弈与合作长期缠斗的持久战。

（二）中美博弈范围不断扩大，已从经贸领域扩大至科技、金融和军事领域，还加进了意识形态因素，形势日趋严峻复杂

美国已把中国定位为战略竞争对手。经济领域，美国企图把中国排除在西方国家经济体系之外；科技领域，美国对中国开展科技封锁，并要切断与中国的沟通；金融、外交和军事领域对中国的战略遏制举措也在不断推出，还加进了意识形态因素，形势日趋复杂。当前，科技领域的遏制已全面展开，大有发动全球盟友对我形成合围之势。下一步，美国可能在金融领域对中国采取更多措施，在军事领域也可能加大挑衅力度。未来，中美经济摩擦将趋长期化，将会对我国经济增长带来影响，就业压力加大；对内外资转移和产业链重塑的综合影响不容轻视。

（三）美国对我发起全面遏制，有经贸考量和经济利益争夺，但更主要是政治考虑和制度之争

特朗普希望通过贸易施压捞取选票和政治资本，寻求连任；美国反华势力则针对中国社会主义制度与发展道路，借贸易摩擦推动中美对抗升级扩大，影响中国经济、政治与社会稳定，最终寻求颠覆中国共产党的领导和中国特色社会主义制度，实际是“新麦卡锡主义”；部分不明真相的美国民众和美国国内的中间派，对于中美博弈乐见其成，妄图借特朗普对华强硬施压，对中国进行符合美国利益与期望的变革。

（四）中美博弈根本上是道义之争，得道多助失道寡助，中国站在了人类道义制高点

特朗普的“美国优先”论，实际是美国的自我利益至上和霸凌主义，违背历史发展大规律，必将给全球带来极大动荡，让美国在全世界面前“失道”，极可能导致美国进入衰落时代。中国坚持“人类命运共同体”理念，积极推动新型经济全球化，顺应世界经济发展潮流，积极为人类提供公共产品，努力搭建共商、共建、共享的平台和渠道，站在了人类道义的制高点。

（五）经过70年国家建设特别是40年改革开放积累，中国有实力和耐力赢得中美博弈的伟大胜利

我们的优势是有中国共产党的坚强领导，有体制优势。我们成功走出了中国特色社会主义道路，军事、科技、经济等方面都在蓬勃发展。中国经历从站起来、富起来到强起来，已成为世界第二大经济体、第一大贸易体，制造业产值排在世界第一位，中国已成为金融大国、科技创新大国和军事大国。中国形成了可支持经济长期平稳发展的基础设施，新的市场红利、人力资本红利等给中国带来了更大发展空间。中国有强大的国内市场，很快将成为世界第一消费大国，这是我们经济发展的强大内生动力，也将成为对美国等主要发达经济体具有最大吸引力的第一大市场。

二 对美斗争的对策建议

（一）认清形势，坚守底线，有效应对中美经贸磋商

对于中美经贸磋商，坚持原则不动摇，使美方对中方三点核心要求予以尊重并确认。同时尽可能把中美冲突限定在经贸领域。对美方打压我高科技产业要积极应对，驳斥其不实之词，加强舆论引导，加大对美国实际利益受到重大损害企业的工作力度，做好欧盟、日、韩相关企业工作，以经促政。

对美加征高额关税、打压我高科技企业的做法，应及时采取相应反制措施，包括利用限制进口大豆、出口中重稀土等特殊商品反击制裁，适量抛售美债和购进黄金等对冲美元风险。利用反垄断法和国家安全审查机制，对恶意跟风对我高科技企业断货的企业进行制裁。

特朗普如果连任，之后几年会更加肆无忌惮，对此我们要有所准备。经贸磋商虽不断反复，但总有缓和之机，要利用好可能的缓和窗口期，抓紧与美国在相关领域保持合作框架。力争恢复中美战略安全对话等对话交流机制，在网络安全、科学技术、经贸合作、人文等各领域开展交流合作，争取取得实质性进展。

（二）保持经济平稳健康发展

在中美博弈加剧的情况下，我国经济面临“稳中有进”、“稳中有变”和“变中有忧”的总体形势，但“稳”的态势承压，“变”的因素加大，需要周全应对。可适度容忍增速下降，全年增速要争取在 6.2% 左右。

财政政策要把减税降费贯彻到位，可考虑将财政赤字增加至3%。货币政策要适时采取适度的降息降准措施，保持流动性合理充裕。继续加大金融服务实体经济力度，多策并举改善资金传导机制，出实招解决融资难融资贵问题，切实让企业成本降下来，特别要精准施策支持资金流向制造业。要继续深化供给侧结构性改革，深入推进科技、产权、国有企业、资本市场等关键领域的改革。加大内需驱动，深化国民收入分配改革，扩大中等收入群体规模，培育强大的国内市场。

贯彻落实习近平总书记2018年11月1日在民营企业座谈会上的讲话，进一步为民营企业营造更好的发展环境，切实减轻企业税费负担，重点解决民营企业融资难融资贵问题，提升了凝聚起来的民营企业投资积极性。

（三）重点做好稳出口、稳就业、稳外资和稳重点地区工作

稳出口重点在于精准施策、定向帮扶，帮助受影响企业渡过难关。对受加征关税影响较大的行业和企业，加大出口退税支持力度，可考虑提高退税率。加大对外贸企业专项资金支持力度，加大出口信贷拓展海外市场，鼓励出口企业通过“一带一路”国际产能合作寻求出口市场多元化。可考虑对我以出口美国市场为主的企业实行全部退税，将制造业企业13%的增值税在特定时段予以降低，企业仍难以承受压力的，可适当降低所得税税率。

将稳就业放在更加突出位置，千方百计促进就业稳定。要重视重点人群就业，特别是大学生就业，高度关注年轻人失业率上升。建议在宏观政策发力扩大内需前提下，加强就业服务，做好转岗培训，拓展就业新空间，加强在第三产业中挖掘就业潜力。

以更多更有效改革和开放措施提升外商投资经营信心，稳定外资和外汇。加快制定《外商投资法》实施细则，稳定外商外资在华经营发展信心。“实施细则”可尽早于年内颁布，形成稳定预期，避免外商“撤资潮”形成和蔓延。进一步优化外商营商环境，提升外商企业投资便利化水平。加强知识产权保护，确定执法标准、政策执行一致性。按照主动作为、循序渐进的方针加快服务业开放，在教育、医疗两个领域要有实质性开放措施，吸引外资进入对冲外贸行业、企业撤资外迁影响。

针对受加征关税影响较大的重点地区，如沿海三大经济带和郑州、西安、成都、重庆等内陆开放高地，鼓励各地根据实际出台政策稳定外贸、外资。

（四）确保粮食安全、能源安全、金融安全和网络安全

确保农业稳定与粮食安全是维护社会稳定和发展大局的重中之重。短期看，要继续扩大农产品进口来源，确保粮、油、肉供给及价格总体稳定。中长期来看，要进一步提高农业产业化水平，加大农业科技投入力度，尤其是育种培育方面的薄弱环节要下决心解决。通过育种改良实现农业增产增收，打好农业基础，把饭碗牢牢端在自己手中。

高度重视美国制裁伊朗对我能源安全的影响。伊朗是我国石油进口重要来源地，2018 年占我石油进口总量比重为 8%，中东原油占我全部进口的 50% 以上，一旦美伊爆发激烈冲突，对我能源安全的影响十分巨大。要做好应对预案，加快原油进口多元化，加大从俄罗斯、安哥拉等国进口，努力以多种方式满足我能源需求。国内原油企业要加大勘探开发力度，实现扩产增产。

要做好应对美国有可能发起金融战的准备，调整金融开放步伐。处理好降息和汇率的关系，避免汇率大幅波动，今后一个时期，人民币兑美元汇率不宜破 7。

做好网络安全预警和预防工作，防范美国先发制人进行网络攻击，特别要加强关键基础设施网络安全保障工作。

（五）下大力气突破科技瓶颈，把危机化为机遇，促进中国高技术产业跨越式发展

实施好创新驱动战略和军民融合战略，将会形成新的生产力，要下定决心、花大功夫解决关键技术“卡脖子”难题。对以 5G 商用、集成电路为主的高技术产业发展要有积极的应对措施，周密部署，不急于求成也绝不止步。找准产业链，在重点地区按照产业链上下游形成科技创新与科技成果应用研发的系统安排。

（六）积极扩大朋友圈，全面提升双边及多边经贸合作水平，实施市场多元化战略，维护国际社会合作与发展主流

美国在科技、金融、地缘政治、台海、南海等方面都会加大干扰力度，要提前准备，制定战略对抗体系。

实行稳俄联欧的战略，稳定俄罗斯、联合欧洲，把伊朗问题作为我国与欧盟、俄罗斯展开合作的重要抓手。

加快推进“一带一路”跨国经贸合作，推动沿线国家之间贸易、投资快速增长，形成以中国、东盟、欧盟为三大支点的欧亚进出口大市场、物流大市场和价值链重构大市场。坚定不移推动改革开放，以更多开放举措加快中国商品出口市场多元化，重视东南亚、东欧等地区国家消费力，加强与日韩的经贸合作。

协调推动世贸组织改革，推进中欧双边投资协定、中日韩自由贸易区谈判。积极推动区域一体化进程，加快区域全面经济伙伴关系（RCEP）谈判，适时提出加入全面与进步跨太平洋伙伴关系协定（CPTPP）。

（中国国际经济交流中心　陈文玲　张焕波　田　栋　谈　俊）

须高度重视美国《国际紧急经济权力法》

中美经贸摩擦以来，美国动用了201、232、301及337等条款对我发起贸易战。下一步，美极有可能动用《国际紧急经济权力法》(以下简称《紧急法》)，在金融和科技领域对我发起更广泛、更深层次的挑战。《紧急法》是可以导致中美经济脱钩的终极武器。美国著名智库战略与国际研究中心高级顾问内勒认为《紧急法》是美国经贸保护政策的“核选项”；美国国际贸易委员会前任贸易官员罗高斯基强调，中美经贸摩擦升级的最坏状况，就是使用《紧急法》。对此，须高度警惕，做好防范。

一　背景

一战期间，美国国会在1917年通过了《敌国贸易法》。该法授权总统，在战时无须国会审查，就可广泛控制美国与敌方之间的国际贸易、投资、移民和通信。为了应对30年代经济大萧条及第二次世界大战，美国国会不断扩大《敌国贸易法》范围。冷战期间，《敌国贸易法》更成为总统经济制裁的重要依据。总统拥有宣布国家紧急状态的过大权力，导致美国自1933年起的40年间，理论上一直处于国家紧急状态。

70年代中期，总统紧急权力滥用得到国会重视。国会在1976年通过了《国家紧急状态法》，终止了大部分的紧急状态，并限制了宣布紧急状态的方式和持续时间。国会在 1977 年缩小了《敌国贸易法》的应用范围，不再允许总统在非战时使用《敌国贸易法》。同年，又通过了《紧急法》，授予总统一套全新的用于国家紧急状态的权力。相比于《敌国贸易法》，《紧急法》增加了向国会汇报的程序，并且所宣布的紧急状态必须每年更新以保持有效。

尽管通过《紧急法》的初衷是为了限制总统的紧急权力，但总统使用《紧急法》的频率、时长、范围和目标都在不断扩大。在《紧急法》生效之前的 40 年内，总统仅援引《敌国贸易法》4 次宣布国家紧急状态。但自 1977 年以来，总统启用《紧急法》56 次，每次的紧急状态平均持续时间近十年。

特朗普上任以来针对墨西哥非法移民问题、伊朗核问题、尼加拉瓜人权及腐败问题等多次动用了《紧急法》。特朗普还在 2019 年 5 月 15 日援引《紧急法》等，签署行政令，从事实上禁止了美企与华为的业务往来，更于 8 月 23 日在推特上要求美国公司立即撤出中国，并提及此行为以《紧急法》作为法律依据。

二　主要内容

（一）主要手段

在国家安全、外交政策或美国经济受到来自境外非同寻常的威胁时，总统可宣布国家进入紧急状态，行使《紧急法》赋予的权力，对外国政府、机构和个人资产采取监管、交易限制、冻结和没收等措施。一是对受美国管辖的外汇、信贷、证券等金融交易进行限制。二是对任何受美国管辖的外国或其国民财产的占有和使用以及相关交易等采取调查、阻止和冻结等措施。三是当美国卷入战争或遭受攻击时，可没收受美国管辖的相关国家的外国资产。

（二）应用范围

最初的紧急状态是针对特定国家和地区相关政府，但自 1990 年起总统开始援引《紧急法》宣布非地理特定的国家紧急状态，涉及恐怖主义、生化武器扩散等问题，制裁对象包括政党、公司、恐怖组织、恐怖主义支持者或毒贩在内的个人。

（三）行使条件

行使《紧急法》权力时，总统需及时与国会进行协商，向国会提交报告，说明以下问题：需要行使该项权力的情况；为什么总统认为这些情况构成来自境外的非同寻常的威胁；处理这些情况时所要采取的行动；为什么总统认为这些行动对于处理这些情况是必要的；行动所涉及的国家以及针对这些国家采取行动的理由。在提交报告后，总统每六个月需至少向国会进行一次报告，阐述自上次报告后所采取的行动及变化。

（四）例外和终止条件

《紧急法》授予总统的权力不包括管理或禁止以下四类行为：一是与资产转移无关的邮政、电报、电话或其他个人通信；二是出于人道主义的有关食品、衣服、药品等方面的捐助；三是出版物、电影、海报、唱片、艺术品等信息资料的进出口；四是个人行李及用于生活开销的费用。

除总统自行宣布解除国家紧急状态外，国会可以通过联合决议终止国家紧急状态，但联合决议需要同时获得参众两院各 2/3 的投票。

三　特朗普依据《紧急法》可能对我采取的行动

美国财政部官员在 2018 年 4 月表示，财政部已成立了专门办公室，评估对中国启用《紧急法》的可能性。随着贸易战的升级，从各方面判断，特朗普极有可能针对中国动用《紧急法》。

（一）以中美经贸问题为借口，针对我宣布进入紧急状态

《紧急法》启动的条件是总统认为美国受到了“非同寻常”的威胁，但“非同寻常”的威胁在《紧急法》中并没有明确的定义和解释。特朗普有可能将国有企业补贴、知识产权、汇率操纵等问题视为对美国造成“非同寻常”的威胁，对我启用《紧急法》，宣布进入紧急状态，出台制裁措施。并且一旦启动，除非总统宣布取消，国会很难制止，因为当前美国的党派冲突使参众两院很难以 2/3 的投票通过联合决议取消紧急状态。

（二）发动科技战：打击高科技企业

特朗普有可能依据《紧急法》把针对华为的制裁措施，扩展到“中国制造 2025”中的重点行业，比如生物医药、信息技术、智能制造等，对这些行业的中国高科技企业进行打击。一是技术断供，禁止美企向我重点高科技企业出售核心零部件和技术；二是禁止销售，不允许中资高科技企业产品在美国市场销售；三是禁止投资，禁止中资高科技企业收购及投资技术型美企。

（三）发动金融战：限制金融交易或冻结没收资产

一是禁止美国人或在美国境内进行与中国政府相关的债券交易，及禁止相关债券的收益分配。二是禁止美国人或在美国境内购买中国发行的证券。三是可冻结我有关人员及其亲属的在美财产，并禁止与这些财产有关的所有交易。四是对我持有的美元资产进行冻结。五是对中国持有或购买的美国股票、国债及其他金融资产征税。六是故意在中国台湾、南海等地区制造军事冲突，以此没收中国政府所持有的美元资产，包括外汇储备和主权财富基金等。

（四）促使中美经济脱钩：限制美国企业在华投资

特朗普虽然无法依据《紧急法》直接要求美国企业撤出中国市场，但他可依据《紧急法》设置障碍来提高在华经营成本间接促使美国公司撤出中国，并阻止新的美国公司进入中国。例如，禁止在华开展业务的美企参与联邦项目，或者禁止美企资金流入中国或者返回美国。

四　应对措施

（一）抓紧出台我国相对应的“国家紧急法”

一旦美国对我发动制裁，我们有法可依，采取类似手段控制和限制美国在华的相关资产及交易。同时，通过出台类似法律，能让美国政府有所顾忌，不敢轻易对我动用《紧急法》。

（二）降低我对美元资产的依赖程度

降低政府持有的美元资产比例，增加欧元、英镑、黄金等资产的储备和投资。降低重点企业持有美元资产比例，提高企业持有美元资产的风险意识。扩大货币互换国家及额度。

（三）完善基于人民币的国际清算体系

加快人民币跨境支付系统的完善和拓展，并借鉴欧盟“贸易往来支付工具”，创立以人民币计价的易货贸易结算体系。抓紧研究推出面向国际市场的数字货币，避开美元结算体系。

（四）加强对不可靠美资实体清单企业在华资产监管

提早对列入不可靠实体清单企业在华资产和其全球人民币资产进行重点管控。在美方冻结我企业资产时，我可相应冻结美不可靠实体清单企业的资产，作为反制措施。

（五）提高美国对我动用《紧急法》的成本

继续高水平扩大开放，通过相关政策鼓励和支持更多外资企业特别是美资企业来华投资，支持更多外资特别是美资进入我资本市场，扩大美国在华资产规模，提高美资对中国市场的依赖性。

（中国国际经济交流中心　张焕波　毛天羽）

中国参与美国基础设施建设需审慎而为

笔者近期对美国交通基础设施领域进行了为期23天的专题交流访问，对美国基础设施状况及中美基础设施合作形成如下看法与建议。

一　对当前美国基础设施状况的总体评估

（一）支出稳步增长，总体处于世界领先水平

20世纪四五十年代，美国开展了大规模基础设施建设，七十年代基本建成了完备的基础设施体系。美国许多基础设施亟待翻新维修，但过去60年来，用于基础设施的国家总支出并没有显著削减，公共支出基本上与美国经济增长保持同步（见图1）。数据显示，到2016年底，

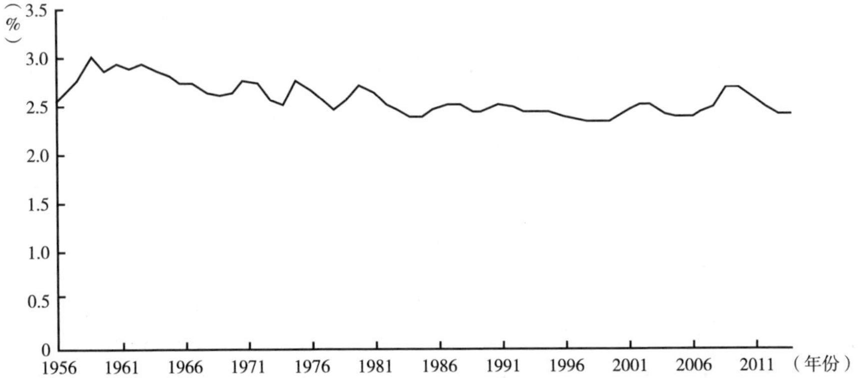

图1　美国联邦、各州和地方的基础设施支出总额占GDP的比例（1956~2014年）

资料来源：美国国会预算办公室，兰德公司。

市政债券发行量达到历史最高水平，比1996年翻了一番多。据预测，仅水利和污水处理部门的支出，未来十年将超过5320亿美元，比过去十年增长28%。

美国基础设施总体水平处于世界领先水平。据美国交通部统计，截至2016年，美国共有5316座公共机场和14112座私人机场，亚特兰大机场是世界上最繁忙的机场；尽管没有高铁，美国铁路货运系统仍居世界第一，全年运送货物占美国货运总量的近40%；地铁方面，美国纽约和芝加哥地铁系统全年无休，24小时运营。纽约地铁拥有425座车站，总长度1335公里，地铁车厢6400多辆，为全球第一。大众公交运输方面，美国公交准点率较高，车站设有公交线路到站的具体时间，公共出行十分便捷。

（二）资金主要来自税收，早期建设联邦政府扮演重要角色，如今州和地方政府承担大部分责任

税收是美国基础设施投资、建设和运营维护的主要资金来源。早期建设阶段联邦政府扮演了重要角色，如今州和地方政府承担大部分责任。联邦政府主要制定政策，根据各州面积、人口以及国会确定的政治公式和程序等确定分配到各州的联邦财政资金，并通过债券收益免税鼓励基础设施投资建设，不直接投资、建设、运营基础设施。州和地方政府是美国基础设施投资运营主体，广泛利用联邦政府资金、自筹资金（主要包括市政债券、基金收益、汽油税、使用者付费等）和公私合营（PPP）等方式筹集的资金自行决定基础设施建设的优先事项。据国会预算办公室统计，2015年美国各州和地方政府承担了62%和88%的运营和维护费用。

特朗普执政后提出基础设施投资计划，但目前仅停留在计划层面。美国纽约州参议员史塔克认为，近几十年来，基础设施建设不是美国联邦政府关注的重点和优先解决的事项。尽管联邦政府鼓励各州加强基础设施建设，但州和地方政府还需很多资金用于满足教育和医疗资金缺口，无力全面支持基础设施建设。

（三）重大基础设施投资政府部门占主导，私人部门投资建设仅限于竞争性领域，以及通过公私合营方式参与基础设施的运营和维护

美国基础设施建设以政府投资为主，各级政府资金占绝大部分比重，具有公有制占主导地位的典型特征。据统计，美国重大基础设施项目 97% 的资金来自联邦和各级政府部门。调研发现，联邦政府拨款和州税收收入是纽约州基础设施主要资金来源，每年 44 亿美元的基础设施预算有 40% 来自联邦拨款。东南密歇根州政府协调委员会代表也表示，该地区基础设施建设和维护资金主要来自联邦政府拨款和州税收收入。

美国能源、电信、航空和铁路货运等竞争性领域主要由美国私人部门主导，并且主要由美国国内企业垄断，国外资本介入并不多。以能源为例，美国底特律能源公司是涉足电力、燃气等多领域的混合能源公司，是涵盖从能源生产、制造至服务提供的全流程、全产业链企业。因此，大多数能源基础设施项目由能源企业根据自身实际需求提出，经政府批准建设。私人部门更多以公私合营方式参与基础设施运营和维护。以纽约州府奥本尼公交公司（CDTA）为例，这是一家私人企业，其每年资金预算为 8500 万美元，其中只有 25% 来自车票收入，其他主要来自州财政预算，该公司每年向州政府办公室申请年度预算以维持公司基本运营。

二　美社会各界对中国参与美国基础设施建设的重要态度

（一）美社会各界普遍认为，尽管资金缺口很大，但国外或私人资本很难进入美国基础设施领域

纽约州交通部主管托德·韦休斯认为，纽约州基础设施资金缺口很大，约 50% 的桥梁超过使用寿命期限，但很难让国外资本进入。尽管市场是开放的，由于投资回报率不高，国外资本更多进入房地产领域。史塔克认为，资金是美国基础设施建设的一个很大问题。美国没有基础设施建设长期规划，纽约州也没有，很多重大基础施设项目需从州其他预算拿钱进行临时救急。基础设施建设很难由私人部门提供，私人投资、使用者付费模式的难点在于：私人部门以赢利为目的，不会满足于收支平衡，而是希望增加收益，因而会推迟维护。兰德公司帕迪研究生院首席研究员德布鲁·诺曼博士认为，美国联邦层面对外国资本参与基础设施投资建设没有专门规定和要求，由于不盈利，很难有国外资本能够进入美国基础设施市场。美国政府通过税收减免鼓励高收入者购买政府债券，但对企业并无多大好处。通用汽车经济学家凯莱博士认为，美国基建建设资金主要来自汽油税，但美国汽油税自 1993 年后没有任何变化。由于科技与新能源汽车发展，汽油税收入不增反降。州的公路基础设施建设，部分采用用户付费的方式来融资，也开始有一些公私合营项目，但紧密合作的并不多。

（二）中美关系现状不利于中美基础设施合作

中美贸易摩擦给中美基础设施合作蒙上了阴影。美国国务院东亚与太平洋地区商业事务办公室高级顾问汤姆森认为，中美双方政府应通过对话而不是对立来应对当前中美经贸摩擦，双方要找到共同利益点和兴趣点。凯莱博士认为，目前中美关系现状不利于中美基础设施合作。从贸易和经济角度看，全球经济紧密相连，中美合作能为全球带来好的进展，否则将对全球经济带来巨大冲击，双方都要认识到中美之间需要携手合作。

（三）应高度重视美对我参与基础设施建设的重大关切

汤姆森认为，私人部门和国外资本参与基础设施建设要确保能够满足公众利益。比如，中国投资者要想以 PPP 模式参与美国基础设施投资就必须说服公众，项目符合社会公众利益。政府也会监督项目是否满足公众需求，以及价格是否合理。中美基础设施合作应在开放、透明以及国际规则约束下进行，亚投行为基础设施建设提供融资，公开透明，也不会让其他国家负债严重，就是一种很好的模式。此外，中国参与基础设施投资应加强对劳工权利的尊重和保护环境，以确保所投资地区经济可持续发展。

三 几点建议

（一）加强中美对话沟通，推动中美关系在良性竞争中相向而行

中美基础设施合作与中美关系紧密相关。2017 年中美元首会晤达成的合作清单中有很大一部分涉及中美基础设施领域的合作，后因中美贸易摩擦不断升级而搁置，中美能源贸易更是一度下降至零。美国大量基础设施年久失修，特朗普基础设施投资计划面临巨大资金缺口，中国具有基础设施建设的丰富经验，双方互补性较强，合作潜在空间较大，有望成为中美经贸合作的重要增量。在调研期间，美国有关政府部门和智库界人士均提出应通过对话交流解决中美贸易摩擦，为中美基础设施合作提供良好的政治舆论环境和民意基础。

（二）进一步加强我国各级地方政府与美国州和地方合作，建立长效合作机制

美国是联邦制国家，州和地方政府有很大自主决策权，很多州和地方与中国合作意愿和动力较强。调研发现，2011 年至 2018 年 9 月，东南密歇根州州长已先后 8 次访问我国，该州愿意为赴美投资的中国企业提供各类资源及相关法律帮助。我们要充分利用美国制度特点和地方发展意愿，加强我国省市与美国州和地方的合作，强化中美合作地方基础。特别是州和地方政府是基础设施投资、建设、运营和维护主体，比我们能更早识别、研判和应对基础设施合作项目可能面临的政治风险、法律风险及合规风险。在我国省市与美国州和地方合作背景下，美国州和地方政府可能在应对美国政治和监管审核的过程中提供有效帮助。

（三）充分利用华侨华人华裔资源，搭建中美基础设施乃至经贸合作桥梁

调研访问期间，我们访问的华盛顿特区、纽约州政府、劳伦斯学院环境工程学院、密歇根州东南政府协调委员会、华盛顿大学、全球汽车协会、通用汽车等政府部门、研究机构和企业中，均有华人华侨华裔，他们既对美国当地法律法规和专业领域发展有深入了解，也了解国内相关国情，可起到为中美基础设施合作乃至中美合作的纽带和桥梁作用。

（四）中国企业可以通过多条路径参与美国基础设施投资建设，但应注意规避投资风险

2018 年，特朗普签署了《外国投资风险评估现代化法案》（FIRRMA 法案），未来中国企业参与美国基础设施投资建设将面临更大挑战。对此，中国企业对参与美国基础设施投资建设一定要有清醒认识，应仔细研究美国当地有关法律法规，通过多种方式与美国本地企业及其他外国资本开展灵活、多元化的合作，增强我国企业本土化经营能力，同时加强宣传我企业投资对美就业、经济增长和社会福利所做的贡献，提高投标及投融资成功率，不断提升企业的国际竞争力。

（中国国际经济交流中心　颜少君）

加快构建中医药知识产权保护体系

——中美经贸摩擦中的一个新视角

美国一再指责中国剽窃美国技术，侵犯美国知识产权。对此，我们不仅要应战，要打开思路，也要对他国对我知识产权的侵犯进行有力反制。

最近，我们就中医药知识产权保护问题进行了调研，走访了若干企业，多次召开专家和行业协会座谈会，深感这是我在中美经贸摩擦中可以掌握主动权的一个新视角，加快构建中医药知识产权保护体系，能使我在中美经贸冲突中找到一个突破口，并成为我国中医药产业高质量发展的重大机遇。

一　一些国家已认识到中医药是一个金矿，并加紧掠夺

中医药学是中华文化的源头之一，《黄帝内经》《难经》《伤寒杂病论》《神农本草经》等经典名著既是中国的原创，也是中华文明宝库的精华。中医药为中华民族健康和繁衍传承做出了卓越贡献，是当代生物制药的源头之一，在我国没有严格的知识产权保护条件下，一些国家对这一宝贵资源已开始掠夺。

（一）跨国公司通过多种形式剽窃我中医药知识产权

美国辉瑞、葛兰素史克、美国日晖、瑞士诺华和日本津村等发达国

家跨国公司利用我国在知识产权管理上的缺陷，通过开设中药研发中心、联合研究、收购兼并、合资建厂等形式与中国企业和研究机构合作，假扮病人在老中医家中卧底等手段，获取大量中医药秘方。据国家知识产权局数据，跨国公司在我国境内抢注中药专利1万多项，占我国同类专利80%以上，日韩在海外中药市场上拥有的中药专利权占70%以上，中国仅为0.3%。当国内有人还怀疑中医药学是“伪科学”时，日本人已申请了《伤寒杂病论》《金匮要略方》中210个古方专利。我国由于没有构建有利于中医药知识产权保护的法律、制度、流程等保护体系，没有及时保护、追究、追索，让跨国公司掠夺了大量宝贵的中医药资源。

（二）一些国家已经抢占了中医药产业制高点

据统计，目前全球有180多家跨国公司和40多个国际研究机构正在从事天然药物新药开发，80%以上将中药作为主要研发对象。日本汉方药和韩国韩药的原料75%从中国进口，剽窃我国经典名方的成药制剂占国际市场份额的80%。据统计“洋中药”已占我国中成药市场的1/3，日本救心制药株式会社将传统中药六神丸改制开发的救心丹，绝大部分销往我国市场，每年有数亿美元销售额。2018年美国成为我国最大的植物提取物出口对象国，占对美出口中药类产品78%的份额，中国沦为美、日、韩跨国公司的中药材基地。

（三）一批确有疗效的中药被外企盯上面临失窃风险

民族地区因地域偏僻和文化交流不便，许多经实践检验有显著疗效的药方得到较好保护，形成了民间验方（糖宁通络的源配方即基于此）。在调研中发现，糖尿病在中国患病率从1980年的0.67%提高到2017年的10.9%，直接医疗开支占全国医疗总开支的13%，达到1734亿元人民币。贵州百灵药业研发的苗药新药糖宁通络对防治糖尿病和治疗糖足、糖肾、糖网等并发症有重大突破，而西药对糖尿病并发症疗效不显著。糖宁通络对降低医保费用正在发挥重要作用，虽然已纳入贵州省医保目录，但尚未获得国家保密配方保护。日本、新加坡等国药企愿意出高价购买配方，虽被百灵药业拒绝，但糖宁通络作为珍贵的民族特效药仍面临被剽窃的风险。藏药、蒙药、傣药、彝药、畲药等民族中医药，已成为跨国公司下一步剽窃的重点领域。

（四）世界上一批国家把中医药学列入医学院教科书，加快培育人才队伍

随着国际社会对自然疗法与天然药物需求的加大，中医药日益受到世人关注。目前世界上约有160个国家和地区开展了中医药学教育。美国国家高教部在1982年正式承认中医学，20世纪90年代中医药课程开始走进许多著名大学的课堂和教材，目前美国已有80所中医学院，越来越多的课程被列入西医师继续教育课程。欧洲有中医教学机构300多家，培育中医药人才队伍。

二　我国至今尚未建立中医药知识产权保护制度，无法有效地维护国家核心权益

我国至今没有建立独立于西药的中医药知识产权保护制度和体系，这与中医药发展战略极不适应。

（一）国家中药保密配方保护工作名存实亡

因专利制度无法保护中医药，我国推行了中药保密配方等特殊行政保护政策，包括国家绝密级配方、国家级保密配方和中药品种保护三个等级。2005年科技部和国家保密局联合认定云南白药、片仔癀为国家绝密级配方。《保密法（2010版）》实施后，定密权变更为各行业主管部门和地方单位。依据《保守国家秘密法实施条例》“谁定密，谁负责”制度规定，保密配方一旦泄密，定密的主管部门负责人负有连带责任。由于定密人无法掌控多环节的泄密风险与行为，定密主管部门担心对泄密负有连带责任，因此2010年后保密配方定密工作停滞。导致目前出现一批类似糖宁通络等对重大慢病确有特殊疗效的药方无法

纳入保密配方。

（二）中医药专利保护制度尚属空白

《专利法》不保护中医复方药。我国《专利法》适用于西药单一化合物的专利保护，主要保护化学药品的知识产权。中药大多为复方药，化学成分复杂，侵权认定困难。以中药复方申请专利保护，要公开配方组成，秘方配方会被跨国公司抄袭，中药的特性决定了《专利法》不适用。《专利法》规定专利获权必须满足新颖性要求，申请专利前已在国内公开使用不能认定具有新颖性。比如作为院内制剂使用的糖宁通络已不具备《专利法》所规定的新颖性，无法申请专利。而西方发达国家药企依靠先进技术设备，对中药进行深加工获取的化学形成的生物药品的成分却具备新颖性。

（三）对国外盗取中药知识产权缺少硬约束

我国缺乏对中医药商业秘密的诉讼保护。《刑事诉讼法》和《行政诉讼法》对防止商业秘密在诉讼中进一步泄露未作规定，导致中医药商业秘密权利人难以通过侵权诉讼阻止进一步秘密泄露和挽回损失。

三　把中医药知识产权保护上升到国家战略，并作为当前中美经贸领域竞争博弈的一个突破口

在中美经贸、科技领域激烈竞争博弈的背景下，必须把中医药知识产权保护上升为国家战略，抓紧重启国家保密配方遴选工作，完善中医药知识产权管理体制和保护制度。

（一）把中医药保护上升为国家战略

我国中医药资源丰富，中医药医疗保健体系独具特色，是少数能够拥有自主知识产权并最有可能在国际市场竞争中占据主动权、主导权和制高点的领域之一。需要从国家利益的高度，认识中医药的战略地位和重大价值，把中医药知识产权保护作为应对中美经贸博弈和我国新时代提高核心竞争力的国家战略。

（二）当务之急是把对重大疾病有独特疗效的中药秘方纳入国家保密配方

抓紧启动国家级保密配方遴选工作，在《国家保密法》中增设中医药保护条款或出台《中医药保密法》，国家中医药管理局下设中医药国家保密司，负责尽快建立重大疾病特效中药方剂战略储备库。在机构调整之前之中，可以先责成国家市场管理总局牵头，国家中医药管理局配合，选择一批类似糖宁通络等被临床实践证明具有重大经济和社会效益、西药无显著疗效但中药有特殊疗效的品种，纳入国家保密配方的范畴。

（三）构建独立于西药的适应中医药发展的管理体系

建立独立于西药的中医药管理体系，将现有国家中医药管理局的职责、国家市场管理总局中有关中医药的监管和注册评审管理职责、科技部和知识产权局等有关中医药保护等职责整合，组建国家中医药管理总局，作为国务院直属机构。在国家中医药管理总局下设国家中医药秘方保密局、中医药知识产权保护局、中医药知识产权保护委员会、中医药专家委员会等，实行分级管理。

（四）建立鼓励创新的中医药专利保护制度

制定符合中医药特点的专利审查标准和专利侵权认定制度。中医药企业要在国家保密配方或中药品种保护等行政保护期内，加强以原配方为基础的研发创新，破解药物作用机理，通过现代科技手段将传统中医药转变为新的化合物，再纳入《专利法》的适用范畴。药企实施“商业秘密结合专利保护”的策略。将商业秘密所保护的中药方剂的一部分进行专利保护（如制备流程等），而对核心部分进行保密（如重要药味和剂量等），即使商业秘密泄露，方剂整体还在专利保护的范畴中，权利人可以按照《专利法》追究使用该商业秘密侵权人的侵权责任。

（中国国际经济交流中心　陈文玲　张　瑾　徐　娅）

美国推动5G对抗给中国带来多重挑战

5G是第五代移动通信技术总称，具有高速率、低时延、广连接特点，可达到目前4G 100倍的速度，时延仅为目前手机的1/10。5G技术的广泛商用将彻底改变当前的互联网环境，促进车联网、智能制造、智慧能源、无线医疗、联网无人机、社交网络、智慧城市等快速发展。

5G关乎国家产业竞争力、经济繁荣和社会进步，直接决定国家在未来全球格局的地位。1G和2G时代美欧技术绝对领先并将主要经济收益收入囊中，3G时代欧美继续领先，韩国和我国台湾收获颇丰，4G时代中国企业快速成长，取得不错的经济效益。5G时代中美已然同台，目前以华为为代表的中国企业持有36%的5G标准必要专利，是4G专利拥有占比的2倍多，而包括高通和英特尔在内的美国公司仅持有14%的5G专利。中国5G基站已达到35万个，是美国的10倍以上。华为等在5G普及方面占有优势，已向全球66个国家1万多个基站供应零部件。美国认为中国5G发展动了它的“奶酪”，同时依其零和思维惯性和冷战思维，认为中国发展5G技术会有碍其争夺世界控制权的野心。

一　美国丢了互联网精神“初心”

50年前美国军方搞出今天互联网的前身阿帕网（ARPAnet），当时美国没有把它当作竞争工具和战略竞争手段，而是秉持改善人类生存状态、增进人类共同福祉的初心，坚持让学术界和商业界遵循造福人类的科技精神，推动世界各国联网和普及，也孕育出了自由开放共赢的互联网精神。

在当前国际政治经济格局深刻变革大背景下，美国对新时期互联网的发展已然“初心”不在，而是把5G看成是关系到其“国运恒昌”的保障，依其把中国作为主要战略竞争对手的设定，大搞5G“军备竞赛”，在5G领域全力围堵中国。

近一年来，美国以国家安全为由对来自中国的投资设限。2018年3月特朗普签署 *Ray Baum Act*，确定更多频谱用于5G，此举为28年后重新向美国联邦通信委员会（FCC）授权。2018年12月美国国际战略研究中心发布《5G技术将重塑创新与安全环境》，将国际5G通信竞争由一般技术层次上升到国家战略层次。2019年4月2日美国无线通信和互联网协会（CTIA）宣布，美国已和中国并列第一，其次是韩国、日本和英国。美国在5G承诺方面得分最高，2019年美国将实现92个商用5G部署。4月12日特朗普在白宫发表讲话，声称“5G是一场美国必须赢的竞赛，也是一场我们会赢的竞赛”，设立规模为200亿美元资助项目，帮助美国农村地区部署宽带网络。美国把政治放在技术和市场前面，正成为逆全球互联的最大力量，全球5G发展的冲突面和复杂性日趋加大。

二　美国已把5G变成中美对抗新领域

自2018年美国出台报告将中国确定为主要战略竞争对手以来，5G领域成为打压中国的主要领域之一。美国为了保持5G领域的技术优势、强势地位和巨大商业利益，动用了贸易战、禁运禁售制裁、经济问题政治化、军事化等手段，可谓各种手段迭出，不遗余力。

一是推动商业和技术竞争政治化。2019年1月27日《纽约时报》

发表《美国逼迫盟友在与中国新军备竞赛中对抗华为》的文章，将民用通信领域的5G技术竞争称为新一轮“军备竞赛”，认为“在一个由计算机网络控制最强有力武器（除核武器外）的时代，任何主导5G技术的国家，都将在21世纪的大部分时间拥有经济、情报、军事上的优势”。二是全力围堵中国重点企业。继2018年制裁中兴、晋华，制造孟晚舟事件后，2019年1月28日，美司法部宣布以所谓“国家安全”“网络犯罪”两项罪名起诉华为公司23项罪行。三是无端指责大肆炒作技术安全问题。美国借口“担心中国会在电信局或电脑网络中设置后门，中国情报人员由此可能拦截美国军方、政府和企业通信”，禁止美国公司在关键电信网络中使用中国制造的设备。美国情报机构在所谓“威胁评估报告”中把包括华为等中国企业5G投资列为威胁。四是进一步强化对华技术管控。2018年美国商务部技术安全局（BIS）发布《特定新兴技术管制审视》，认定14类对美国国家安全至关重要的新兴技术管制清单，包括人工智能、云技术、芯片、量子计算、机器人等，无不针对中国高科技产业发展。五是向盟友施压，逼迫盟友选边站队，联合“五眼联盟”，鼓噪使用华为设备可能面临安全问题。六是在中美贸易谈判中炒作网络安全问题，并把其作为谈判条件。

三　美国对我5G围堵带来多重挑战

特朗普明确讲到，“要确保5G不被‘敌人’掌握”，明显意指中国。中美在科技领域的反霸权与霸权斗争将长期存在且日趋激烈。在总体战略应对上，我们要淡化5G“中国必赢”调子，高举平等开放公平竞争的大旗，在人类命运共同体的旗帜下，强调共同构建网络空间命运共同体，在确保竞争优势中占领互联网发展道义制高点。同时，分析预判美国对5G围堵带来的多重挑战，及时做好应对准备。

（一）对我国整个高技术产业发展带来不利影响

现在世界各大国争相发展5G，国际上2018年炒作中国5G领先。

特朗普公开表示，“我们不允许其他国家在这个未来的强大产业上超越美国”。5G 是我国难得的一次机遇，是中国第一次摆脱了技术受制于人的被动局面。虽说中国取得领先优势尚短，华为中兴的技术积累、8 亿多活跃网民的超大市场规模、百度阿里腾讯（BAT）等梯队式的互联网企业阵营是我们的优势，但我们必须有危机感、紧迫感，要在战略、政策和资源上进一步加力。

（二）5G 正成为美对我外部国际环境遏制新推手

美国借 5G 大搞政治对抗已对我整体外部环境带来影响。5G 已成为“中美欧”大三角下中欧关系发展的重要影响因素。在当前中日关系正回归正常情况下，我方虽明确要求日方不得将特定中国企业从 5G 建设投标中排除，日本政府仍以企业行为为理由，表示不会从华为等中国企业采购产品。美国正在借 5G 开展一场精心协调的地缘政治行动，5G 正成为与“一带一路”、南海问题等类似对我全面围堵的重要组成部分。近来一些国家已明确选择站在美方一边，还有一些在观望，更有一些国家以此作为与我交换的筹码。

（三）美国力推 5G 军事领域应用，对我形成挑战

5G 条件下的增强型移动宽带、海量机器型通信、高可靠低时延将推进未来战争形态深刻变革。现美国正在推动 5G 条件下战场无人机、未来战争通信、航空国防产业、单兵作战装备等的研发，5G 条件下现代军事变革和可能影响应及早组织研究。

（四）全方位开放条件下 5G 带来数字贸易和安全问题

数字贸易为当前中美经贸谈判中的一个焦点问题。我方要求在中国运营公司必须将网络数据存储在中国，且对关键信息基础设施运营商进行严格安全检查，确保数据系统安全可控。美方认为中国网络安全管理给在中国运营的美国企业带来挑战，并向我方要求的数据本地化和“关键的信息基础设施”问题施压，要求放宽数据跨境流动限制。在未来 5G 条件下如何处理好扩大开放与网络信息安全关系，对我们来说是个重大课题。

（五）一些涉5G重大事件的外交应对

华为孟晚舟事件还在进行中。美国所谓的“长臂管辖”带来系列应对难题，不排除“卡脖子”问题再次出现。5G竞争上未来美国除经济手段外，使用政治、法律、安全、军事、地缘以及更为“下作”手段都不足为奇，对此要有充分估计和准备。5月2日将有30多个国家在捷克布拉格举行会议，就下一代电信网络安全问题进行讨论。目前美正准备提案，敦促各国政府和运营商考虑“供应商所在国家法律环境、公司获得的政府支持、企业结构的透明度以及设备的可依赖性”。美国将继续以5G划线强迫一些国家搞选边站队，在此次会议上进一步向盟友施压围堵我国，对此我们应做好充分准备。

（中国国际经济交流中心　徐占忱）

宏观经济

中国新时代金融强国战略研究

习近平总书记在党的十九大报告中，把2020年全面建成小康社会后的30年分为两个阶段：到2035年基本实现社会主义现代化，到21世纪中叶把我国建成富强民主文明和谐美丽的社会主义现代化强国。为此，要先后建设社会主义现代金融和强国金融。本报告研究的中国新时代金融强国发展战略，包括“两个阶段、四个基本环节”，即建设现代金融和建设强国金融两个阶段，每个阶段的货币、金融企业、金融市场、金融治理四个基本环节及其发展目标、实现途径和重大改革。

一　中国新时代金融强国战略的指导思想、基本原则、主要目标

国际金融体系由国际货币、金融企业、金融市场、金融治理等主要环节构成。金融强国是指金融能力和实力对国际金融体系影响力居于世界领先地位的国家。

（一）金融强国地位的更替和基本条件

1. 英美金融强国地位更替的历史启示

19世纪末期，美国经济总量超过英国位列世界第一。半个世纪后，美国及时抓住英国在二战中国力严重衰退的机遇，取代英国成为世界金融霸主。美、英金融霸主地位的更替，对我们建设金融强国有以下启示：建设金融强国要抓住历史机遇，要使本国具有长期稳定的经济

强国地位；在实现经济全球崛起的同时，要积极推动本币国际化，提高本国在国际金融治理中的地位和作用。

2. 我国具备由金融大国向金融强国转变的基本条件

我国经济总量已居世界第二，普遍预测十多年后超过美国。中国经济全球化程度不断提高，对外货物贸易量和外资进入量均居世界第一，正在成为主要的对外投资国。金融强国的一些基本因素以较快速度形成：人民币已加入特别提款权（SDR）；四大银行和三大保险公司已分别名列世界同业前五和前十；中国债券市场规模排名世界第二；中国在世界银行、国际货币基金组织（IMF）、亚行的股本份额均列世界第三。

（二）中美关系变化对建设金融强国的影响

预测特朗普及以后的美国政府，将把中国从过去较长时间的“合作的对手”，转为“主要战略竞争对手”，对我国进行全面遏制。

1. 美国遏制中国建设金融强国的主要负面影响

美国把人民币国际化看作对以美元为主导的国际货币体系的挑战，以多种方式阻碍人民币国际化的进程；对进入美国市场的中国金融机构施行过度监管，迫使其收缩经营业务；吸引中国优质企业到美国上市，削弱上海股市影响力；不承认我国是市场经济国家，诋毁国有企业改革；影响上海国际金融中心建设和发挥作用；阻挠我国在IMF、SDR中份额的提升，抵制由中国发起和牵头的国际或区域金融机构。

2. 美国单边主义引发“去美元化”给中国建设金融强国提供机遇

美国经济总量占全球比例逐步下降，政府负债已经超过经济总量，动摇了国际社会对美元的信心。在这种情况下，美国继续大搞单边主义，引起许多国家的不满和抵制，出现了“去美元化”趋势。2018年就有十多个国家放弃美元，选择本币和人民币作为贸易结算货币。

3. 趋利避害应对美国挑战，坚决推进金融强国战略

一是全面评估中美关系变化对我实施金融强国战略的影响。既要

看清负面影响增大的趋势，保持清醒头脑，又要看到和抓住美国倒行逆施可能带来的新机遇。二是保持战略定力分步实施金融强国战略。三是采取正确策略确保金融强国战略的实施。要牢牢把握实施金融强国战略的主动权，并在加强与有关国家和地区的合作中低调、务实推进。

（三）金融强国战略研究的指导思想、基本原则、前景展望

1. 指导思想

研究金融强国战略，要以习近平新时代中国特色社会主义思想为指导，根据今后 30 多年基本实现社会主义现代化、建成社会主义现代化强国的宏伟蓝图和目标，对金融业改革、开放、发展的客观需要，借鉴国际经验，尊重国际金融发展规律，围绕金融强国所涉及的人民币国际化、金融企业集团、国际金融中心和国际金融治理话语权等四大专题，进行前瞻性研究，提出战略思想和发展措施，为我国制定现代金融体系发展规划提供战略及策略支持。

2. 基本原则

一是登高望远。站在今后 30 年基本实现社会主义现代化和建成社会主义现代化强国的高度，总揽国际金融大变局，超前谋划金融强国建设方略。根据我国现代化强国建设两个阶段的安排，紧紧围绕四个环节的建设，先后建设现代金融和强国金融。二是顺势而为。顺应我国发展社会主义现代金融和强国金融，推进经济强国建设，为实现中国梦和共建人类命运共同体服务。三是合作共进。中国建设金融强国，必须得到世界多数国家的理解和支持，加强与欧盟、俄罗斯和新兴经济体的合作。我们承认美元在世界上的主导地位，应顺势而为，不主动挑战美元，完善国际金融体系。四是改革创新。建设金融强国，必须对实施金融强国战略中遇到的制度性、体制性障碍进行强有力的改革。在提高中央银行独立性、大型商业银行转变为银行控股集团、四大国有银行促进上海国际金融中心建设等问题上，立足国家战略利益

进行改革创新。

3. 前景展望

预期到 2035 年建成社会主义现代金融体系。人民币的国际影响力超过英镑，接近欧元；出现 15 家以上具有国际竞争力的银行、证券、保险企业集团；上海成为亚洲最大的国际金融中心；中国在国际金融治理中的地位迅速提高。预期到 2050 年建成社会主义金融强国。人民币的国际影响力接近美元；出现几家影响力超过欧、美、日的超大型国际金融集团；上海成为与纽约、伦敦有同等影响力的国际金融中心；中、美、欧合作，共同治理国际金融体系。

二　把人民币发展为仅次于美元的国际化货币

（一）逐步提高中央银行依法执行货币政策的独立性，保持人民币币值长期稳定

把通货膨胀率长期控制在 2% 左右。美元有现在的地位，是其历史和经济实力决定的，美联储独立于联邦政府也发挥了重要影响。人民币成为国际主要货币后，境外人民币持有者必将关心和比较中国中央银行的独立性。未来如有需要，考虑国家战略利益，可将中国人民银行从国务院分设出来。

（二）完善人民币国际化基本制度和基础设施建设

1. 稳步推进资本项目可兑换

逐步推进境外企业到上海证交所上市。经过几年努力，取消对境外合格机构投资者数量和限额的管理，只对单个和全部外国机构投资者投资境内上市企业股比进行限制。允许境内居民用自有外汇或用自有人民币购汇去境外购置自用住房。

2. 逐步完善利率和汇率市场形成机制

增加外汇交易商和外汇交易量，及时调整“篮子货币”构成，完善有管理的浮动汇率机制。

3. 强化离岸市场建设

完善离岸市场流动性补充机制，避免离岸人民币利率大起大落。完善在岸与离岸互联互通机制，深化人民币投资货币和储备货币功能。完善跨境人民币使用政策框架以及国际货币合作。

4. 加强跨境金融基础设施建设

建立适应全球市场发展的人民币清算支付系统。将人民币跨境支付系统（CIPS）覆盖范围从单一的贸易项下跨境支付向金融市场业务延伸。为全球投资者提供国际化的人民币产品托管清算系统。在香港建立符合国际惯例的托管清算机构。

（三）增强人民币国际货币功能

1. 增强人民币贸易计价结算功能

创新人民币计价结算平台，增加直接交易货币对报价，打造各类交易平台。整合现有清算行、代理行与 CIPS 离散分立的跨境清算安排，提升人民币支付清算效率。

2. 增强人民币金融交易功能

支持用人民币对外投资，接受投资国用人民币购买中国劳务和技术先进的设备。利用中国在电子商务、第三方支付、手机移动支付等方面的优势，构建人民币计价结算和支付新平台。适当增加人民币短期国债发行量。通过贸易路径拓展人民币海外信贷。加强外汇交易市场建设。完善金融基础设施“三大支柱”。

3. 增强人民币储备货币功能

与更多国家签订本币互换协议，增加非美元货币储备以及实物金银货币储备。通过提高人民币 SDR 份额，力促更多国家央行将人民币纳入外汇储备。

（四）多渠道推进人民币国际化

1. 加强国际、区域及双边货币合作机制

加强同美、欧、英、日等重要国家和地区中央银行层面的合作。加强亚洲“10+3”区域货币合作机制建设。推进与共建“一带一路”国家、上合组织成员国、金砖国家央行双边货币互换机制和双边本币结算协定。

2. 把人民币发展为共建“一带一路”国家和地区的主要国际货币

发挥人民币交易结算功能、投融资功能和储备货币功能。

3. 推动人民币进入全球大宗商品交易及期货市场

把黄金、石油、矿石等大宗商品交易作为突破口，扩大人民币在大宗商品贸易及期货等领域的计价结算空间。更好地实现大宗商品人民币期货定价权。

（五）人民币国际化前景展望

到2035年前后，人民币影响力超过日元、英镑，接近欧元，形成美元、欧元、人民币三足鼎立的局面；到2050年前后，人民币影响力接近美元，成为全球第二大货币。

三　建成一批具有与欧美同等竞争力的国际金融集团

（一）我国大型金融集团的现状及差距

按核心资本排名，我国四家大型银行名列世界前几位，保险企业也有较高地位。我国四家大型银行与外国大型银行控股集团相比，还有三大不足。一是综合服务能力弱。到2018年底，美国高盛、摩根士丹利、摩根大通、美国银行四大银行控股集团中投资银行业务占银行集团总收入的比例分别高达58%、57%、28%、15%，如加上投资银行以外的非银行金融业务收入，占比会更高。2017年底，工行、中行、建行、农行的非银行金融业务资产，占各行总资产的比例仅分别为5.5%、11.8%、2.98%和0.67%。二是国际化水平低。2017年我国五大银行集团境外业务收入占比平均11.1%、境外资产占比平均11.2%，以上美国四大银行控股集团境外收入约占1/3。三是四家银行法人治理存在缺陷。另外，证券公司数量多，规模很小。2017年底，全国有证券公司131家，每家平均营业收入仅为 23.7 亿元。

（二）打造具有国际影响力的金融集团

1. 提升金融集团的功能综合化水平

我国大型商业银行不能只依靠在香港成立“国际控股公司”来开办投资银行业务。要支持大型商业银行兼并收购现有证券公司、保险公司，在其非银行业务占比达到 15% 以上后，将银行改为银行控股集团。

2. 提高金融集团的国际化程度

到 2018 年底，五大银行贷款余额占银行业的比例已降到 40% 以下。在国内中小银行迅速发展后，国家要支持现有大型银行顺应我国扩大开放之势，大力发展境外业务。

3. 尽快组建具有国际竞争力的大型投资银行

通过中央和地方国有股东的推动和市场运作，扩大对小型证券公司的兼并。以中信证券、海通证券、国泰君安证券、银河证券为主，组建 3~4 家中国“高盛”，以适应我国投资银行扩大对外开放后同行竞争的新形势。公司主要领导由中央管理。

4. 制定金融集团管理办法和法规

制定《大型商业银行和大型保险公司投资非主业金融企业管理办法》和《金融控股集团条例》。

5. 改善金融企业集团法人治理结构

2017 年底，五大银行的国有资本占全部资本的 68%，可考虑逐步降低国有资本的比例。正确处理中央政府行政领导和维护大型金融企业法定自主经营的关系。完善股东大会、董事会、监事会之间的相互制约关系，发挥好党委在公司治理中的政治保证作用。依法维护金融企业经营自主权和合法权益。根据我国国情，商业银行除了在中央银行存入一般准备金外，还要以很大比例存入法定存款准备金。但是，中央银行支付给商业银行的法定存款准备金利率仅为 1.62%，低于吸收存款的平均利率 2 个百分点左右。商业银行每年要减少利息收入近

3000亿元。要在国务院领导下，由有关部门分析原因，逐步把法定准备金年息提高到不低于商业银行吸收存款的平均利率，为商业银行降低贷款利率并减少企业利息支出创造条件。

（三）我国大型金融集团发展前景展望

预测到2035年建成15家以上具有国际竞争力的大型综合性金融集团，跨国业务占到1/3。其中四大银行以控股集团方式继续保持名列前几名的优势；有2~3家投资银行进入世界投资银行的前十位；中国人寿、中国人保将进入世界十大保险公司的前几位。

四　把上海建成与纽约和伦敦有同等影响力的国际金融中心

（一）上海国际金融中心建设的成效和差距

上海国际金融中心建设取得了一系列成绩，但离国务院提出的目标还存在较大差距。一是缺少具有国际竞争力的金融机构。“国发〔2009〕19号文”提出到2020年底要把上海初步建成国际金融中心，其中一条标准是发展具有国际竞争力和国际品牌的金融集团，这个目标不能实现已成定局。二是无法充分集聚全国金融市场资源。上海证交所和深圳证交所同质化竞争。三是金融市场对外开放不足。到2018年12月28日，上海、深圳两家证券交易所上市公司流通股市值35.3万亿元，境外投资仅占3.4%。

（二）立足国家发展战略利益，积极打造上海国际金融中心

1. 优化我国金融中心的空间布局

要处理好金融产品交易中心在上海和大型金融企业总部在北京的矛盾。要立足上海国际金融中心建设的长远目标，推动我国大型金融企业总部功能向上海疏散。第一步，大型银行和金融集团尽快在上海建立第二总部，先期承接金融市场交易等职能。第二步，将大型金融企业总部完全迁至上海。要协调上海与区域性金融中心之间的关系。区域性金融中心建设要适应和支持上海国际金融中心建设。上海和深圳

金融中心应差异化发展，突出上海国际金融中心的地位。要协调上海与香港金融中心间的关系。就近期看，两地应发挥各自优势。从长远看，上海既是全国金融中心，又能把影响力辐射到世界，这是重点打造的国际金融中心。

2. 主要措施

在上海组建具有国际竞争力的大型金融集团。国家恢复组建交通银行的一个重要目的，是促进上海国际金融建设。因 1997 年整顿全国金融秩序需要，交通银行把投资于海通证券、中国太平洋保险公司的股份转让给上海。建议以交通银行为基础，兼并重组总部位于上海的浦东发展银行、上海银行、海通证券、太平洋保险等银行和非银行金融机构，建成新的交通银行，形成资产规模超过 20 万亿元的大型银行控股集团。要扩大上海的金融对外开放。上海要利用好自由贸易账户这一优惠政策，在人民币资本账户可兑换方面取得突破。进一步利用好现有境内外金融市场合作模式，提高“沪港通”和“债券通”额度，开辟“沪伦通”“沪欧（法兰克福）通”。要改善税收、法律、人才、营销等金融软环境，要加强国务院金融稳定发展委员会对上海国际金融建设工作的指导。发挥中国人民银行在国务院有关部门协调推进上海国际金融中心建设中的牵头作用。扩大上海市委、市政府在上海国际金融中心建设中的管理权限和责任。

（三）上海国际金融中心建设前景展望

1. 到 2035 年，上海将成为亚洲最重要的国际金融中心

一是上海股票市场和债券市场将成为亚洲最重要的市场。上海证券交易所上市公司数量将达到 4000 家，总市值达到 140 万亿元（约 20 万亿美元）。上海债券市场存量规模达到 200 万亿元（约 30 万亿美元）。二是金融市场对外开放度加大。上海证券交易所外资法人占比达到 5%，境外机构在上海债券市场发行债券的存量占比达到 2%，上海证券交易所境外投资者交易额占比达到 10%，上海债券市场境外投资

者持有比例达到10%。三是上海建成全国大型金融机构的集聚地。我国前10大银行、证券公司和保险公司中，总部位于上海的公司均达到六成以上。上海成为境外金融机构的亚洲区域中心。

2. 到21世纪中叶，上海将成为与纽约、伦敦有同等影响力的国际金融中心

上海债券市场的广度和深度达到与纽约、伦敦债券市场同等水平。上海股票市场成为本时区内最重要的市场，股票指数具有全球影响力。以上海为总部的大型金融机构在全球占有半壁江山。

五　在国际金融治理中具有与我国经济实力和全球影响力相当的地位作用

（一）当前国际金融治理中的严重弊端

国际金融治理是指国际社会对国际金融体系的控制和管理，它通过一系列规则、机构和运行机制来实现。当前，国际金融治理存在严重弊端。美元既为美国本币，又作为主要国际货币的弊端日益突出。美国在IMF占有过高份额，对IMF审议重大事项有一票否决权，明显缺乏合理性。对全球金融危机缺乏防范和化解能力。

（二）当前我国在全球金融治理中的地位和作用与经济实力不相匹配

1. 人民币在国际货币中的影响力较小

截至2018年10月，人民币国际支付货币地位下降到第六位；截至2018年第二季度末，作为国际储备货币的人民币仅占全球外汇储备总量的1.84%；人民币在SDR货币篮子中的权重为10.92%。

2. 在国际金融机构中的地位与我国国力地位相比差距过大

当前中国在IMF的投票权份额为6.39%，排名第三。在世行投票权为5.71%，居于美国15.87%和日本6.83%之后。中国在亚行的地位大体保持在2010年前的水平，所占比例为7.1%，大大低于日本的15%、美国的14.9%，日本统揽历任行长。

（三）努力提高中国在国际金融治理体系中的地位和作用

2018 年 11 月 30 日，习近平主席在二十国集团（G20）领导人第十三次峰会上，对改善国际金融治理发表了重要意见，我们要认真贯彻推进。要促进国际货币体系向多元化、合理化方向发展。支持欧元的稳定，推进人民币国际化。促进 IMF 扩大特别提款权的使用范围。要通过二十国集团峰会机制促进国际金融治理改革。推动 G20 会议在促进国际金融秩序公平、公正、包容、有序方面发挥积极作用。包括坚持在国际金融治理中实行权利和义务平衡的原则，约束在国际金融治理中占有优势地位国家的财政赤字和债务率，限制国际货币发行国的主权债务。关注和减少美国货币政策外溢的负面效应。要明显提高我国在国际政府间金融机构中的份额与地位。主要国家在 IMF 及 SDR、世界银行的份额，按规定主要是按各国经济总量和货币影响力来分配安排的。我国应促进有关国际金融机构提高我国在国际金融机构的份额。中国应在不久的将来成为亚行第一大股东，拥有最大话语权。发挥中国在亚洲“10+3”金融稳定机制中的作用，适时推进扩大亚投行业务范围。要发挥中国在国际金融监管中的作用，与美国、欧盟等共同承担化解国际金融危机责任。

在建设金融强国的过程中，我们需要高度重视此间可能出现的金融风险。我们认为，类似 1997 年亚洲金融危机和 2008 年美国金融危机的形成原因在我国目前尚不存在。1997 年金融危机发生在外汇储备过少、短期外债过多、实行固定汇率的中小型国家，抵御不了美元升值导致美元回流的挑战。2008 年美国发生金融危机，主要由房地产金融衍生产品而引发的，中国现在不是那种情况。随着人民币国际化程度提高和中国金融市场对外开放加快，要密切防止和及时化解股市大幅下跌、汇率大幅贬值、全社会违约债务大幅上升的系统性金融风险，维护我国社会主义现代金融稳定。

六　制定发展规划，推进现代金融建设

1993 年 10 月，党的十四届三中全会明确了中国金融体制改革的方向。两个月后，国务院发布《关于金融体制改革的决定》，这个决定对以后 20 多年我国金融体制改革发挥了重要作用。习近平总书记在十九大报告中提出，到 2035 年我国基本实现社会主义现代化，到 21 世纪中叶建成社会主义现代化强国。建议立即着手研究制定《中国现代金融发展规划（2021~2035）》，推动我国社会主义现代金融建设。

建议由国务院金融稳定发展委员会总体指导规划的研究和编制工作。成立以中国人民银行牵头，组织银保监会、证监会、国家发改委、财政部等部门参加的规划研究起草工作小组。组织该领域智库和专家做深化研究，提供智力支持。规划的主要内容包括：在对我国金融体系现状进行综合评估的基础上，提出现代金融建设的指导思想、基本原则、主要目标，分别提出现代金融建设中四个主要环节的发展目标和重大措施。规划的内容要体现国际金融合作共赢原则，避免像“中国制造 2025”那样引起无谓猜忌。2019 年上半年，金融稳定发展委员会对起草工作提出工作要求，经过一定的程序，争取到 2020 年底由国务院批准印发《中国现代金融建设规划（2021~2035）》。

（中国国际经济交流中心　戴相龙　王冠群）

对当前经济形势的分析与建议

2019年上半年，宏观经济继续平稳运行，主要经济指标保持在合理区间，特别是一季度形势较为积极并好于预期。但二季度以来，受国内外不利因素叠加影响，经济下行压力有所加大，主要经济数据出现同步下滑。面对复杂的国内外环境，应保持政策的连续性和稳定性，做好应对外部环境恶化的准备，下决心把改革开放引向深入，推动经济可持续发展。

一　风险与困难

上半年经济前高后低，表明经济下行压力仍在增加，各种风险挑战依然严峻，积极因素还很脆弱，变中有压的局面更为复杂，不确定不稳定因素诡谲多变且相互交织，须引起高度重视。

（一）外部形势趋于严峻复杂

二季度以来，世界主要经济体的经济增速同步趋缓。美国工业增长、零售、就业等宏观指标回落明显，欧元区和日本也呈现趋缓态势。近期世界银行、国际货币基金组织等纷纷下调2019年全球经济和贸易增长预测，前景不容乐观。受美国单边主义影响，全球经济治理规则遭到破坏，不确定性有所加剧。围绕叙利亚、巴以冲突、朝核问题的多方角力扑朔迷离，但最令人担忧的是美伊对峙，如双方爆发军事冲突，势必对全球油气供应造成破坏，影响全球经贸发展。

（二）美方遏制恶化我外部发展环境

中美重启经贸磋商，对两国乃至全球来说，都是好事。但美国暂停升级对我贸易摩擦，释放减轻打压华为的信号，可能只是缓兵之计，以降低来自企业界、消费者和农场主的压力，避免对2020年选举带来不利影响。即使签署经贸协议，也只是阶段性休战，今后摩擦将会常态化。美国对华认知和战略已经发生根本性变化，其对我打压已超出经贸范畴，政治、科技、军事、外交、人文等领域的摩擦和斗争会日益凸显。美方已经启动与我科技脱钩，可能会逐步延伸到产业、经贸、人文等领域，以遏制我发展和强大。为达此目的，不排除其孤注一掷，不惜采取“杀敌一千自损八百”的极端做法。

欧盟、日本、加拿大、澳大利亚等发达经济体，并不认同和支持美国的单边主义，但指望他们与我一道对抗美国，并不现实。在限制我发展高科技产业、歧视我方投资、否认中国市场经济地位等方面，他们与美国的立场是一致的。

（三）经济下行压力进一步增大

2019年上半年经济增速为6.3%，其中一季度为6.4%，二季度回落至6.2%，主要经济指标同步出现放缓趋势，经济下行压力有所增加。进出口方面，对美出口、外资企业出口持续下降，广交会短期订单较多，中长期订单不足，上半年进口增速弱于出口，但后期出口压力较大。尽管以人民币计价上半年进出口实现正增长，但以美元计价同比则为–2%。消费方面，受收入增长不确定性和家庭住房贷款支出制约，居民消费倾向有所下降；汽车消费量持续大幅下降；受房地产调控影响，家居家装等消费增长乏力；养老、托育、家政等行业产业化发展滞后；旅游、医疗、教育等优质供给不足；消费环境不佳导致消费外溢仍很突出等。投资方面，全国固定资产投资同比增长5.8%，增速比一季度回落0.5个百分点。其中，民间投资增长5.7%，民营企业投资信心依然不足。房地产开发投资同比增长 10.9%，增速比一季度回落 0.9 个百分点。5 月采购经理指数中，制造业与非制造业新订单指数均有所下降，制造业市场需求有所回落，非制造业市场需求增速有所放缓。

（四）就业问题应引起高度重视

上半年调查失业率持续位于 5% 以上，显示就业压力未有缓解。青年群体的失业问题突出，3 月，16~24 岁人口城镇调查失业率为 11.3%，同比提高 0.9 个百分点，其中 20~24 岁本科及以上人口失业率达 14.6%。就业结构性矛盾日益凸显，对技能型人才需求缺口较大，给产业转型升级构成较大障碍；一些传统行业，包括在推进结构转型、去产能过程当中，可能也会带来一些结构性的就业压力。

（五）实体经济仍然面临较多的困难

工业生产和效益转弱。上半年，全国规模以上工业增加值同比增长 6.0%，比一季度回落 0.5 个百分点；工业生产者价格持续低迷，工业产能利用率同比回落；受原材料、能源、物流等成本维持高位，人工成本刚性上涨等因素影响，前 5 个月工业利润下降 2.3%，亏损额增长 14.9%，亏损面扩大。制造业采购经理指数 5~6 月均低于荣枯线。尽管从社会融资规模等数字来看，货币供应量有所增加，但"脱实向虚"问题仍然突出。金融对实体经济的支持仍有待加强，流动性不足仍是企业经营困难的重要原因之一，中小企业融资难、融资贵问题仍未有效解决。

（六）大宗商品供应的潜在风险不能忽视

我国对大豆、油气、铁矿石等的需求量巨大，对外依存度偏高，是除集成电路外进口最多的商品。其中任何一种供应量大幅减少或价格大涨，都会对国内经济社会带来影响。美国依靠其资源禀赋、军事实力、盟友等优势，对全球大宗商品供应链有巨大影响力。比如，我国大豆进口超过 30% 来自美国（2018 年因贸易摩擦因素除外），且巴西、阿根廷的大豆种植和贸易基本控制在美国资本手中；我国油气进口主要来自中东，美国是影响中东局势的最大外部力量；铁矿石进口主要来自澳大利亚和巴西，而美国对这两个国家也有巨大影响力。更为关键的是，我国大宗商品进口的主要运输通道，也在美国的势力范围之内。美国有能力干扰我大宗商品的安全供应。

二　建议

面对复杂且充满不确定性的国内外环境，应保持定力，一方面把“六稳”工作做扎实，特别是要守住就业和经济增速不破6%的底线；另一方面，把改革开放工作做扎实，增强经济的增长动力和活力，不断积累稳中有“进”的因素。

（一）综合应对美方遏制，化解外部风险

美国把我作为战略竞争对手的心意已决，是其超党派、跨阶层共识，应充分认识对美斗争的长期性、复杂性、严峻性，对其不抱幻想。对美斗争，总的方针是不主动出击，做到量力而行而又精准有效，坚持守住国家主权红线和国家利益底线，以时间换空间；基本策略是眼睛向内，把改革开放推向深入，通过改革释放活力实现创新驱动发展，通过开放深化与全球经济融合，变美对我孤立为其自我孤立。当前来说，应对中美经贸摩擦和全方位对抗做最坏情况的准备，分地区分行业对可能造成的影响进行全面客观分析，储备周全的应对措施。

（二）把稳就业放在经济社会工作首位

一是鼓励中小企业用工。切实降低中小企业经营成本，其“五险一金”的缴纳政策应更加灵活可行。二是解决大学生就业难问题。培育战略性新兴产业、高科技产业、数字经济等新兴领域的适用性人才，创造更多适合大学生知识结构和就业意愿的岗位；鼓励引导高校毕业生到基层就业；实施就业援助计划，对就业困难的毕业生托底安置。三是加强企业就业监测。掌握重点企业的就业形势，对可能出现的失业情况提前做好人员分流和劳动关系处置应急准备；引导和支持企业完善职工技能培训，鼓励制造企业积极发展服务型制造，不断延伸产

业链条，引导职工有序转换就业岗位。四是做好就业保障权益兜底工作。加大对困难人员就业援助，及时兑现失业保险等社会保障待遇，加大保障农民工工资支付力度，积极维护劳动者权益。

（三）提高消费市场活力，拓展消费需求新空间

推广5G信息、生活机器人、人工智能服务等新型消费；稳定汽车市场消费，督促有关城市以市场化的方式完善汽车限购政策，“国六”标准实施考虑设置必要的过渡期，积极扩大农村汽车消费市场；研究尽快取消城市住房限购政策，通过增加土地供应、完善金融和财税政策等规范房地产市场；重视挖掘日益增加的老年群体的消费能力，通过“城企联动”等新模式，提高老年医疗、健康、助餐、文化等消费水平；继续壮大旅游产业，积极开发集旅游、休闲、商务、购物、体验于一体的城市周边新型旅游景点，提高酒店、餐饮等配套服务能力，加强市场监管；大力促进智能消费、体验消费、网络消费、分享消费的新业态发展，将服务消费和实物消费有效结合，建设多主体、多渠道、多元化消费市场。

（四）拓展有效投资空间，提高投资产出率

推进制造业技术改造和设备更新，加大关键技术、高端装备以及核心零部件和元器件领域投资；推进新型基础设施建设，加快5G商用步伐，研究规划新一代信息技术基础应用投资发展方案；加强人工智能、工业互联网、物联网等领域基础设施投资，创新基础设施投融资模式；加大对资源、环境、人力资本等生产要素领域投资力度，提高各类要素生产效率；加快推进人力资源、科学技术领域的投资建设，支持教育培训、科研创新等软投资项目；促进社保、教育、医疗、健康养老、文化等公共服务领域补短板、强弱项、提质量；在沿海发达城市，考虑为外来务工人员建设经济适用房；加快大中城市地下管网和农村基础设施与公共服务设施建设等。

（五）落实好逆周期调节政策，保持经济平稳运行

财税政策方面，加快增值税改革、调降社保费率、个税降税等政策的落实；优化财政支出机构，加大对创新、民生、环保、基础设施短板等领域的投入；考虑发行一批永续国债，并将财政赤字率提高到3%的水平；加快发行地方政府专项债券，更好支持重点项目、高科技项目。金融政策方面，考虑尽快将贷款基准利率降低不低于1个百分点，降低实体经济的融资成本；引导金融机构扩大信贷投放，赋予中小金融机构更为灵活的管理和经营机制，发挥其服务民营和小微企业的贷款职能；深化资本市场改革，完善定价制度、监管制度、投资者权益保护制度、平准基金制度等；启动对“去杠杆”政策的评估，完善政策措施；保持人民币汇率稳定，短期来讲，须守住“7”的底线；长期来讲，则不宜坚持，由市场供求形成。

（六）提高经济发展的创新水平

创新不能急于求成，政府和企业都应耐得住寂寞，遵循创新规律。芯片与原子弹不一样，原子弹技术路线是确定的，不考虑成本投入，其产品不适用市场评价，企业不愿介入，需政府发挥主导作用；而芯片不一样，技术路线是不确定的，需要核算成本和收益，最终价值需通过市场评价。因此，政府和市场应各司其职、各就其位。政府主要是确保对教育和基础研究的投入水平，营造有利于创新的文化氛围，放松对市场的管制，保证公平竞争，保护好知识产权等。应用技术创新应遵照市场规律，发挥企业主体作用，切忌政府主导运动式上项目。

（七）实施更高水平和更高质量的对外开放

以开放促改革促发展是经实践检验行之有效的基本方针，是有效化解美国对我遏制和孤立企图的釜底抽薪之计。应有序出台更高水平的开放措施，继续拓展开放领域和深度，明确路线图、时间表和责任部门。加快区域全面经济伙伴关系（RCEP）、中日韩自贸区和中欧双边投资协定（BIT）谈判，适时向欧盟提议开展双边自由贸易协定（FTA）谈判，积极考虑加入全面与进步跨太平洋伙伴关系协定（CPTPP）谈判，扩大朋友圈。继续深入推进“一带一路”倡议，在提高透明度、市场化水平和第三方市场合作等方面进一步下功夫，吸引更多方面参与。积极参与多边经贸规则特别是世界贸易组织（WTO）规则的改革完善，积极提出中国方案，维护国家利益。继续下大力气改善营商环境，促进市场公平竞争。加快出台《外商投资法》的相关实施措施。

（八）通过深化改革培育和释放经济内在动力和活力

无论是实施创新驱动，还是进行更高水平的开放，都离不开高质量的改革。当前，改革的顶层设计已取得重要突破，“四梁八柱”性改革方案基本出台，已解决了改什么、朝哪改、怎么改的问题，今后主要是如何把这些改革方案落到实处，彻底打破建设完善的社会主义市场经济的体制机制障碍。因此，应在操作层面下功夫，特别是要破解部门或行业利益对改革的阻力，调动地方和全社会参与改革的积极性和创造性，汇聚各方改革智慧等。

（九）考虑实施必要的经济刺激政策和措施

在经济下行压力日益加大的背景下，保证一定水平的经济增速，是顺利推进改革、实施结构调整和维护社会稳定的需要，也是应对中美贸易摩擦的重要砝码。实施刺激措施，不是大水漫灌，而是对特定领域在特定时期予以特殊政策。比如，对受中美贸易摩擦影响严重的企业，进一步加大出口退税力度，暂缓或减免企业所得税等；对有市场前景的危难企业，实施必要的财税金融支持和救助，包括提供流动资金、充实资本金、直接购买企业产品等，得到政府与国有企业资金支持的民营企业，其控股股东的地位应得到尊重和保证；对困难时期不裁员或扩大吸收就业人员的企业，考虑给予直接财政支持或税收减免；进一步提高住房贷款和子女教育的个税扣除标准，减轻中青年群体的债务负担，增强其消费能力等。

（中国国际经济交流中心　杨绪珍　崔　璨）

关于中国农业再保险公司组建和运作的有关建议

近日，中国人民银行等五部门联合发布的《关于金融服务乡村振兴的指导意见》提出，组建中国农业再保险公司。我们认为，中国农业再保险公司的组建和运作不仅有利于落实农业保险大灾风险准备金制度，完善农业再保险体系，还可以对深化粮食补贴体系改革起到“四两拨千斤”的作用。由于财政负担重、世界贸易组织（WTO）规则限制以及因价格刚性扭曲上下游产业发展等原因，现行主要依靠价格支持的粮食补贴体系已难以为继。借鉴发达国家经验，建议以组建中国农业再保险公司为契机，按“险补结合”的思路，以再保险引导创设“新型农业保险”，将粮食流通领域部分财政补贴通过“新型农业保险”的方式转化为对粮食生产领域的风险补偿，并逐步使之成为种粮农民收入补贴的核心支柱，从而为深化粮食补贴体系改革、促进粮食价格回归市场调节创造条件。

一　以再保险引导创设新型农业保险

（一）按“险补结合”的思路创设新型农业保险

通过对美国农业保险体系的认真研究，结合我国农业保险发展的实际，可以将我国目前农业保险的风险补偿设计思路调整为收入补贴设计思路，以新型农业保险来保障农户收入，使之成为种粮农户收入补贴的核心工具。具体就是针对三大主粮品种（小麦、稻谷和玉米），在农户实现稳产高产的情况下，通过新型农业保险的收入保障和激励条款，确保农户取得稳定的种植收益，以防“谷贱伤农”；而在农户面临自然灾害、出现减产亏损的情况下，通过新型农业保险的风险补偿条款，确保农户前期投入和物化劳动能够得到补偿。具体方案见附录。

（二）以农业再保险引导支持新型农业保险

通过设立中国农业再保险公司，以农业再保险来补贴各类商业保险公司的农业保险业务，并对其承保和理赔行为进行有效监督和激励。具体而言：一是由中国农业再保险公司设计标准的保险合同，鼓励各类商业保险机构按照统一保费标准竞争性开展业务、承担相应理赔义务；二是由农业再保险公司与商业保险机构签署再保险协议，并合作建立农作物种植信息大数据系统；三是由农业再保险公司对商业保险机构农险业务的运营费用进行补贴、对超额赔付进行补偿。

（三）创新再保险机构的融资方式

以银行间市场融资加财政补贴来维持新型农业保险体系的健康运行。由农业再保险公司的发起人作为银行间市场与保险市场的联结点，通过银行间市场定期融入流动性资金，如发行巨灾债券满足农业再保险公司在大灾之年理赔农业保险产品的流动性资金需求，进而降低或分担财政承担的潜在农业风险责任，引资本市场之活水灌现代农业之良田。财政补贴则体现在补充农业再保险公司的运营资本金，为再保险机构发债进行担保、贴息等。

（四）推进相关配套改革

一是在以上体系稳步建立的前提下，逐步将财政用于粮食流通的部分补贴资金分流到农业再保险体系，通过新型农业保险灌注到粮食生产环节，以新型农业保险来稳定和保障种粮农民收入；二是在此基础上改变单纯的价格支持调控方式，适度放开粮价，逐步恢复价格调节市场供求的基本功能，确保市场在资源配置中的决定性作用；三是推动粮食储备机构回归本位，使其专注于通过正常的收储轮换机制确保“谷物基本自给、口粮绝对安全”的国家粮食安全目标，只有当粮价偏离合理区间时才通过临时收储政策适度干预。

二　上述思路的比较优势

上述思路将有效健全种粮农民的收入保障机制、农业保险履约机制和加大农业支持的融资机制，在提高补贴效率的同时减轻财政负担，为粮食价格逐步回归市场调节创造条件，促进农业持续健康发展。

（一）有助于减轻财政负担

改革开放以来，我们通过单纯的价格支持政策已经形成了四次大规模粮食政策性挂账（前三次为 2889 亿元，第四次预计达 5000 亿元），财政负担较重。建议改革现行粮食补贴体系，以新型农业保险的方式向农户支付风险补偿，不仅对于经济效率以及农产品市场价格没有任何影响，更有助于减轻财政负担。以中央财政 2016 年对粮食流通领域的补贴资金 1632 亿元为基准，在保持种粮农户收入补贴水平不降低和 1400 亿斤中央储备粮规模的前提下，如果改为以新型农业保险的方式向农户支付风险补偿，我们测算有以下两种情况：一是在现行粮食价格支持政策实施区域，中央财政每年仅需补贴新型农业保险 582 亿元，即可达到现行粮食价格支持政策的补贴效果，每年可为中央财政节省 1050 亿元。二是将本文模式推广到全国，通过整合现行农业保险体系，中央财政每年仅需补贴新型农业保险 1149 亿元，可使全国所有种粮农户享受到现行粮食价格支持政策实施区域同等水平的补贴福利，每年可为中央财政节省 483 亿元。

（二）有助于改进补贴效率

按上述思路发起设立中国农业再保险公司的核心，在于形成“再保险机构—保险公司—种粮农户”的三级监督体系，解决“补贴者”激励问题，改进补贴效率。在再保险机构的规制下，保险公司将依据保险合同对种粮农户的生产状况进行“监督”和“核实”，并以“定损理赔”形式保障实际种粮农户收入。这种以市场主体之间的履约机制来实施补贴的做法，不仅可以有效防止普遍存在的农户土地撂荒或管理不善却领取足额补贴的现象，而且省去了经由各级政府划拨补贴的繁杂程序，杜绝了各种挤占和截留。同时，再保险的引入具有双重意义：一方面，可以有效纠正过去商业保险公司在从事农业保险时存在的多层级大面积套取国家保险补贴现象；另一方面，与过去的农业保险停留在对风险的初级补偿不同，本方案的新型农业保险重在保障收入，帮助农户抵御价格波动风险，有助于真正保护种粮农户尤其是规模化种粮大户的利益。

（三）更符合 WTO 相关规则

加入 WTO 以来，近几年中央财政对粮食生产和流通领域的补贴已达近 4000 亿元，2017 年生产领域的补贴为 2041 亿元，流通领域的补贴预计为 1625 亿元。根据 WTO 规则，我国稻谷、小麦的最低收购价政策和玉米、大豆的“市场定价 + 生产者补贴”涉及特定产品政策，均属于“黄箱”政策，对生产与贸易具有扭曲作用，超出规定标准需要承担削减义务。2019 年 2 月 28 日，WTO 发布了美诉我粮食补贴世贸争端案专家组报告，认定我国小麦、稻谷最低收购价等补贴已经超出了入世承诺，我国须最晚于 2020 年 10 月前后做出调整。根据本文思路，再保险机构的信用支持和资金补贴与价格脱钩，是属于 WTO 规则下的“绿箱”政策，不仅有利于粮食补贴体系由“黄”转“绿”，提高财政资金使用效率，还可以在有新的需要及财力可负担前提下合理合法加大补贴力度，拓展支持空间。

三　组建和运作的具体建议

（一）制定农业保险、再保险管理规章

按照《农业保险条例》的有关要求，建议财政部会同银保监会、农

业农村部联合制定《农业再保险管理规章》，整合现行各省份分散开展的农业保险经营体系，对农业再保险经营主体、再保险方式、再保险费率等做出相应规定。再保险经营主体与农险经营机构协商制定《农业再保险协议》，作为协调二者再保险关系的合同。

（二）按“险补结合”的思路组建农业再保险公司

建议按照“险补结合”的思路组建中国农业再保险公司，将之定位为政策性农业再保险机构，并尽快开展新型农业保险和再保险业务试点。在试点区域的选择上，建议在黑龙江、吉林选择2个粮食主产县。在品种上，建议选择市场价格已经放开的玉米作为主要试点品种。在参与主体上，建议按照自愿投保原则优先选择规模化种植者。

（三）将中国农业发展银行作为发起人之一

建议将中国农业发展银行作为农业再保险公司的发起人之一，主要出于以下几方面考虑：一是农发行长期服务于粮食流通，其参与发起再保险公司有利于对我国粮食生产和流通领域进行一体化的系统调控，提高补贴效率，减轻财政负担，形成更好的政策协同效果；二是农发行属于我国唯一的农业政策性金融服务机构，其参与发起设立再保险公司契合了农业再保险的政策性属性，并非混业直接从事保险业经营；三是农发行的机构下沉至县级，并在粮食主产县实现了全覆盖，可以在不增加新的运营成本的前提下直接监督、制约商业保险机构的定损理赔情况，有助于更好地规范农业保险经营行为，杜绝违法违规现象。

（中国国际经济交流中心　李金波　姚　蔚　张秀青）

附　录

以再保险引导创设新型农业保险的基本思路

通过对美国农业再保险体系的认真研究，结合我国农业保险发展的客观实际，可以将我国目前农业保险的设计思路从以风险补偿为核心调整为以风险补偿加收入补贴的“险补结合”方式为核心，让农业保险成为种粮农户收入补贴的核心工具。具体看，针对小麦、稻谷、玉米和大豆等粮食品种，在农户实现稳产高产的情况下，通过农业保险的收入保障条款，确保农户取得稳定的种植收入；在农户因自然灾害而减产亏损的情况下，通过农业保险的风险补偿合同条款，确保农户前期投入和物化劳动能够得到风险补偿。

一　基本概念界定

常年产量是指各地区在正常年景下单位面积所收获的农作物产量。通常，每年的作物单产是有波动的。这里，将一个地区（省、市或县）近5年的粮食亩产量测算奥林匹克移动平均数作为常年产量，是新型农业保险的产量基础。

保障价格是新型农业保险合同承诺的预期价格，是中央政府在一定时期内综合考虑财政支付能力、种粮成本、粮农合理收入以及影响粮价形成的其他因素而事先公布的价格水平。保障价格一般高于市场价格。

保障水平是新型农业保险为农业生产者提供的风险保障程度，是农业保险功效衡量的主要标准。在具体操作中，投保人可选择的保障水平分为 85%、80%、75%、70%、65% 五个等级。

保障收入是新型农业保险的赔偿触发条件，也称赔偿触发收入，是常年产量、保障价格和保障水平三者的乘积。如果被保险人的实际收入低于保障收入，由保险人补偿其差额。

二　运行机制

以玉米投保为例，假设当年提前公布的保障价格为 1 元 / 斤，当地玉米的常年产量为 800 斤 / 亩，甲农户投保时选取了 85% 的保障水平，则甲农户就锁定了自己未来在达到常年产量（简称“达产”）的情况下玉米收入为 680 元 / 亩（800 × 1 × 0.85）。进入玉米收获季节，甲农户将会面临以下三种可能情况：

产量达到或者超过常年产量。假设甲农户收获玉米 1000 斤 / 亩，市场收购价为 0.7 元 / 斤，则甲农户将从农业保险中获得每亩 120 元（680−800 × 0.7）的收入补贴。这里需要强调的是，即便农户实际产量超过常年产量，在农险收入补贴测算中也以常年产量为准，以此鼓励农户多种粮、种好粮。

产量未达到常年产量，但高于自然风险补偿标准。这种情况下，新型农业保险将不予理赔，以此激励农户来年实现达产、高产。

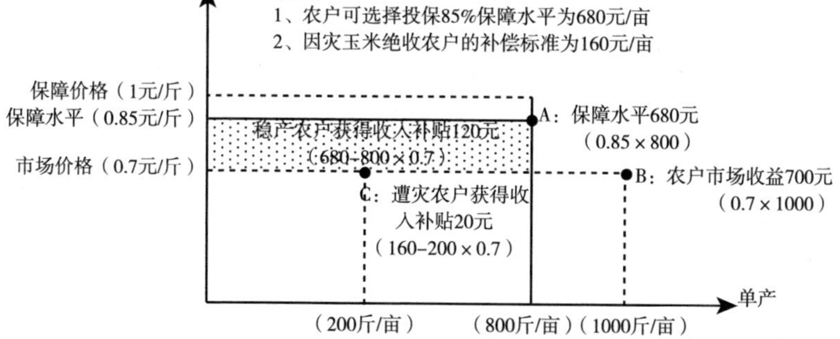

图 1　基于再保险的新型农业保险运行机制

产量因受灾而低于自然风险补偿标准。假设新型农业保险对因灾玉米绝收农户的补偿标准为160元/亩，甲农户玉米产量因受灾降为200斤/亩，市场收购价为0.7元/斤，则甲农户将从农业保险获得每亩20元（160−200×0.7）的自然风险补偿。

三　所需财政资金的模拟测算

按照“险补结合”的设计方案，我们计算了新方案下的财政补贴总额，并与现行支持政策体系所需金额进行对比。具体如下。

1. 选取模拟年份

方案测算涉及小麦、稻谷、玉米、大豆四种主要粮食品种。2015年是我国小麦、稻谷、玉米、大豆4项主粮品种的产量高峰年份，因此测算所需产量数据以2015年为基准。与此相应，2016年是我国小麦、稻谷、玉米、大豆4项主粮品种的收购高峰年份，因此流通领域的补贴金额测算所需数据以2016年为基准。

2. 地域范围

现行补贴政策覆盖范围包括：①最低收购价政策：小麦涵盖河北、江苏、安徽、山东、河南、湖北等6省；稻谷涵盖辽宁、吉林、黑龙江、江苏、安徽、江西、河南、湖北、湖南、广西、四川等11省区。②玉米临时收储、生产者补贴以及大豆目标价格补贴：涵盖辽宁、内蒙古、吉林、黑龙江等4省区。

以上政策共覆盖14个省区：河北、江苏、安徽、山东、河南、湖北、辽宁、吉林、黑龙江、江西、湖南、广西、四川和内蒙古。

3. 数据选取

（1）市场价格。粮食市场价格是整个补贴测算工作的核心，也是难点。我国常年实行小麦和稻谷最低收购价，导致小麦和稻谷的国内市场价格长期偏离真实供求，需要通过国际市场价格折算后来代替国内市场价格。为此，对于小麦品种，我们以2018年美麦和加麦加权进口到岸价加流通成本为基准，确定国内小麦市场价格为1元/斤；对于稻谷品种，以2018年泰国大米加权进口到岸价反推稻谷价格，同时参考国内玉米、小麦、稻谷的比价关系，确定国内稻谷市场价格为1.1元/斤；对于玉米品种，由于市场价格已经放开，以2018年国内玉米收购均价为基础，确定玉米市场价格为0.9元/斤；对于大豆品种，由于高度依赖国际市场，以2018年国内大豆收购均价和进口大豆到岸价为基础，确定大豆市场价格为1.75元/斤。

（2）保障价格。为了保证"险补结合"粮食补贴新体系对农户种粮收入的补贴力度不降低，同时确保粮食补贴计算的时效性和准确性，粮食保障价格以2018年国家小麦、稻谷最低收购价以及玉米、大豆享受生产者补贴后的价格为基础进行设定：①小麦的保障价格确定为1.35元/斤，如果农户投保85%保障水平后，小麦补贴的计算价格为1.15元/斤，与2018年小麦最低收购价格相同。②稻谷的保障价格确定为1.47元/斤，如果农户投保85%保障水平后，稻谷补贴的计算价格为1.25元/斤，与2018年籼稻和粳稻最低收购均价相同。③玉米的保障价格确定为1.18元/斤，如果农户投保85%保障水平后，玉米补贴的计算价格为1元/斤，与2015年玉米临时收储价格相同（2016年以后，玉米价格支持政策改为市场价格+生产者补贴，但补贴力度与2015年玉米临时收储价格相当）。④大豆的保障价格确定为2.47元/斤，如果农户投保85%保障水平后，大豆补贴的计算价格为2.1元/斤，与2018年大豆市场价格+生产者补贴的支持力度相当。

4. 测算结果

以中央财政2016年对粮食流通领域的补贴资金1632亿元为基准，在保持种粮农户收入补贴水平不降低和1400亿斤中央储备粮规模的前提下，根据现有粮食统计数据和我们的测算，如果改为以新型农业保险的方式向农户支付风险补偿，有以下两种情况。

（1）仅在小麦、稻谷最低收购价预案区，以及玉米、大豆生产者补贴实施区域开展新型农业保险，即覆盖现行粮食价格支持政策实施区域，通过整合现行农业保险体系，中央财政每年仅需补贴新型农业保险582亿元，即可达到现行粮食价格支持政策的补贴效果，每年可为中央财政节省1050亿元。

（2）在全国范围内普惠性开展新型农业保险，通过整合现行农业保险体系，中央财政每年需补贴新型农业保险1149亿元，便可使全国所有种粮农户都享受到现行粮食价格支持政策实施区域同等水平的补贴福利，每年还可为中央财政节省483亿元。

表1 “险补结合”粮食补贴金额测算

单位：亿元

地区	小麦	稻谷	玉米	大豆	总计
现有支持政策覆盖区域实施“险补结合”补贴总额	247	385	169	36	837
全国范围实施“险补结合”补贴总额	346	560	416	82	1404

注：补贴总额＝保障收入－常年产量×市场收购价格。其中，常年产量＝实际平均产量×90%，实际平均产量数据来自国家统计局公布的数据。

表2 现行粮食补贴体系与“险补结合”体系所需资金对比（情况一）

单位：亿元

补贴体系对比	补贴项目	金额	备注
现行体系	2016年粮食支持政策的财政补贴总额	1632	
	农业保险保费补贴	458	可以自动转入“险补结合”的新型农业保险体系中，冲抵财政补贴支出
“险补结合”新体系	补贴金额	837	理论测算值
	增加	20	农业再保险公司运营费用
	增加	86	农险公司运营费用
	增加	97	保持1400亿斤中央储备粮合意库存的保管费用
节约财政资金	—	1050	

表 3　现行粮食补贴体系与“险补结合”体系所需资金对比（情况二）

单位：亿元

补贴体系对比	补贴项目	金额	备注
现行体系	2016 年粮食支持政策的财政补贴总额	1632	
	农业保险保费补贴	458	可以自动转入“险补结合”的新型农业保险体系中，冲抵财政补贴支出
“险补结合”新体系	补贴金额	1404	理论测算值
	增加	20	农业再保险公司运营费用
	增加	86	农险公司运营费用
	增加	97	保持 1400 亿斤中央储备粮合意库存的保管费用
节约财政资金	—	483	

关于做强做优做大国有资本的几点建议

党的十九大报告提出要“做强做优做大国有资本”。这是新时代以习近平同志为核心的党中央对国资国企改革理论的重大创新，是习近平新时代中国特色社会主义经济思想的重要内容。理解好、阐释好、落实好这一重大理论创新是当前和今后推进国资国企改革的重要任务。中国国际经济交流中心课题组提出以下几点建议。

一　准确把握“做强做优做大国有资本”的科学内涵

“国有资本”与“国有企业”在内涵上存在本质不同：前者是价值形态，后者是实体形态；前者追求的是配置效率，要在市场流动中实现保值增值，后者追求的是经营效率，以最小的投入换取最大的产出。在政策导向上，“做强做优做大国有资本”不拘泥于某个具体企业的成败与进退，而是从国家全局的高度对国有资本按照战略需要进行合理配置，旨在推进建设现代化经济体系和实现高质量发展；而“做强做优做大国有企业”则强调通过建立完善的现代企业制度、健全的公司治理结构、有效的激励约束机制，以及通过制度创新、技术创新和商业模式创新来打造国有企业的核心竞争力。

但随着改革的深化和市场的发育，在实际操作中往往做“大”容易、做“强”做“优”难，甚至导致以“做强做优做大”的名义搞行业垄断、挤压民资发展空间、引发“国进民退”等问题。在新一轮国际经贸规则博弈中，有关“国企条款”是一个绕不开的话题。在当前国际背景下，继续强调“做强做优做大国有企业”，不仅不利于厘清政府与市场的边界，也容易授人以“国家资本主义”之口实，成为主要发达国家攻击我的借口和把柄。

顺应国际潮流和满足国内需要，在新一轮改革中要有进有退，有所为有所不为，强调“做强做优做大国有资本”，更好地实现政企分开、政资分开和所有权与经营权相分离，厘清政府作为出资人和公共管理者的职能边界；更好地推动国有经济布局的战略性调整和混合所有制改革，促进形成竞争性市场体制；更好地参与国际经济政策协调，在新一轮经贸规则谈判中扬长避短，争取主动。为此，建议在今后的国企改革过程中要重点强化“做强做优做大国有资本”而非“做强做优做大国有企业”，以免造成不必要的误读和混淆。

二　准确认识不同类型国有企业的治理要求和基本规律

做强做优做大国有资本的前提就是要深刻把握不同类型国有企业的治理要求和基本规律。党的十八届三中全会决定曾创造性地将国有企业分为公益类和商业类，这实际上提出了国有企业应分类改革、分类治理的新思路。尽管此后多个中央文件（如中发〔2015〕22号文）均明确提出了“分类推进国有企业改革”的要求，但贯彻这一思路的效果不尽如人意。原因是多方面的：一是将国有企业分为商业类和公益类过于简单化，不仅商业类和公益类的业务界限不清晰，而且商业类下的商业Ⅰ类、Ⅱ类与自然垄断类划分标准也不清晰；二是对不同类型的国有企业在市场经济条件下的比较优势和功能定位缺乏清晰认识，相应的治理要求也不明确；三是很多企业既有商业类业务又有公益类业务，在实际操作中出于自身利益的考虑都希望被划为商业类企业，以致公益类企业很少。

事实上，国有企业的功能在不同的国家不同的发展阶段承担的职能使命是不同的。在我国，现有国有企业实际上履行着三重职能：一是在竞争性领域以营利为主要目的参与市场竞争，如华润的啤酒业务、一汽和上汽的整车制造、部分央企的房地产业务等；二是出于维护国家安全和提升国家整体竞争力的需要，在关系国民经济命脉的关键领域和重要行业承担特殊使命和任务，如中核集团的核电装备、中国航发的发动机、航天科工的高精尖武器等；三是提供公共产品和服务，代表政府去弥补市场失灵和提供民生保障，如电网、铁路、高速公路以及医疗、养老、婴幼儿教育等。对应上述三类职能，可分别将现有国有企业的业务分为“竞争类”“功能类”和“公益类”，针对业务性质的不同确定相应的治理方式。大量研究和事实证明，对多数竞争类业务，国有企业不具备比较优势，但可以国有资本参股的方式存在；对功能类的业务，为保障国家安全和提升国家整体竞争力，国有资本应进入并控股；对于公益类业务，可借鉴成熟市场经济国家经验，鼓励国有企业发挥主导作用，但将之视为特殊企业，并通过立法规定其业务范围和经营模式。

三　以两类公司试点为契机推动国有经济战略性调整

上述三类业务中，竞争类和功能类是国有资本投资、运营公司的主要对象。鉴于部分国有企业存在多种业务类型并存的现状，可以两类公司试点为契机推动现有国有企业的业务重组，进而实现国有经济战略性调整，具体操作路径如下。

一是针对竞争类业务，通过推进国有资本运营公司试点，逐步将现有企业的竞争类业务的资产通过无偿划转或市场化重组整合的方式交由国有资本运营公司持有。对其中的优质业务，由国有资本运营公司推进混改上市，并择机减持，让出控股地位；对经营状况不佳的则可直接出让后退出。国有资本运营公司定位于财务投资者，只追求财务回报，只参股不控股，重在引导和带动社会资本共同发展。这样，竞争性领域中将不存在经贸新规则“国企条款”下的所谓“国有企业”，可为参与经贸新规则谈判预留空间，也有利于激活国内市场活力，推进高质量发展。

二是针对功能类业务，通过推进国有资本投资公司试点，逐步将现有企业的功能类业务的资产通过无偿划转或市场化重组整合的方式交由国有资本投资公司持有，由国有资本投资公司通过开展投资融资、产业培育和资本运作等培育核心竞争力和创新能力，积极参与国际竞争，着力提升国有资本控制力、影响力。特别是对于战略新兴产业，要把握好产业发展的阶段性特征：国有资本投资公司重在培育，在条件成熟时可以交由国有资本运营公司混改上市，引入社会资本参股甚至控股。

三是针对公益类业务，对属于自然垄断行业又具有较强公益性的企业（如电网、铁路等），应将其现有涉足的竞争性业务剥离给国有资本运营公司持有，经混改后逐步退出控股地位。在此基础上，对此类公益性质的自然垄断企业进行单独立法，按照普遍服务、平等接入的原则规定其经营模式和成本补偿方式，明令禁止其利用垄断地位涉足竞争性业务。对属于民生领域的公共产品和服务业务，如医院、养老院、托儿所、幼儿园等，应鼓励国有企业发挥主导作用，同时把社会效益放在首要位置，必要时政府予以政策补贴。

四　进一步完善国有资本授权经营体制

做强做优做大国有资本，理顺国有资本授权经营体制是关键。首先，应按照“区分政府公共管理职能与国有资本出资人职能”的原则进一步明确“管资本”的主要对象。对上述“竞争类”和“功能类”国有企业，应分别由国有资本运营公司、投资公司行使国有资本出资人职能，重在“管资本”；对于“公益类”国有企业，由于要代行部分公共管理职能，其应作为“特殊企业”由有关部门直接管理。

其次，进一步优化授权经营模式。国发〔2018〕23号文提出了“国有资产监督管理机构授权”和“政府直接授权”两种模式。这是从我国国资监管的现状出发提出的一种务实举措。但从长远来看，特别是从健全国家治理体系的高度来看，政府直接授权模式应是一种过渡：因为政府直接授权表面上减少了层级，但在运行时仍然要依靠政府有关部门实质性履行出资人职责，实际层级并未减少；而且由政府直接授权的投资、运营公司中，“部门董事”的存在也让其他有关部门获得了对投资、运营公司的实质性影响力，容易引发新的“九龙治水”。考虑到在中央层面，由国务院直接授权的主要是金融类国有资本投资、运营公司，建议改由国务院国资委或成立专业的“金融国资委”统一行使对此类投资、运营公司的出资人职责。

最后，建立健全国有资本宏观层面的配置机制。国有经济要实现战略性调整，需要在政府层面有一套能对国有资本布局和效益进行相机评估和调整的决策机制；国有资本在投资、运营公司的运作下实现有进有退，投资公司的“进”与运营公司的“退”之间要形成有效协同也需要由出资人来对国有资本投资和回报进行统筹预算和再分配。为此，建议由国务院国有企业改革领导小组行使上述国有资本宏观配置职能，健全有关机制，以促进国有资本做强做优做大。

（中国国际经济交流中心　李金波）

构建科技创新生态体系面临的问题及建议

近期，中国国际经济交流中心课题组围绕当前科技创新生态体系面临的形势、存在的问题，特别是体制机制问题，先后赴中科院、上海市、深圳市，与科研院所、政府部门和高新技术企业座谈、实地调研，现将情况报告如下。

一　当前我国科技创新生态体系面临的挑战及突出问题

目前，我国科技创新生态体系已较完善。调研中发现，我国科技创新生态体系仍面临巨大外部挑战，存在若干问题。

（一）面临中美科技脱钩严峻形势

调研中发现，受中美贸易摩擦影响，我国高科技企业的心态和认识发生变化。一些企业认为，中美科技之争实际是发展之争、人才之争，科技竞争将长期存在，应引起高度重视，做好充分准备。而一些企业仍心存幻想，认为中美贸易摩擦以及科技之争是短期行为，通过有共同利益的商业行为和谈判，会较快解决。也有一些企业介于两者之间，表示对中美科技合作前景看不清楚，莫衷一是。我们认为，当前在全球产业价值链日益融合发展的情况下，美国打压中国高新技术企业及中美科技脱钩问题日趋严峻，对全球价值链、产业链、供应链造成严峻挑战。原因在于，这种情况下直接出口的高科技企业会受到影响，为出口企业配套的企业也会受到影响，产业链链条越长受到的影响越大。未来，美国对中国的科技封锁还将继续，中国面临的是一场持久战，不应对美国抱有任何幻想。

（二）面临诸多仍较严重的内部问题

一是基础研究重视不足，水平不高。我国基础研究水平与发达国家差距较大。突出表现在，我国基础研究大多属跟随模仿，缺乏重大原创性科学理论和科学思想。缺乏符合科学精神的创新生态，长期从事基础理论研究的人才队伍不稳定。基础研究投入不足，结构不合理。我国基础研究投入主要靠政府，而且主要靠中央财政。2017 年，我国基础研究经费占研发经费总量的比例仅为 5% 左右，与美国等发达国家的 15%~20% 相比有较大差距。我国在基础研究领域的投入以政府资金为主，占比达 90%。世界 500 强企业大多都有自己的基础研究部门，而我国企业投入基础研究非常少。目前，我国高端芯片仍严重依赖进口，中国处于全球产业链中低端，就是一个例证。

二是成果转化打乱仗、力量分散。2008 年国际金融危机后，我国越来越多的企业开始重视研发投入。到中科院调研发现，不少科研人员疏于基础研究，偏重到市场上去做成果转化，赚取经济利益。但调研中，有企业反映，成果转化混乱、力量不集中。例如，目前上海等地鼓励和支持集成电路投资，各相关企业就开始纷纷加大投资，想占据该领域的一块市场，结果发现，相对于突破关键核心技术所需的巨大投入，分散在各单位的投资就是“毛毛雨”，投下去几乎不起作用。政府和社会花了大价钱，并没有取得好效果。

三是社会创新环境还未形成。全社会支持基础研究的环境还需要进一步优化，在开放共享、人才流动、人才稳定、人才激励等方面存在诸多不足。

二　体制机制原因分析

我国科技创新生态体系建设和发展滞后，最根本的原因还是体制机制问题。

（一）缺乏内部分工与协调

我国初步建立了自己的科技创新体系，但其发展面临自身不充分不协调的突出问题。我国基础研究（从 0~1）是科技创新体系的最大短板，制约了科技创新生态体系的整体发展。科技成果转化阶段（从 1~N）仍处在市场化改革起步阶段，存在各种乱象。社会创新环境对基础研究和成果转化不能提供有效支持。科技创新生态体系自身分工不合理，相互脱节，导致科技投入产出流程不顺畅，容易出现“打乱仗”的现象。

（二）科研管理存在“大门开、小门关”现象，行政化管理成分仍然较重

“放管服”改革后的创新生态体系尚未建成。调研中，有不少科研院所的人员反映，中央政府一再强调要充分尊重和信任科研人员，扩大科研机构和科研人员自主权，但在具体管理过程中，科研人员仍经常遇到财务、人事管理等方面的束缚。比如，财务制度使科研人员花费大量的时间精力去应付财务报销工作，人员国际交流受限也较多。这都对科研人员的自主性和积极性造成不利影响，甚至使他们不得不想办法到市场上去赚“外快”。

（三）科技评价不能适应形势发展需要，两者契合度越来越低

科技评价是科技活动的“指挥棒”。尽管我国正在大力推进科技评价改革，建立适应创新驱动发展要求的科技评价体系，但调研中发现，科技评价，特别是职称职务晋升“唯论文”倾向仍然严重。在自然科学成果评价中，仍存在唯“最有话语权的人”是瞻的倾向，这不仅不符合科学发展需要的证伪精神，也给年轻人在创新道路上的成长造成一定障碍。与之形成鲜明对照的是，斯坦福大学的科技评价着重看成果转化率及对产业发展的影响，科技成果对产业发展影响越大越好，这种评价方法清楚明了、简单易行。

三 对策建议

中国经济正由高速增长阶段转入高质量发展阶段，在中美贸易摩擦等国际环境的不利影响下，我国应按照中央统一部署做好自己的事，需依靠“新型举国体制＋市场竞争”的办法来构建科技创新生态体系。

（一）构建各就其位的科技创新生态体系

构建“国家队＋地方队＋企业队”的全链条创新网络。国家主导基础研究，建设一批一流的科研院所、大学和公共技术服务平台，加大长期持续投入，集中力量在基础应用研究及关键核心技术上取得实质性突破。深圳在支持创新方面有一条重要经验，就是像对待红树林（红树林只有在温度、湿度、酸碱度合适的环境才能成活生长，否则就会消失）一样，对待高新技术企业群。各级地方政府在支持科技创新方面，除了做好金融支持、人才支持等实际工作外，更要学习深圳经验，创建“红树林”式的优良科技创新生态，避免政府不当干预，藏“技”于企。高科技企业则要学习华为经验，构建“市场＋技术创新＋正向激励分配”的现代管理制度，激发创新活力。借鉴硅谷经验，加强风险投资发展，推进成果有效转化。全社会形成对科技发展持续关注投入的氛围，包括物质的和精神的。

（二）弘扬科学精神，打造一流科研人才队伍

科技创新关键在人。一是加大国内人才培养。我国技术与国外有较大差距，在培养人才上有难度，但在美国等国家对我实施人才封锁的情况下，在注重引进国际人才的同时，更要加大对“本土人才”的培育力度，加强基础教育，培养创新意识，着力打造一批一流高校，培育一流人才。在我国已处世界领先的技术领域加强“传帮带”，形成试错机制，鼓励科研人才创新，在实践中培育本土人才。二是大力发扬解放思想、实事求是、崇尚理性、勇于探索、追求真理的科学精神，应选对人、选准问题开展研究，并为人才提供持续稳定的环境，使其

能够长期潜心研究，避免浮躁。另外，学术研究要做到平等交流，着重解决学术圈子固化问题。

（三）创新科研管理制度，释放研发活力

打破传统僵化的科研管理制度，试行职务发明实行科技成果混合所有制的办法，探索实施科技创新“包干制”改革。改革滞后的科研院所人事、财务制度，科技企业实施员工持股，落实知识产权保护，释放活力。推动行政性的“放管服”变成法制化的“放管服”，构建支撑“放管服”的诚信体系，做到“靠谱者”给钱，“不靠谱者”不给钱。建立严格的问责制，加强对有权分配科研资源的人的监督管理。

（四）建立符合科技创新规律、突出质量贡献绩效导向的科技评价体系

以创新质量、产业贡献、社会效益为导向，根据不同学科、研究领域以及创新链不同环节科技人员的岗位特点，分别设置合理的评价指标，构建科技创新分类评价体系。积极探索制定有利于甘于寂寞、潜心研究者的评价办法，有利于成果转化的评价办法。

（五）运用产业链思维，加强与美国科技体系的咬合

尽管美国一些政客发起中美贸易战、科技战，但科学无国界，并且全球产业链在深度调整的同时，也必将形成新的融合。因此，需在产业链变化的基础上，加强构建跨境创新网络，尤其是通过加大国际一流创新人才的引进和使用，使中国与西方发达国家的科技体系，特别是中美科技体系，从基础研究到应用研究保持交流合作，形成锯齿状咬合。

（中国国际经济交流中心　綦鲁明）

完善农村经济激励机制的政策建议

改革开放以来，我国农村经济因激励机制的不断完善得到快速发展。当前，伴随我国经济发展步入新常态，提高农业发展现代化水平，促进农业现代化、新型工业化、城镇化、信息化等“四化”同步协调发展，成为今后农村经济发展的目标。进一步完善农村经济发展激励机制，释放农村经济发展新动能成为实现上述目标的关键。

一　改革开放以来农村经济激励机制的演变

（一）农业经营模式由人民公社到家庭联产承包责任制，然后向专业化、规模化和组织化经营发展

1978 年，小岗村农民发起土地包干到户经营改革，开启农业家庭联产承包责任制经营新篇章。1982 年，家庭联产承包责任制在全国得到有效推行，除了国有或集体农场外，农业经营进入分散的小农经营模式阶段。1985 年，国务院提出“允许农民进城开店、设坊、兴办服务业、提供各种劳务”，多年形成的城乡隔绝体制有所松动，农民生产积极性空前提高。进入 20 世纪 90 年代，在工业化和城镇化的进一步推动下，农民开始分化为纯农业经营的农民、兼业经营的农民工和非农化经营的市民，农业经营也由分散的小农经营逐渐向专业化、规模化和组织化方向发展。农村内部高度同质化、均等化的格局被彻底打

破，农业经营效率得到极大提升。

（二）土地经营使用权趋于稳定，产权体系逐步健全，有利于农村经济发展的产权激励机制不断完善

农村土地承包期不断延长，1978 年包干到户时为 1~3 年，1984 年延长至 15 年以上，1993 年中央再次发文："在原定耕地承包期到期之后，再延长 30 年不变"；1997 年 9 月，党的十五次全国代表大会提出要"长期稳定以家庭联产承包为主的责任制，完善统分结合的双层经营体制"；2004 年国务院提出将 30 年的承包期稳上加稳。2008 年 10 月，党的十七届三中全会通过《关于推进农村改革发展若干重大问题的决定》提出"土地承包关系长久不变"。2017 年 10 月，党的十九大报告指出，"保持土地承包关系稳定不变，第二轮土地承包到期以后再延长三十年"。

土地经营产权体系逐步健全，即土地承包经营权由占有、使用、收益到享有流转等部分处分权，确权登记可以抵押贷款等措施相继实施。土地流转方面，流转规模持续增加，截至 2016 年底，全国共有 1302 个县（市）、18210 个乡镇建立了土地流转服务中心，还有一些村也设立了交易服务点，为流转双方提供信息发布、价格指导、政策咨询等服务，流转合同签订率达到 70.3%。2017 年底，全国家庭承包耕地流转面积达 5.12 亿亩，占家庭承包经营耕地总面积的 37%，全国经营规模 50 亩以上的农户数达 402.1 万户。农村林地产权、宅基地产权、集体土地经营权、集体资产产权等改革都向产权明晰化发展。

（三）农村科技、金融、社保等支农政策体系不断细化，农村经济发展配套机制不断完善

改革开放以来，中央和地方陆续出台一系列支农惠农政策，领域越来越细化，推动农村经济不断发展。具体表现为：财政支农资金投入增长较快，直接用于农业和农民的支出比例增加，其中用于农业基础设施建设的投入不断加大，促进了粮食增收；农村义务教育、合作医疗等农村社会事业支出不断增多，推动农村经济社会全面发展。同时，支农政策随着发展阶段的变化不断调整，形成了一个覆盖农业生产、基础设施、社会事业等多方面的精准支农政策体系。

二　当前农村经济激励机制中存在的突出问题

（一）新型农业经营主体的规模和效率仍偏低

改革开放以来，虽然农民收入增长迅速，真正来自务农收入的比重却逐年缩小。农产品阶段性供过于求和供给不足并存，农业供给质量亟待提高，农业绿色化、优质化、特色化、品牌化效应偏低；大宗农作物机械国产化水平不足，经济作物、养殖业、丘陵山区农林机械的研发水平偏低；数字农业、智慧农业林业水利工程、物联网试验示范和遥感技术水平较低，造成我国农民适应生产不断增长的需求和市场竞争能力不足，农业生产效率偏低。与其他国家相比，我国人均可耕地面积和农业劳动力人均耕地面积指标较低，农业规模化发展比例也偏低，同时，农业合作社等农业组织发展仍不规范，且规模小、覆盖少，对于促进农业发展的作用有限。

（二）农村土地资源等产权制度仍不完善

农村产权制度涉及农业经营土地、宅基地、集体资产等内容，但农村宅基地使用权限制在农民内部流转，这种产权制度安排降低了农村宅基地及其表面附着房屋的市场价值，还阻碍了城乡一体化发展进程。另外，以集体为所有权主体的资产由于“集体”这个产权主体泛化而管理不规范，农民作为集体成员无法获得本应属于他们的财产性收入，且少数村干部作为集体代理人会在职业周期内尽量利用集体资源逐利和获得租金，造成部分集体资产流失。由于农村产权制度发展不足，产权没有界定清楚的资源在市场上无法交易，或以低于市场正常价格很多的价格交易，极大阻碍了农村经济社会发展活力的释放。

（三）支农政策体系及其配套机制仍存在管理不规范、目标精准性不足、支撑力偏低等问题

改革开放以来，我国已出台20个中央一号文件，对指导三农工作、促进农业发展发挥了重要作用，形成了大量支农惠农政策。但一些支农政策在实施过程中存在管理不规范、目标精准性不足、柔性差等问题，往往没有实现政策制定时的目标。如在农业“三项补贴”（种粮直接补贴、良种补贴、农业生产资料综合补贴）政策的实施中，存在很多虚增耕地规模骗取财政补贴的情况；“三项补贴”与农地承包经营权直接挂钩，许多农民外出打工，将耕地抛荒，仍能获得“三项补贴”，补贴政策的实施保障达到政策目的的效果打了“折扣”。我国对支农资金实行分块管理，部门分割严重，相互间协调不够，使支农资金不能形成合力，而财政支农项目审批也存在制度化、公平化、科学化等不足，不符合农民真实需求。

某些公益性农技服务针对性不足，且由于缺乏激励机制，服务质量无法得到保障，难以满足现代农业发展需求。我国农业科技创新资金也存在配置结构不合理、使用效率偏低等问题。资料显示，我国农产品加工率是20%~30%，而发达国家大部分在90%以上；我国农业科技成果转化率仅为30%~40%，发达国家比我国高出一倍，这些问题使我国农业科技进步贡献率仅为40%左右，而发达国家是80%左右，说明我国农业现代化发展的科技支撑力偏低。另外，农民融资难、因病致贫、因老致贫比例仍然较高，说明我国农村金融的有效供给仍不足，社会保障体系与城市相比存在一定差距，管理也需完善。

三　完善农村经济激励机制的政策建议

（一）促进农业与工业、服务业融合发展，加大对新型经营主体的培育和扶持力度，激发农业发展新动能

目前，我国农业发展仍滞后于工业、信息化和城镇化的发展。为了

快速提升农业现代化发展水平，必须促使农业与工业、服务业进行产业融合，用工业化产品提升农业生产力，用信息化技术提升农业生产管理水平，加大对新型经营主体的培育和扶持力度，完善农村经济社会发展的经营主体激励机制，激发农业发展新动能。具体完善政策建议包括：加大对家庭农场、龙头企业等新型经营主体的培育和扶持力度，提升其发展带动能力；拓展延伸农业生产产业链条，培育各环节农产品品牌，提升农产品质量，增强农产品国际竞争力，促进农民专业合作社等农业组织规范化发展，加强管理，支持有条件的组织扩大规模，扩展服务覆盖面积和增加服务业务品种，为农业生产经营提供更有效服务。

（二）深化农村集体土地产权制度改革，推进市场化发展，释放农村经济新活力

我国应进一步推进农村产权制度改革，对农业经营土地、农村宅基地、集体土地以及集体资产进行产权界定，推进农村市场化发展，完善农村经济社会发展的产权激励机制，让农村资源和农产品以正常的市场价格交易。具体完善措施包括：①进一步完善农业经营土地的不同功能产权界定，推动农地确权区域全覆盖，确保农地承包经营权的物权性质，为土地承包经营权的交易提供保障。目前，我国农地经营权已经可以以流转方式进行交易，在确权工作完成后，农地经营权可以作为银行抵押贷款的质押物，具有完整的物权性质。②尽快建立和完善农村宅基地的退出和交易机制，为农村转移人口的市民化提供交易市场，为农民获得公正的财产性收入提供有效保障。我国农村宅基地存在大量闲置资源，由于交易机制缺乏，市场交易价格偏低，农民一般不愿意进行交易，即使已经市民化的农民，仍保留着农村宅基地，不利于农村土地资源整合和提高土地配置效率。③尽快进行集体土地及集体资产的产权制度改革，进一步明确集体产权主体范围，建立市场化交易机制，使集体成员能够获得正常的产权收益。

（三）提高支农政策体系精准性，完善政策实施管理机制，提升城乡一体化发展水平

我国应分类形成针对不同农业经营主体的支农政策体系，提高政策精准性，按照政策目标，制定详细的政策实施管理机制，提高政策执行效率。具体完善建议包括：支农政策应紧紧围绕提高农业发展质量这一核心目标，推动农业由增产导向转向提质导向。推进特色农产品优势区创建，建设现代农业产业园、农业科技园。加强农业投入品和农产品质量安全追溯体系建设，健全农产品质量和食品安全监管体制。财政支农资金方面，建立稳定的增长机制，并优化财政支农资金的横向、纵向结构，发挥财政资金杠杆作用，如大力增强农村科技研发投入强度，加强农业科技自主创新能力。构建联动性信息服务平台，集成农业技术服务体系不同环节主体的需求与供给，打通农业技术研发、推广及运用之间的环节，形成联动反馈机制，即：农业技术研发机构能及时获取农民的技术需求进行研发，农业技术服务组织能够及时为农民提供技术指导、培训等服务，并推广新的研发技术，使农民能够主动运用新技术，不断提升自身的农业经营能力。加强农村社会保障体系管理，使各项农村社会保障运行机制规范化、透明化，提升农村社会保障体系效率，提高农村社会福利，加快农村社会保障体系与城市社会保障体系接轨，为城乡一体化发展提供有利条件。

（中国国际经济交流中心　王　婧）

稳外贸是当前抵抗外部风险的重要抓手

2018年我国外贸总体增长，但新的一年外部环境充满不确定性。全球经济面临下行压力，中美贸易摩擦对亚太地区生产网络已造成一定冲击。但中国经济发展韧性较强，回旋余地大。短期内，美国加征关税的做法会抬升中国制造产品的出口成本，但中美经济的互补性决定了中美经贸不可能完全脱钩。当前，中国积极采取稳就业、稳金融、稳外贸、稳外资、稳投资、稳预期等系列政策，中美两国也在积极磋商以期达成双方满意的结果。总体上看，中国外贸形势仍会延续平稳发展势头。

一 2018年中国外贸稳中向好

2018年，全球贸易形势严峻，但中国外贸增长较快，贸易空间扩大，高标准自贸区建设取得新进展，贸易方式面临新变革，中国外贸稳中向好态势得到进一步巩固，中国外贸稳定来自中国政府的战略定力和前瞻性政策调整。

（一）中国外贸增长较快

2018年贸易保护主义增强，中美贸易摩擦不断升级，全球贸易受到冲击。世界贸易组织（WTO）最新预测下调了2018年和2019年全球商品贸易增速，WTO预测2018年全球贸易增速3.9%，低于4月预测的 4.4%；预测 2019 年全球贸易增速为 3.7%，低于此前的 4.0%。

2018 年中国外贸稳中向好态势进一步巩固。2018 年，中国外贸进出口同比增长 9.7%，好于 2008 年国际金融危机时期 7.8% 的增长。主要原因在于：中国经济保持平稳增长，带动大宗商品和消费品进口需求增长；政府出台的一系列政策落实到位，释放了外贸增长潜力；进出口企业加快调结构，提高了自主创新能力和产品附加价值，增强了国际竞争力。

尽管中美贸易摩擦有所加剧，但中国对美双边贸易额不降反升。2018 年，中国对美出口 4784.2 亿美元，增长 11.3%，贸易顺差扩大。这说明美国市场对中国市场有强劲需求，尽管有赶单加税因素，但归根结底是市场需求导致。

（二）中国贸易空间扩大

在贸易环境恶化背景下，中国的贸易空间并没有缩小而是在扩大，国际市场多元化日益加强。近年来，中国加强与共建“一带一路”国家贸易往来，2018 年，中国对共建“一带一路”国家进出口增长 13.3%，较外贸总体增速高 3.6 个百分点，占外贸总值的比重为 27.4%。中国在巩固传统市场的同时，对新兴和发展中市场出口保持较快增长。2018 年，我对东盟、金砖国家出口分别增长 14.2% 和 12.9%。中国与非洲、北美洲和南美洲等国家和地区的合作也在不断深化。目前，中国已经成为世界第一大货物贸易国和 130 多个国家的主要贸易伙伴。与日本从原来的“政冷经冷”，随着现在政治外交关系转暖，经贸关系得到稳步发展。韩国也是如此。

（三）高标准自贸区建设取得新进展

中国积极推动面向全球的高标准自贸区建设。近年来，从顶层设计到积极推动，中国在自贸区建设方面取得了显著成绩。截至 2018 年底，中国已与 24 个国家和地区签署了 16 个自贸协定。中国积极推进区域全面经济伙伴关系（RCEP）谈判，推进中日韩自贸协定谈判，积极促动与英国、加拿大等发达国家的自贸协定谈判，努力构建高质量和面向全球的自贸协定网络。

（四）贸易方式的新变革

中国大批外贸企业主动适应外贸新形势和市场多元化需求，不断探索外贸新业态、新模式，跨境电商、市场采购贸易在连续两年高速增长的基础上，2018 年继续保持快速增长，成为外贸增长的新亮点。目前，中国共有 37 个跨境电商试点城市。2018 年通过海关跨境电子商务管理平台零售进出口商品总额 1347 亿元，增长 50%，其中出口 561.2 亿元，增长 67%，进口 785.8 亿元，增长 39.8%。外贸新动力培育初显成效。

当前，中国贸易是面向未来、面向全球、面向更多的贸易伙伴，而美国则是实施贸易保护主义。实际上，我们正在有效防控中美贸易摩擦带来的风险，开拓更多更广阔的市场空间。

（五）相关部门前瞻性地做出了政策调整

出口政策方面，2018 年中国两次调整出口退税率，按不同商品、不同行业逐步进行，明确了出口退税的时间表和路线图，简化相关手续，提高退税审核效率。扩大进口政策方面，2018 年出台了多项促进进口的措施，对中国进口起到了推动作用。2018 年中国进口数量同比扩大了 6.4%，进口数量的扩张对同期中国进口值增长的贡献率为 51.2%。同时，进口价格总水平同比上涨了 6.1%。完善外贸发展政策环境方面，以“一带一路”合作为契机，加强了政策沟通、设施联通、贸易畅通、资金融通、民心相通，为中国与相关国家贸易投资合作开拓了新的空间。

二　稳外贸是抵御当前外部风险的重要抓手

2019 年，中国外贸发展最大的隐忧仍是复杂严峻的外部环境，国际贸易环境不稳定性和不确定性因素有所增加，面临美国单边主义和贸易霸凌主义带来的风险、国际规则重构、中美贸易争端长期化、贸易争端对地区生产网络的冲击等新的挑战和问题，必须高度重视，积极应对。稳外贸是抵抗外部风险的有力措施。

（一）积极参与国际贸易规则改革

积极推动 WTO 改革。WTO 始终是中国推动贸易自由化和便利化的重要平台。当前西方的 WTO 改革方案企图孤立中国。如何使 WTO 改革从对抗转向合作，中国已经提出了“三个基本原则和五点主张”的中国方案。在此框架下，加强与日本和欧盟在多边经贸规则谈判上的合作，就 WTO 相关规则修改问题做好美国工作，让 WTO 新规则制定中反映我国和广大发展中国家权益和共建人类命运共同体的诉求，对美方关注的国有企业、产业补贴等具体议题，正面回应，有的要通过改革予以解决，有的要坚守底线。

（二）从容应对贸易争端升级

当前特朗普政府出尔反尔的贸易政策已失信于世人，即便在美国内部也引发诸多不满。在此情形下，我们应坚持“打谈结合”“以谈促和”的态度。继续降低主要商品关税，扩大短缺商品的进口，如结合谈判过程进口美国优质农产品和能源产品；同时有针对性地采取反制措施。做到有效管控分歧、斗而不破，努力实现我国根本利益和长远利益最大化。

（三）继续实行市场多元化战略

坚持多边贸易体制，拓展多元化贸易渠道。在美国对欧盟、日本等盟国同样实施关税壁垒时，应通过 WTO 等多边机制积极应对，加强与欧盟、日韩等其他主要贸易伙伴高层磋商，共同寻找缓解美国贸易保护压力的办法，努力扭转贸易保护主义的趋势，反对多边主义。同时，携手欧盟、东盟和日韩等主要贸易伙伴，维护以规则为基础的多边贸易体制，加快推进双边或多边自贸协定谈判，稳固提升中欧、中日、中韩等双边贸易规模。以“一带一路”为载体拓宽国际市场，在

“一带一路”框架下，推进中国与亚非拉等地区经济合作，进一步深挖贸易畅通的潜力，提高与新兴经济国家的贸易份额。

（四）面向未来大力推动E国际贸易发展

面向未来，推动下一代贸易方式——E国际贸易的发展。一是充分利用中国跨境电商先发优势，进一步扩大跨境电子商务试点，加快跨境电商等新业态新模式发展，提高开放水平，促进外贸进出口稳定增长和新动能成长。二是从战略上高度重视和推动E国际贸易的发展，建立健全适合跨境电子商务向E国际贸易顺利转型的电子监管体系、税收监管方式、电子通关系统和金融支持政策等，形成中国经验、中国模式和中国方案。三是主动和WTO、国际海关组织等国际组织交流，争取多个国家和国际组织对中国方案的支持，逐步推动中国E国际贸易标准成为国际准则，增强中国在全球贸易规则制定中的主动权。

（五）强化竞争性政策的基础性地位

适时调整相关的补贴和市场限制的产业政策。借鉴美国等国家的产业政策，通过税收减免等措施补贴到技术研发领域，避免某些类别的补贴政策授人以柄。在进一步放宽市场准入的同时，加强对知识产权、劳动者权益的保护，强化市场公平竞争，实行内外资企业一视同仁政策和投资准入管理制度，着力建设符合国际规范的高水平营商环境。

（中国国际经济交流中心　逯新红　刘向东）

新中国 70 年经济社会发展回顾与思考

新中国成立 70 年贯穿着一条红线是：把马克思主义普遍真理同中国的具体实践结合起来，走自己的路，建设中国特色的社会主义。

一　新中国 70 年经济社会发展回顾

中华人民共和国的成立，彻底结束了帝国主义、封建主义和官僚资本主义的反动统治，中国人民真正地站立起来了，中国历史开辟了国家统一、民族独立、人民解放和社会稳定的新纪元。这为当代中国一切发展进步奠定了根本政治前提；为实现国家富强和人民幸福，实现中华民族伟大复兴，开辟了广阔的道路。

新中国所继承的是一个长期战乱破坏严重、经济贫穷落后、民不聊生的烂摊子。经过全国人民三年的艰苦奋斗，遭受长期战争严重破坏的国民经济得到全面恢复。1953 年，党中央提出了过渡时期总路线，建立了基本政治制度；到 1956 年基本完成了“三大”改造，社会主义经济制度基本确立，成功实现了中国历史上最深刻最伟大的社会变革。1957 年到 1978 年，中国共产党领导全国人民进行了全面的大规模的社会主义建设，对适合中国国情的社会主义建设道路进行了艰辛探索。这段社会主义革命和建设历程，虽然跌宕起伏，几经坎坷，但社会主义建设取得的巨大成就是主要的。这一历史时期我国初步建立和发展了社会主义制度，为社会主义发展奠定了基本制度基础，建立和形成了比较完整的工业体系和国民经济体系，为中国社会主义现代化建设提供了重要物质基础。正确处理国际国内关系，原子弹、导弹核武器、卫星等国防科技以及民用科技实现了重大突破；中美关系改善，中国在联合国合法席位得以恢复，为改革开放创造了良好的国内外环境，奠定了坚实的基础。

1978 年 12 月，党的十一届三中全会召开，确定党和国家工作重心从以阶级斗争为纲转到以经济建设为中心，实行改革开放，开启了社会主义建设新时期。党的十二大提出建设有中国特色社会主义的重大命题和“小康”战略目标，改革开放由此全面铺开。党的十三大确立了党在社会主义初级阶段的基本路线，确定了“三步走”战略，创造性地提出“一国两制”伟大构想。这个时期的根本成就是成功开创了中国特色社会主义。

党的十四大后，根据党的十四届三中全会确定的建立社会主义市场经济体制基本框架的要求，党中央对财政、税收、金融、外汇、计划和投融资体制进行系统改革，成功应对了 1998 年亚洲金融危机。党的十五大把“邓小平理论”确立为党的指导思想，确立了公有制为主体、多种所有制经济共同发展的社会主义初级阶段的基本经济制度，提出了新“三步走”发展战略。同时，香港、澳门相继回归祖国。2001 年我国加入世界贸易组织（WTO）。党中央创立了“三个代表”重要思想。这一时期的根本成就是成功把中国特色社会主义推向 21 世纪。

党的十六大后，中国进入全面建设小康社会、加快推进社会主义现代化的发展新阶段。在前期改革扎实推进的基础上，中国经济经历了前所未有的高速增长。党中央提出科学发展观的重大战略思想，提出构建社会主义和谐社会战略目标。加强全面建设小康社会新部署。果断实施一系列宏观经济政策，有效应对 2008 年国际金融危机。这个时期的根本成就是在新的历史起点上坚持和发展了中国特色社会主义。

党的十八大以来，以习近平同志为核心的党中央带领全国各族人民，统筹推进“五位一体”总体布局、协调推进“四个全面”战略布局，全面推进改革开放和社会主义现代化建设事业，取得了历史性成就，党和国家事业发生历史性变革，中国特色社会主义进入了新时代。面对国际国内环境变化，党中央坚持稳中求进工作总基调，坚定贯彻新发展理念，深入推进供给侧结构性改革，转变发展方式，保持经济中高速增长，不断优化经济结构，提升发展质量和效益。进一步推进创新型国家建设，大力推进生态文明建设，推动实施乡村振兴战略、区域协调发展战略。蹄疾步稳推进全面深化改革，健全开放型经济新体制。积极部署打好三大攻坚战。全面推进中国特色大国外交。全面加强党的领导和党的建设，扭转了管党治党“宽松软”状况。党的十九大报告宣布决胜全面建成小康社会，开启全面建设社会主义现代化国家新征程。这个时期的根本成就是把习近平新时代中国特色社会主义思想确立为党和国家必须长期坚持的指导思想。

二　新中国70年经济社会发展思考

新中国70年来，中国共产党领导全国各族人民不断战胜各种挑战，经受各种考验，走过了极不平凡的历程，经济社会发展取得了举世瞩目的伟大成就，也积累了十分丰富的经验，从中可以得到许多宝贵启示。

一是必须坚持和加强党的全面领导。没有共产党就没有新中国，没有共产党就没有新中国70年的一切成就。中国特色社会主义最本质的特征是中国共产党领导，中国特色社会主义制度的最大优势是中国共产党领导。中国特色社会主义进入新时代，我们党肩负着领导全国人民实现中华民族伟大复兴的历史重任，必须以勇于革命的精神打造和锤炼自己，不断增强自我净化、自我完善、自我革新、自我提高能力，确保党在世界形势深刻变化的历史进程中始终走在时代前列，在应对国内外各种风险和考验的历史进程中始终成为全国人民的主心骨，在坚持和发展中国特色社会主义的历史进程中始终成为坚强领导核心。

二是必须坚持和发展中国特色社会主义。新中国成立70年来，中国共产党坚持把马克思主义普遍真理同中国具体实际相结合，在社会主义革命和建设特别是改革开放伟大实践中，形成了中国特色社会主义道路、理论、制度、文化。中国特色社会主义是党和人民历尽千辛万苦、付出巨大代价取得的根本成就。历史和现实告诉我们，只有社会主义才能救中国，只有中国特色社会主义才能发展中国，这是历史的结论、人民的选择。中国特色社会主义进入新时代，我们比历史上任何时期更加接近、更有信心和能力实现中华民族伟大复兴的目标，也需要付出更为艰巨、更为艰苦的努力，必须高举习近平新时代中国特色社会主义思想伟大旗帜，更加自觉地增强“四个自信”，始终坚持和发展中国特色社会主义。

三是必须坚持从社会主义初级阶段的基本国情出发。这是70年来经济和社会发展中的最大经验教训。从我国基本国情出发，科学分析和清醒把握我国社会主要矛盾及其客观要求，并把它作为我们党制定基本路线、方针、政策的理论基础。习近平总书记在党的十九大报告中对当前和今后我国社会主要矛盾做出与时俱进的新判断，指出“我国社会主要矛盾已经转化为人民日益增长的美好生活需要和不平衡不充分的发展之间的矛盾”。他同时指出，“我国仍处于并将长期处于社会主义初级阶段的基本国情没有变，我国是世界上最大发展中国家的国际地位没有变”。我国发展不平衡不充分，人均收入仍未达到全球平均水平；资源相对不足，生态环境承载能力弱；随着老龄社会到来，面临更高的劳动力成本；耕地总量也逐年减少，土地成本上升；基础创新不足。这都是我国发展面临的挑战。我们必须有强大的战略定力，坚持从现阶段的基本国情出发，集中精力办好自己的事，不断为我们赢得主动、赢得优势、赢得未来打下更加坚实的基础。

四是必须坚持以人民为中心的发展思想。作为一个以马克思主义为指导的无产阶级政党，中国共产党从成立之日起，就把人民利益至上作为自己的核心价值追求。在革命、建设、改革各个历史时期，我们党都始终坚持紧紧依靠人民，坚持人民主体地位。人民群众始终是推动社会主义建设事业、改革与发展的生力军。今后，我们必须始终把人民对美好生活的向往作为我们的奋斗目标，着力解决人民群众所需所急所盼，让全体人民共享经济、政治、文化、社会、生态等各方面发展成果，不断促进人的全面发展、全体人民共同富裕。

五是必须坚持全面深化改革开放。历史证明，改革开放是党和人民大踏步赶上时代的重要法宝，是决定当代中国命运的关键一招，也是决定实现"两个一百年"奋斗目标、实现中华民族伟大复兴的关键一招。改革是推动经济社会发展的根本动力。改革开放只有进行时，没有完成时。现在仍处于攻坚克难阶段。在新时代推进经济和社会发展必须坚持以改革开放为动力，把坚持以经济建设为中心同坚持四项基本原则、坚持改革开放这两个基本点统一于新时代中国特色社会主义伟大实践中，长期坚持、绝不动摇。

六是必须坚持稳中求进工作总基调。这是新中国70年经济工作正反两方面经验的深刻总结。党的十八大以后，党中央提出并强调经济进入新常态、切实转变发展方式，提出并强调贯彻新发展理念，提出并强调贯彻"稳中求进"工作总基调，使经济建设和社会发展进入良性循环状态。我们必须认真总结这些年的成功经验，坚持稳中求进、高质量发展。只有贯彻落实新发展理念，不断夯实高质量发展基础，才能行稳致远。只有稳中求进，才能保证我国改革开放有序推进，实现经济社会健康稳定持续发展。

七是必须坚持独立自主、自力更生、艰苦奋斗。新中国70年实践充分证明，坚持走独立自主道路，坚持自力更生、艰苦奋斗方针，是新中国70年从胜利走向胜利的重要法宝，体现了中华民族自强不息、不屈不挠的民族精神。在新的历史条件下，全面建设社会主义现代化强国，是一项长期艰巨的历史任务。只有继续坚持独立自主，发扬自力更生、艰苦奋斗精神，砥砺前行，才能在世界百年未有之大变局中，争取主动，更好推进社会主义现代化强国建设。

八是必须坚持处理好改革发展稳定的关系。习近平总书记指出，必须坚持辩证唯物主义和历史唯物主义世界观和方法论，正确处理改革发展稳定关系。这是对中国共产党人以马克思主义指导中国革命、建设、改革开放的成功经验总结。正是因为我们始终坚持辩证唯物主义和历史唯物主义，坚持发展是目的、改革是动力、稳定是基础，正确处理改革发展稳定关系，在 70 年经济社会发展过程中，始终保持了大局的稳定。在今后建设社会主义现代化国家过程中，必须坚持正确处理改革发展稳定关系，使三者相互协调、相互促进。

70 年砥砺奋进、春华秋实。面对世界百年未有之大变局和中华民族伟大复兴的战略全局，我国发展仍处于并将长期处于重要战略机遇期，但我国维护和延长战略机遇期的成本与难度在增加。同时，全球处在进入第四次工业革命的关键时期，与历史不同的是，中国同西方发达国家基本站到了同一起跑线上，这给我国经济科技发展带来了重大机遇。从国内来看，我国发展正处于实现“两个一百年”奋斗目标的历史交汇期和爬坡过坎的关键阶段，所面临的问题和矛盾之多是前所未有的，我国已经开启全面建设社会主义现代化国家新征程，要全面贯彻落实党的十九大战略部署。加快建设现代化经济体系，推动高质量发展；继续深化国有企业改革开放创新，进一步鼓励、支持和引导非公有制经济健康发展；全面深化科技体制改革和创新，建设好创新型国家；实施好乡村振兴战略，统筹推进城乡融合发展，实施好区域协调发展战略；要处理好经济转型中出现的各种各样的矛盾，包括在全球经济转型过程中，积极融入全球产业链、供应链和价值链，要坚持创新和完善宏观调控体系，健全各种政策协调机制，建设现代化经济治理体系；进一步健全有利于促进公平效率的财税制度；建设现代化金融体系；不断提高对外开放水平，加快形成全面开放新格局；着力提高全民素质，加大人力资本投资，促进人的全面发展和社会全面进步；更好地改善和保障民生，加强和创新社会治理；完善生态文明建设体系，建设好美丽中国；提高文化软实力；推动构建人类命运共同体。

在新的历史条件下发展中国特色社会主义、全面建设社会主义现代化强大国家，是一项长期艰巨的历史任务，我们必须始终保持清醒头脑，牢记基本国情，把握社会主要矛盾变化，遵循经济规律和社会发展规律，既不能妄自菲薄、自甘落后，也不能妄自尊大、急于求成，更不能犯颠覆性错误。要坚定不移、始终全面贯彻党的基本理论、基本路线、基本方略，大力弘扬自力更生、艰苦奋斗精神，居安思危、戒骄戒躁、迎难而上、积极奋斗、扎实工作。继续向着全面建设社会主义现代化国家的奋斗目标进发，继续向着中华民族伟大复兴的中国梦进发，继续向着构建人类命运共同体的美好前景进发，不断谱写新时代中国特色社会主义事业新篇章。

（中国国际经济交流中心　王宪磊　李　娣）

国有企业补贴及相关产业政策的国际实践与启示

近年来，一些发达经济体对我国产业补贴政策和国有企业的补贴多有指责，认为其扭曲了市场，造成不公平竞争。但从这些国家的经济发展和政策来看，国有企业补贴及相关的产业政策也是普遍存在的，但在具体补贴方式和政策实践上与我国的实际情况不同。考察这些国家的国有企业补贴及相关产业政策的实践，一方面有助于我们了解发达国家在这方面的具体实践，借鉴相关经验深入推进国有企业改革和有关产业政策的完善；另一方面，有助于我们更好地理解国际规则，更好地融入国际社会，履行大国责任。

一 主要发达国家对国有企业的补贴及相关产业政策

美国的国有企业一般称为联邦公司，仅存在于市场机制难以正常发挥功能的领域，大部分是非竞争性领域，以弥补市场失灵，实现公共政策目标。美国联邦公司一般由联邦政府全部或部分拥有和控制或者虽非联邦政府拥有，但由联邦政府资助并受其控制或监督的组织。联邦公司在公共事业领域有田纳西河流域管理局、美国铁路客运服务公司等；在垄断专营性领域有美国邮政服务公司、美国造币局等；在政策性金融领域有联邦住房抵押贷款公司（房地美）、联邦全国抵押协会（房利美）等。这些公司采取私人组织形式，主要从事商业性活动，同时也履行政府公共职能，也是独立经营的企业法人组织。

德国国有企业由德文直译为公共企业，由德国各级政府拥有或管理，体现了其成立是基于公共需求提供公共产品和服务的理念，不以财务收益为目的。德国的国有企业所有者包括联邦、州、市、乡等各级政府机构，联邦政府所有的企业主要涉及垄断性和基础性企业，如德国联邦铁路公司、联邦印刷所等。16个联邦州政府主要通过全资、控股和参股方式对民生供给、能源、重要的制造业企业进行管理，例如大众汽车公司、国家瓷器制造厂等。市政府主要管理公共设施和服务类企业，如地方屠宰场等。德国对国有企业的财政补贴范围较广，不仅包括给予投资、信贷补助，而且还有抵偿联邦铁路经营中的政策性亏损、为国有企业提供环境保护投资的补贴和税收优惠等措施。

日本的国有企业被称为“公企业”。“公企业”在日本的崛起过程中起到了重要作用，其主要依靠政权的力量，通过政府直接兴办有关国计民生的企业，促进日本国有经济获得迅速发展。从产业政策发展的角度来看，日本的国有企业作为私企补充，包括经营类国有企业的日本电报电话公司、日本邮政公社、日本烟草公司等，在经济运行过程中发挥“公共性”作用。日本国内对国有企业的补贴及相应的改革也始终坚持确保其“公共性”原则。

北欧国家的国有企业在其国民经济中起着举足轻重的作用。北欧国家的国有企业必须完全平等地参与市场竞争，法律严格规定政府和官员不得直接干预企业的生产经营活动，国有企业管理局派出董事会代表，通过董事会参与和决策企业的重大事项，一些较为有名的经营性国有企业有挪威国家石油公司、挪威国家电网公司、瑞典大瀑布能源公司、瑞典邮政公司等。对国有企业的补贴也从直接补贴转变为创造良好的外部条件，并配套相应的产业发展政策，如建造先进的交通通信等基础设施，创造良好的研究开发条件，让企业自由发展。同时，也关闭了一些不具备市场竞争优势的老旧国有企业，使得新的企业和新的有竞争力的产品也发展了。

二　对制造业领域的重点产业补贴是西方各国的普遍做法

一个国家的产业政策是否合理在学界和政界历来存在一定的争议，但不可否认的是无论是美国、欧洲还是日本和韩国都有指向清晰的产业政策。发达国家的经验告诉我们，一个国家在国际产业竞争格局中依据本国实际情况科学设计并正确实施的产业政策是其获得成功的关键。金融危机之后美国等发达国家均提出了“再工业化”的新型国家经济战略，并配套了措施完备的产业政策。但国有企业在其中所扮演的角色应当依国别而论。德国、瑞典以及本文未提及的法国（例如空中客车公司）等欧洲国家的国有企业，在“再工业化”过程中发挥着不可替代的作用；美国主要通过政府采购和研发资金投入对“再工业化”的制造业领域内的私人企业进行支持。

（一）发达国家对制造业的支持以产业政策为核心

发达国家支持实体产业的普遍经验是：制定适合本国的产业政策，在相关配套机制和法律法规的保障下，通过市场化的资源配置方式，促进资金向这些产业流动，不断培育并壮大这些产业。金融危机后这些国家明确新兴产业发展重点，推动相关领域的技术突破，加快培育新的经济增长点，在促进经济复苏的同时努力抢占全球科技产业竞争制高点、培育新动能，纷纷出台国家层面的新兴产业发展战略。

（二）工业制造领域企业的做大做强是经济发展的基础

德国与瑞典、丹麦和挪威等北欧三国是实体经济发展较好，且经济与社会保持健康、持续、稳健发展的代表，这几个国家的经济发展政策都是围绕着工业制造领域而开展，国有企业在其中扮演着重要角色。美国目前正在实施“再工业化”战略，在2009年、2011年和2015年出台的三个版本的《美国创新战略》中，先进制造业都被作为优先发展领域，均通过资金扶持、政府采购等方式持续推进这些领域的技术突破和产业发展。日本20世纪90年代之前存在经济过度虚拟化的现象，但由于在制造业领域的技术积累和创新能力，目前实体经济仍具备较强竞争力。

（三）通过营造良好的营商环境为工业制造领域发展提供重要支撑

一是有完善制度与法律环境。美国《美国复苏和再投资法案》和《制造业促进法案》推进了美国实体经济回归；德国《国家高技术战略2020》推动“工业4.0”战略落实到具体实施计划。二是完善的基础设施是实体经济发展的重要组成部分，也是加快实体经济发展的“润滑剂”。三是政府角色适应新的发展环境。金融危机后，发达国家开始重视构建创新型政府和社会环境，开始运用新思维、新方法支持实体经济发展。《美国创新战略（2015）》把创新型政府建设作为主题，通过正确的人才、创新思维和科技手段提供更好的服务。德国提出“创新德国”理想蓝图，政府激发每一个人的创新潜能，汇聚经济、科技、社会及政治各方力量，促进持久繁荣。

三　西方国家产业及国有企业补贴政策的启示

从政府与市场关系的处理来看，国有企业承担一定的公共服务，弥补市场失灵，对国有企业的亏损补贴和价格补贴作为产业政策的一项内容，在国际社会均普遍存在。当前国际社会对我国国有企业的补贴存在广泛质疑和批评，需要对照发达国家在国有企业的补贴对象、方式以及机制，为我国国有企业补贴方式的改革、提高补贴使用效率、减少贸易摩擦提供借鉴。

（一）制度环境尤其重要，国有企业的补贴需要立法先行

发达国家对国有企业的补贴通常要通过立法的形式确定，而较少依靠行政命令。这一方面可以激励国有企业很好地完成所承担的公共服务，并给企业形成稳定的预期；另一方面通过明确补贴的规模、申请程序、补贴方式等具体细则，从而避免实施过程中的随意性，减少寻租行为。

（二）金融危机后战略性新兴产业是补贴的重点领域

高技术产业和战略性新兴领域是发达国家产业补贴的重要领域，虽然这些领域较少存在国有企业，但会以承担公共服务的属性对这些企业实行与国有企业相类似的产业补贴。新兴产业的基础科学研究和共性技术具有公共物品的性质，因而会产生显著的正外部性，兼之新兴产业市场潜力巨大，直接影响一国产业竞争力，因此成为各国产业补贴政策的重点。产能过剩是新兴产业补贴的大忌，需要在现有经济条件下找到供给与需求的平衡，与之相关的是西方国家在《三方联合声明》对我国财政补贴产生严重产能过剩的方式进行了质疑。

（三）对国有企业的产业补贴主要采取普遍性补贴方式

发达国家对国有企业的产业补贴往往是普遍性的补贴，较多采用价格补贴的方式，即产业补贴只选定需要支持的产业，政府并不会替代市场选定被补贴的企业，也不帮助企业设定具体的技术路线。近年来，发达国家在光伏、风电新能源领域同样主要针对最终消费者进行直接补贴，而非重点支持新能源企业。通过政府投入引导新能源消费，加快终端市场形成，从而为新能源技术产业化发展提供市场支持。这些产业补贴政策不仅具有普遍性，而且也更加公平透明。

（四）金融危机后西方国家的国有经济成分有所增长，补贴力度增大

国际金融危机爆发后，发达国家重新审视实体经济的地位，美国等国家相继提出了“再工业化”战略，并对产业政策的作用进行反思，“去虚拟化”的思路引发了世界范围内产业政策应用新一轮热潮，主要发达国家纷纷加大对科技创新的投入、加快对新兴技术和产业发展的布局，抢占新一轮经济增长的战略制高点。在“再工业化”、“低碳经济”与“智慧地球”等新型国家经济战略推动下，发

达国家大力扶持以新能源、新材料、高端制造、网络信息、生物医药、航空航天等为代表的战略性新兴产业。在这些新兴领域，政府干预普遍有所增强。

（中国国际经济交流中心　梁云凤　郭迎锋）

WTO背景下宏微观联动完善财政补贴政策

加入世界贸易组织（WTO）以来，西方各经济体在获得我国入世带来经济正效益的同时，对我国发展中国家地位“质疑”和补贴政策“诟病”从未停止过，近两年尤甚。2019年7月，美国再次就发展中国家在WTO享受更优惠差别待遇发难，WTO改革辩论再掀高潮。此轮争议主要集中在发展中国家地位界定以及贸易公平问题，财政补贴政策再次成为诟病焦点。

一 财政补贴是宏观与微观的连接点

财政补贴始于拉丁语的“subsidium”，意为“援助、国家补助”。马克思在研究国民收入分配提高问题时，就已经体现出财政补贴思想。财政补贴作为政府参与经济活动的重要手段，有利于实现弥补“市场失灵”、产业扶持、促进就业、政策性亏损弥补、政治政绩以及区域经济协调发展等目标。从市场角度看，财政补贴是引导企业内生发展的重要手段之一，有利于带动企业增加创新投入。

财政补贴作为一种重要的经济资源转移方式，是政府宏观调控经济的重要手段之一，其产生作用的理论是基于经济学；另外，财政补贴作用的对象是企业，是市场中的微观经济主体，其经营业绩的评价主要依靠财务核算，财务核算主要依据的是市场的自主选择。所以，从宏观政策与微观管理的连接点处切入，进行对比分析对完善财政补贴政策更为有益。

二　微观管理视角下财政补贴存在的问题

从宏观上看，财政补贴基于经济学理论，属于转移支付范畴，其内涵主要侧重于政府补助企业的无偿性。从企业核算看，财政补贴没有权威性的概念界定，会计准则称为政府补助，是指企业从政府无偿取得货币性资产或非货币性资产，但不包括政府作为企业所有者投入的资本。在这一概念中，政府补助也有两个特征，即来源于政府的经济资源和无偿性。从这两个定义看，财政补贴都强调无偿性。

（一）财政补贴分类口径不一致带来的问题

通常的财政补贴是按照政府财政和宏观经济分类。按照用途分为生产补贴、生活补贴和其他补贴；按照目的分为价格补贴、企业亏损补贴、出口补贴、财政贴息、税收支出；按照生产循环环节分为生产环节补贴、流通环节补贴和消费环节补贴；按照授予方法分为直接补贴和间接补贴。

会计准则中将政府补助分为与资产相关的政府补助和与收益相关的政府补助两类。从企业获得补助的形式，会计准则认为政府补助包括财政拨款、财政贴息、税收返还以及无偿划拨非货币性资产四种形式。

对比分析可见，财政补贴分类侧重的是直接性带有专向性的补贴类型，这与使企业发挥市场主体地位的同时弥补其“市场失灵”的出发点相悖，容易误导企业偏离市场主体地位。

（二）财政补贴核算体制与会计准则不一致

首先，核算基础不一致。我国现行财政补贴预算与核算都在财政部门，补贴统一作为当期财政支出。而会计准则突出“实质重于形式”原则，对相关政府补助的会计处理规定详细，如在对资产相关的政府补助的处理上，会计准则规定可以选择总额法或净额法分别处理，并分别明确了两种方法下的具体处理意见。产生差异的主要原因在于核算基础不一致：财政资金的核算基础是收付实现制，企业核算基础是权责发生制。收付实现制侧重款项的收付结果，以收付作为核算标准。企业的核算基础是权责发生制，以“是否应该”作为核算标准。在不同的核算基础下，二者确认补贴的时间节点不一致。

其次，会计处理方法不一致。一是财政部门在核算中重点关注的是金额，企业更多关注点是项目。根据会计准则相关要求，政府补助有两种会计处理方法：总额法和净额法。在这一规定下，企业可以根据经济业务实质，判断某一类政府补助业务应当采用总额法还是净额法。这一规定给企业核算留有的选择空间比较大，自由度也有所提高。而财政部门的资金核算只到功能分类层次上，所以只能以金额作为核算的重要指标，历来评价财政补贴时也都以补贴金额作为一项重要指标。二是财政部门在核算中关注的是补贴发放同时及以前，而企业关注的是发放确认及以后。在实务中，很多企业会选择总额法核算政府补助，并被要求按照权责发生制符合政府补助确认的条件下才可以确认为收益，这就导致财政部门此前已经支出的财政补贴在企业中是分次甚至是跨年度被确认。三是披露事项不完善。当前财政部门披露财政补贴的信息时一般都是在当年度的财政支出项目中列出，而统计的方式多按照支出项目笼统表述，如果站在财政部门角度确认时，其披露方式没有问题，分类完整，数据也比较齐全。而根据 2017 年新准则对政府补助的披露要求，企业应当在财务报表中对政府补助项目披露补助的金额、种类、计入当期损益的金额、本期返还金额及原因等事项，从披露事项上比财政部门的事项要更具体、更详细。

会计准则要求披露的事项及金额与财政部门披露的事项及金额无法统一，导致对财政补贴在支出方和获得方的数据较难衡量对比。在这种条件下，信息使用者也难以掌握企业的客观发展情况，会影响社会资本进入企业的积极性，财政补贴的引导带动效果会打折扣。

三　宏微联动完善财政补贴的对策

第一，按照国际准则要求界定财政补贴。WTO 对财政补贴的界定侧重的是来源于政府的资源，而非无偿性，而我国对财政补贴认定恰恰强调的是无偿性。建议对财政补贴重新界定，尽量强调来自政府的资源，避免无偿性。将政府补助与政府资本性投入、政府采购等交易行为进行明确区分。补助来源于政府，但不一定由政府直接提供，应当依据实质重于形式的原则进行判断；补助对象为受益企业，因此针对用户的节能补贴等不应确认为企业的政府补助。

第二，规避“公共性”和“公共机构”的认定，强调市场化运营。带有国资背景的机构、基金在制度、章程中要避免出现被认定为公共机构的条款，而且运营方式要尽量与市场接轨。使补贴尽量贴近不可诉补贴，即研发补贴、环保补贴以及落后地区补贴等。政府公共政策采购，采用商业合同形式，以市场化手段替代补贴，比直接补贴更有效。

第三，调整完善财政补贴分类标准，降低专项性，强调竞争性、非歧视性、一般性。现行财政补贴的分类标准繁多，项目种类复杂，更多地具有专向性的特点。建议补贴范围应向公平竞争方向改革，即强调普遍适用性，不仅要避免法律范围上的专向性，也要避免事实上的专向性。尽量降低对特定产业的强调，不能针对特定企业量身打造，要关注某一领域或生产方式，比如，绿色制造、智能制造、工业互联网等可以较好地规避专项性。如果是特定产业的补贴，需要有一个透明的客观标准，申请是公开的，面向对象不在资格上做太多设定。采用通行做法，各国普遍采用的科学研发、环境保护、国防、中小企业方面的补贴可以借鉴。

第四，调整补贴结构，补贴重点从支持生产环节转向支持研发环节。为企业提供的补贴应重点支持研究开发领域，重点支持基础研究、竞争前技术的研发活动。从政府购买产品向政府购买服务转变，这是发达国家常采取的补贴方式。改变政绩观，真正从产业持续健康发展的角度制定政策。

第五，控制补贴规模，加强制度建设。全面统计各级财政对于企业财政补贴的情况，审计部门则应对统计数据进行核实。加快制定相应法规，控制各级政府对于企业财政补贴的规模以及财政补贴在财政支出中所占的比重。明确部委及地方政府财政直接补贴项目的范围、方式及名目，并严格财政直接补贴资金的管理。各级政府部门应加强对补贴政策 WTO 合规性的审查。

第六，完善会计准则，进一步明确会计准则中政府补助的概念和适用范围。协调财政核算体系下与会计准则体系下收付实现制与权责发生制的矛盾。明确资产相关和收益相关政府补助的区分。进一步细化政府补助的划分标准，引导企业在分类时从以批复文件本身为依据向以政策目的为依据转化。建议对政府补助会计信息的披露严格要求，在完善会计准则过程中对披露要求进一步细化，对于政府补助的性质、确认条件、会计处理方法和划分标准等事项分别披露，结合不同性质政府补助的实际情况，以信息使用者和监管部门需求为导向制定详尽的披露标准，并落实在会计准则的具体条文中。

（中国国际经济交流中心　梁云凤）

产业创新

中国氢能产业发展态势及建议

一　我国氢能产业发展风起云涌

从国家层面，2019 年政府工作报告根据多方面意见，最终将推动加氢设施建设增写入报告；10 月 11 日国家能源委会议提出探索推进氢能商业化路径。从地方层面，目前已有 20 多个省区市出台氢能产业发展规划，例如，河北省 2019 年 8 月由发改、工信、科技、财政等 10 部门发布《河北省氢能产业发展实施意见》的通知，提出到 2022 年氢能产业链年产值 150 亿元，建 20 座加氢站，车辆达 2500 辆；到 2025 年产值达 500 亿元，建 50 座加氢站，车辆拥有达 1 万辆。珠三角、长三角、京津冀、山东等地初步实现小规模示范应用，形成几大产业领先发展区域。2018 年 2 月，国家能源集团牵头，联合多家机构成立了跨行业国家级产业联盟——中国氢能联盟，2018 年被许多人称为中国氢能元年。

根据中国氢能联盟 6 个月前发布的《中国氢能源及燃料电池产业白皮书》及中汽协、汽车工程学会等单位的资料，全球燃料电池电堆 2018 年出货 80 万千瓦（2017 年为 67 万千瓦），其中移动式 56 万千瓦、固定式 24 万千瓦。至 2018 年末，全球燃料电池装机 209 万千瓦，燃料电池车累计销量约 1.4 万辆，以日本丰田、本田为主的乘用车销量近1万辆。加氢站全球共370座，其中欧洲150座，北美80座，日本108座。据韩国汽车产业协会（KAMA）数据，2019年1~10月，韩国现代公司氢能车销量3207辆，同比增长576%，超过日本丰田公司居世界第一；预计全年销量可近3700辆，占全球比重超过50%。中国燃料电池汽车销量累计约2000辆，其中物流车和公交车各1000辆；2018年共销售约1000辆，电堆功率5.1万千瓦（为全球出货量80万千瓦的6.4%），年末运营加氢站23座；2019年1~11月约生产1400辆。这些反映了全球及中国的氢能产业发展进入起步阶段，需要及时对我国氢能产业进行科学定位和系统谋划。

二 氢能产业发展面临问题

一是国家层面缺乏统筹规划，对于氢能的定位尚不明晰。目前氢按危险化学品管理，如果将氢能纳入能源体系管理，需要对相关的政策体系、技术标准等进行调整；比较紧迫的是加氢站建设管理问题，目前主要是各地自己探索，今后需要国家层面推出统一规范的措施。

二是关键核心技术设备与国际先进水平差距较大，自主创新能力较弱（见表1）。氢能产业发展需重视制、储、运、加注、燃料电池制造等全产业链各环节的自主化能力与水平提升。当然，也应根据优势互补、互利共赢的原则，开展氢能及燃料电池的国际合作。

表1 我国氢能相关技术指标与世界先进水平的对比

	中国	世界先进
体积功率密度	1.8kW/L	3.1kW/L
铂催化剂	0.4g/kW	0.2g/kW
运氢长管拖车	20Mpa/300kg	45Mpa/700kg

三是高成本问题。佛山市南海区公示2019年燃料电池车采购项目中标候选人,4个企业共中标386辆车，单车均价为188万元，合计7.28

亿元。成本高与产业链相关环节核心技术和装备材料的进口依赖有很大关系，也与氢能供应来源有很大关系。高成本是产业发展的重要制约，政府不会对某一行业进行长期补贴，所以这次国家能源委会议提出探索氢能商业化路径应引起高度重视（见表2）。

表2 成本对比

<table>
<tr><td>车辆制造成本（以物流车为例）</td><td>燃油车（3吨）约11万元</td><td>纯电动车（3吨）约20万元</td><td>燃料电池车（3.5吨）约80万元</td><td></td></tr>
<tr><td rowspan="2">燃料成本</td><td>煤制氢
10元/kg</td><td rowspan="2">运输费用（150公里运输半径）
20元/kg</td><td rowspan="2">加注费用10元/kg</td><td rowspan="2">小计
40~50元/kg</td></tr>
<tr><td>电制氢（0.3元/度）
20元/kg</td></tr>
</table>

注：1kg氢的热量值与3kg92#汽油（3kg92#汽油=4L）相当，目前北京92#汽油价格为6.76元/升，以此核算1kg氢价格约为27元时与目前油价持平。

四是氢源保障问题。我国工业制氢产能约2500万吨/年，但现有企业利用占很大比重。初步估计可用于新的与氢能相关应用的量在300万吨/年左右，对于这部分氢产量有关部门还需进行一次全面的摸底。煤制氢技术较为成熟，但碳捕捉封存技术尚不成熟且成本高。我国能源发展必须坚持绿色、高效、安全的基本方针。目前规划，到2030年一次能源消费要控制在60亿吨标煤以内，煤炭消费占比降至50%，非化石能源则要达到20%。而非化石能源中，2018年风电和光伏两者占我国一次能源消费比重合计仅为3.6%（水电为8.3%）。今后，我国水电新增装机容量将进入缓慢增长时期，发展空间最大的是风能和光能利用，必须将可再生清洁能源作为氢能产业长期可持续发展的基础，必须根据我国能源中长期发展规划目标和到2030年我国碳排放达到峰值的战略大前提来推进。2019年9月，国际能源署发布了《氢的未来》报告，提出全球能源转型中广泛使用氢气面临四个挑战，分别是：用低碳能源生产氢气的成本高、氢基础设施发展缓慢、氢的来源不够多元化以及法律法规限制。与我们面临的挑战比较类似。

三 下一步建议

要在深入研究分析的基础上统筹协调，有序推进，推动产业高质量发展。

第一，应考虑及时出台氢能发展的相关指导意见，完善政策体系，为发展创造好的制度环境并研究编制指导发展的中长期规划。

第二，应发挥我国科研新型举国体制的作用，通过产业联盟、创新平台等形式，组织产业链龙头企业进行联合攻关；努力突破核心技术瓶颈，提高创新效率。避免片面强调某一地区或几个单位的产业组合自身的“全面掌握核心关键技术”，这会分散研发力量，造成宝贵科技研发资源的浪费。

第三，推进试点示范，实现合理布局。要把握发展节奏、因地制宜，优先选择氢源供给充足、产业基础好、环保压力大的区域开展试点示范，有重点开展全产业链示范。例如，河北省张家口市将承办2022年冬奥会。该地区有较好的风电及光伏发电条件，氢燃料电池汽车在低温条件下有续航里程远优于纯电动车的比较优势，在办好绿色冬奥方面可充分发挥作用。该市政府2019年6月发布的相关规划提出到2022年时建成加氢站32座，拥有燃料电池车2000辆，制氢能力2.1万吨。对这样的地区应发挥好示范作用。在重视燃料电池汽车是氢能应用重要领域的同时，也要鼓励多元化示范应用，包括分布式发电、储氢、通信基站应急电池及船舶等，扩展氢能的应用场景。

第四，当前已出现无序竞争、重复建设、赶热潮投资抢“万亿元盛宴”的苗头。初步统计，规上企业参与氢能的有300多家；有62家上市公司涉入氢能，其中制氢13家，燃料电池16家，造车20家。较大的投资项目68个，2019年上半年氢燃料电池产业相关投资已超过2018

年全年，累计投资不完全统计 852 亿元。发展氢能产业，需要一定的建设用地，以及建厂房、七通一平、买设备仪器、开展技术研发、建加氢站等多方面投资。在研究氢能产业发展时，必须重视投入产出效益。科学全面地分析全产业、全生命周期的效益，而不能只是简单地关注到某年形成了多少亿元新增产值。

（中国国际经济交流中心　张晓强）

科学有序发展氢能产业的几点建议

近年来，国内氢能产业发展热情高涨。各地积极谋划，先后出台规划和政策，推动氢能研发、制备、储运、应用等完整链条不断完善，初步形成珠三角、长三角和京津冀等区域先行发展格局。同时，大型央企陆续布局氢能全产业链，有力推动产业快速发展。然而，我国氢能定位仍不清晰，产业发展仍面临自主创新能力不强、国产化率低、成本高等问题，发展氢能仍需结合实际，科学有序、稳步推进。

一　我国氢能产业发展中的几个主要问题

（一）对氢的定位尚未明确

目前，国内对氢在能源系统中的地位尚未明确。对氢作为能源的安全性、全产业链的清洁低碳效益、氢能发展空间及其对油气电等能源的替代作用等，缺乏科学全面的深入研究论证。氢能产业发展缺乏国家层面的规范和引导，在区域布局上也缺少统筹协调。有关规划虽从战略层面将氢能与燃料电池纳入其中，但专项规划和政策体系仍未形成。

（二）产业无序竞争和产能过剩风险初步显现

氢能产业能有效带动传统产业转型升级和催生新产业链，成为各地寻求新经济增长点的首选。在近两年不断高涨的“氢能热”中，有些地方为追求经济增长规模与速度，不顾当地资源环境条件，与追逐政策补贴的企业结合起来，一哄而上布局产能。初步统计，全国已有 20 多个省区市发布了氢能产业发展规划，规划的氢燃料电池电堆总产能超过 3000 兆瓦，燃料电池汽车产能总计超 10 万辆，远远超出规划加氢站等基础设施供应能力，产能过剩风险初步显现。

（三）关键材料和技术与国际差距明显，产业竞争力亟待提升

近年来，我国加大力度鼓励氢能产业发展，在电堆技术和零部件等方面已取得积极进展。但与先进水平相比，我国在核心技术、关键材料和装备制造等方面相对落后。电堆中的催化剂、质子交换膜、炭纸，以及加氢设备中的压缩机、加氢枪、高压阀件、碳纤维等关键材料和零部件大多依赖进口，国产膜电极、双极板、空压机、循环泵等性能与国外差距较大，产业技术标准和检测认证体系仍不能满足发展需要，大量核心专利掌握在美、日等国企业手中。其结果是，氢能产业链各环节成本较高，商业化推广仍十分困难。

（四）氢能应用表现为“一窝蜂”式造车

国内氢能发展大多集中在交通领域，特别是氢燃料电池汽车产业。实际上，氢能在农业、工业及第三产业都有广泛用途，在发电、储能、建筑等领域都大有发展空间。日本将家用分布式热电联供系统和氢燃料电池汽车都作为发展重点，韩国、欧美等国也将氢能拓展到船舶、列车、无人机和农林作业等领域。我国需要以更宽广的视野全面挖掘氢能价值和潜力。

（五）氢能基础设施建设不足，制约产业发展

“加氢焦虑”是氢燃料电池产业发展的重要制约因素。一方面，受设备采购、土地等因素影响，加氢站综合建设成本较高，市场主体投资积极性不强，长期靠政策补贴难以为继。另一方面，我国氢燃料电池汽车尚处在起步阶段，运营车辆少，加氢站难以通过规模效应平衡收支，投资风险大。据测算，2030 年我国至少需要 1400 座加氢站来满足主要城市需要。截至目前，各地实际运营的加氢站仅26座，在建约30座；同时，受制于危化品和化工园区管理政策的影响，氢气供应不足，价格偏高，对产业发展形成较大限制。

二 促进我国氢能产业科学有序发展的建议

（一）尽快制定氢能产业规划并纳入国家“十四五”规划

氢能来源广泛，是清洁无碳的二次能源，发展氢能是我们应对气候变化、优化能源结构的重要手段。应加快顶层设计，明确氢能是终端能源的组成部分，将发展氢能与油气替代有效结合。适时将氢纳入国家能源管理范畴，明确氢能行业主管部门，抓紧制定实施氢能产业发展战略。加快加氢站建设，破解“加氢焦虑”。建议将氢能产业发展纳入国家“十四五”发展规划，科学合理布局产业重点。鼓励地方先行先试，实施一批技术攻关项目，提出一系列示范工程，出台扶持政策，完善法律法规与政策体系，优化产业发展环境。

（二）统筹区域布局和应用示范避免产业趋同

按照“全国一盘棋”原则，结合各地资源禀赋与协同发展优势，合理选择氢能资源丰富、氢能产业集聚地区，或将经济发达、环保压力大的区域作为国家级示范区，分层次、有重点开展全产业链的区域示范。一是将燃料电池产业纳入粤港澳大湾区新能源发展战略布局。依托佛山、云浮等城市已经形成的氢能产业先发优势，利用香港、广州、深圳等中心城市的科研资源和高新技术产业基础，进一步打造产业链完善、辐射带动力强、具有国际竞争力的大湾区氢燃料电池汽车产业集群。二是在海南结合禁售燃油车、全域推广应用新能源车，打造国际旅游岛契机，建立覆盖海南全省的低碳、清洁公交物流体系。三是结合长三角“氢走廊”发展，基于长三角地区氢能先行优势和雄厚研发实力，打造有国际影响力和竞争力的氢能产业创新高地，持续为产业创新发展注入活力。四是将京津冀地区作为氢能产业重要消费地。

积极探索张家口地区风电资源制氢，突破电力体制障碍，解决经济性问题。五是推行涉氢专区试点，解决氢气制备政策障碍问题，推进氢源科学布局。

（三）发挥新型科研举国体制优势集中攻克关键技术

近年来企业自主研发意识增强，不少涉氢企业都瞄准燃料电池电堆技术发力，但基本上是各自为战，技术路线各异、专业人才稀缺、圈内互相挖人现象突出，这方面日本的做法值得借鉴。日本通过隶属于经济产业省（METI）的新能源产业技术综合开发机构（NEDO）的良好机制，组织产业链龙头企业参与，汇聚政产学研用力量集中进行科研攻关，知识产权内部共享，有助于快速实现技术突破，也避免了分散研发带来的资源浪费和恶性竞争。我国应发挥新型科研举国体制优势，在氢能顶层设计中充分发挥国家能源委的高层次协调机制，统筹各部门政策和资金资源形成合力，集中突破关键技术瓶颈。加大对氢能产业基础研发的财政资金投入，优先支持自主创新。组织科研力量攻克膜电极、双极板、碳纸、储氢设备装备、超高压压缩机等关键材料及核心技术。

（四）因地制宜推进多元化应用

氢燃料电池汽车是氢能应用的重要场景，但并非唯一场景。氢能在化工、建筑、发电以及船舶、轨道交通等领域均有巨大潜力。发达国家在氢能分布式发电、家用备用电源、热电联供等方面有较多实践。日本进行了多年车用燃料电池研究，但也较好地将燃料电池应用于家电备用电源和热电联供领域，发电功率和能源利用效率均较高。我国现阶段，可将燃料电池汽车作为突破口，但重点应放在商用车领域，待条件成熟时再扩展到乘用车。在发展氢燃料电池汽车产业的同时，应鼓励多元化示范，因地制宜扩展其他领域应用。

（五）以氢能发展提升清洁能源消纳能力

我国风、光、水等清洁能源规模大，可探索弃电制氢模式，解决低成本氢源问题，提升清洁能源消纳能力。以水电为例，可以广东富余火电按西南水电低价在本地制氢，为水电腾出上网空间，并增加火电设备利用小时；还可探索西南水电与广东“水火互济”制氢模式：以西南低价水电在当地制氢，在管道、液氢等运输方式成熟时输往广东。同时，可探索风电、光伏弃电制氢路线。推动风电和光电富余地区与氢能产业发展良好地区结成合作伙伴，采用电力生产地“制氢＋储运”或电力消费地“火电制氢＋串换清洁电力额度”两条路径，细化电价结算机制，统筹解决氢源和电力消纳问题。

（六）加强安全监管，健全标准体系

完善氢气制、储、运、用等各环节法律法规和安全技术标准。包括加氢站的氢气输送、站内制氢、氢气存储、压缩、氢气加注以及安全与消防等方面的技术要求，实现全流程、全覆盖。构建符合氢能技术发展趋势的技术标准体系，明确加氢站建设审批监管流程，研究制定商用液氢供应链标准和法规，优化关键产品和环节的检测流程与要求，建立完备的氢能相关产业检验认证和监督体系。加强对氢能源利用管理、规范技术要求和产品认证等综合标准研究。

（中国国际经济交流中心　景春梅　王成仁）

培育“互联网 + 再生资源”新模式 破解再生资源回收行业的税收监管难题

我国再生资源产业发展潜力巨大，面临重大机遇，但受制于行业发展模式与税收政策的不匹配，整个产业链的完善和提升面临一定障碍。一些地区运用“互联网 +”思维和模式，积极探索发展行业新业态，为破解税收监管难题提供了有益借鉴。建议鼓励支持有关地区率先试点，大胆探索完善“互联网 + 再生资源”的新模式，实现行业提质增效与税收监管的协同发展。

一　我国再生资源市场潜力巨大，有望成为推动经济高质量发展的一条重要途径

我国大宗矿产资源对国际市场依赖性很强，除每年需支付大量经济成本外，安全稳定供应也面临巨大不确定性和潜在风险。特别是在美国对我发展的遏制和打压不断升级的背景下，此问题须引起高度重视，并采取有效对策。借鉴发达经济体的经验，推动再生资源产业发展、实现资源循环利用、提高资源利用效率，对化解国内矿产资源供给不足和增强保障国家经济安全的主动性，具有重要意义。同时，发展再生资源产业，也有利于促进绿色发展、推动节能减排和优化我国外贸结构。据有关机构测算，每利用 1 吨废钢铁，可减少 4.3 吨原矿开采，

减少 1 吨原煤和 1.7 吨水消耗，减排 1.6 吨二氧化碳等。

随着工业化、城镇化的快速推进，我国的可再生矿产资源存量规模日益增大。比如，全国最大的废钢回收企业——山东诸城中坛再生资源有限公司，2018 年收购 508 万吨废钢、3.5 万吨废不锈钢、7.7 万吨废纸，合计经济价值近 140 亿元；最大的废铜回收加工企业——浙江宁波金田铜业，2018 年回收加工废铜 90 多万吨，营业收入 400 多亿元。但从整体来看，我国再生资源产业发展水平还不够高，特别是与发达经济体相比，还存在很大差距。商务部发布的《中国再生资源回收行业发展报告（2018）》显示，2017 年，我国废钢铁、废有色金属、废塑料、废轮胎、废纸、废弃电器电子产品、报废机动车、废旧纺织品、废玻璃、废电池等十大类别的再生资源回收总量为 2.82 亿吨，同比增长 11%。据了解，目前欧美日等发达经济体的再生资源回收利用率已达 90%，而我国还不到 50%。2017 年，全球平均废钢炼钢比已达 35.5%，其中美国、欧盟分别达到 72.1% 和 55.5%。2018 年 1~10 月，我国炼钢用废钢铁消耗 1.57 亿吨，同比增长 37.8%，但废钢炼钢比仅 20% 多一点。

我国已全面限制“洋垃圾”进口，给国内再生资源产业发展提供了新的机遇和市场转型升级的强大动力。在政策与市场的叠加助推下，我国再生资源产业将释放出巨大的市场潜力，既有助于缓解我国经济发展的环境压力，又可以为推动供给侧结构性改革找到新的突破口。

二 现行税收政策对再生资源回收行业存在一定制约，给整个产业链的完善和提升带来不利影响

国家对再生资源行业发展始终高度重视，并在税收政策等方面不断加大支持力度，推动了行业的快速发展。随着形势发展变化，国家对一些政策进行了相应调整，而有些调整，对整个行业特别是回收行业带来了一定的冲击和不确定性。

再生资源行业的流转模式主要是通过小收购站向大回收企业逐层汇集，然后再集中销售到用废企业，形成了大型回收企业“两头在外”的经营现象。而税收政策强调货物、发票、资金“三流一致”，以确保业务的真实性，并特别注意防范货物“两头在外”经营企业虚开发票的违法行为。因再生资源交易的前端主体，主要是大量居民或个体户，小而散分布在全国各地，在物资逐层汇集过程中不能够提供增值税发票，难以纳入税务监管，导致在税收政策和行业发展之间存在监管难题和矛盾。

面对再生资源回收企业不能取得增值税专票，也不愿意向用废企业开具专票的难题，财政部、国家税务总局于2001年出台规定，对再生资源回收经营企业销售其收购的再生资源免征增值税；用废企业一般纳税人购入再生资源，可按照普通发票上注明金额按10%抵扣进项税。实践证明，这项政策对促进行业发展发挥了重要作用，但在收购和销售环节的票据管理方面也陆续出现了一系列问题。主要包括：虚开收购，虚做销售，违法取得手续费；代开收购凭证，代开普通发票给购买方抵扣税款；非废旧物资冒充废旧物资享受免税政策等。针对此乱象，国家税务总局先后采取系列措施加以规范，但效果不甚明显。2008年，财政部、国家税务总局发布《关于再生资源增值税政策的通知》，决定停止执行上述有关政策。

取消再生资源回收环节的税收优惠政策，有利于制止行业乱象，但也给行业的健康有序发展带来困难。一是推高行业税负。在整个再生资源产业链条中，回收环节增加值并不高，如果企业在收购时不能取得增值税发票，既不能进行增值税进项税额抵扣，也不能作为所得税税前列支，直接导致企业的增值税和所得税税负畸高，超出企业承受能力范围，导致行业发展只能依靠政府补贴，遑论高质量发展。二是导致劣币驱逐良币。为减轻企业税负压力，一些地区允许再生资源回收企业自行开具收购发票。在当前行业运转模式下，税收机关无法完全监管到位，难以验证发票与业务的一致性，一些不法企业趁机“浑水摸鱼”，通过不断变更注册地，借用回收贸易公司名义注册空壳公司，在没有真实性业务情况下，违法虚开增值税发票，一定程度上造成了行业的“税收乱象”，增加了税务监管的难度和成本。在难以有效确定再生资源交易真实性的情况下，税务部门为防控“虚假交易乱开票”等风险，不得不取消了税收减免政策。在从严管理的要求下，这种做法容易造成“孩子和洗澡水一起被泼掉”的现象，导致一些合法经营、业务真实的回收企业受到损失。

三　一些地方积极探索“互联网＋再生资源”模式，为有效破解税收监管难题提供了有益借鉴

面对税收困境，一些地区并没有就此停下来“等靠要”，而是依靠全国再生资源行业协会的支持，在向有关部门反映问题和提供建议的同时，积极探索再生资源回收行业的新模式、新业态，特别是运用“互联网＋”的思维，探索建立废旧物资互联网交易平台，促进再生资源交易利用便捷化、互动化、透明化，化解交易真实性的确认困境。其中，国家设立的资源循环利用基地试点之一的山东诸城市，从 2018 年开始，就采取各种措施，吸引社会资本，开发建设再生资源互联网交易平台，将税务监管需求全部纳入平台技术设计。该平台运用“互联网＋”的思维模式，基于区块链技术搭建，在线上运行时能够实现“四个确保”。一是确保交易的真实性。借助区块链技术，接入第三方物流公司和银联实名认证，确保再生资源交易真实存在。二是确保数据不可篡改。通过全权限的区块链溯源方式，形成高度透明、不可篡改的所有环节的交易数据。三是确保“四流”一致。通过银行、税务、物流等公信力机构共同参与，资金流水与货物交易对应清晰明了，达到“商流”“物流”“资金流”和“票据流”四流一致，从而实现整个运营过程公开透明，业务真实，可溯源、可追踪。四是实施非现场穿

透式监管。该平台后台对税务部门完全开放，所有交易数据与税务部门共享。税务部门可以随时调取数据资料，进行税收风险分析，实现对货物、资金、发票等全方位、无缝隙监控，真正实现非现场穿透式监管。

实践证明，“互联网 + 再生资源”的产业发展模式可以有效整合全国再生资源市场交易信息，逐步实现再生资源交易全部通过互联网平台开展。对行业本身来说，实行这一模式，可以做到全流程信息留痕，促进企业实现规范经营和规模发展；对税务部门来说，能够实现破解当前监管难题、解决再生资源行业交易真实性等问题。

四　支持有条件的地区先行先试“互联网 + 再生资源”模式，探索税收监管和再生资源产业协同发展的新业态

由于国家倡导实施“包容审慎”监管，我国新业态、新模式发展得很快。建立便捷高效的再生资源回收交易区块链服务平台，开展信息采集、数据分析、流向监控，逐步整合物流资源，优化回收网点布局，完善再生资源回收体系，推动再生资源交易由线下向线上线下融合发展转型升级，可以有效解决行业发展面临的突出问题。

为加快再生资源产业转型升级和实现可持续发展，建议按照积极稳妥的原则，选择再生资源产业发展有一定基础、在互联网交易平台建设方面已进行了积极探索的地区（如山东诸城市），鼓励开展“互联网 + 再生资源”产业模式试点工作，并鼓励原有的传统再生资源交易平台（如辽宁大连、河南长葛等）加快模式创新。在试点地区的税收征管上，可尝试以下途径：对试点范围内的再生资源回收交易，允许依照经平台验真过的收购金额自行开具发票，并按一定的税率进行增值税进项税额抵扣，同时依法向用废企业开具增值税专票。经实践证明切实可行时，支持试点地区模式拓展成为全国性再生资源互联网交易平台。财政、税务等部门应对试点地区的工作给予积极支持，主动

研究并制定再生资源互联网交易平台的管理办法，加大政策创新和扶持力度，积极研究完善新模式下再生资源产业财税政策，建立健全再生资源统计体系、标准体系和信用评估系统，促进行业持续健康发展。

（中国国际经济交流中心　杨绪珍）

促进5G及相关产业发展的几点建议

5G不仅是移动通信领域的颠覆性技术，还是对相关领域具有重大影响的通用技术，将推动工业互联网、车联网、高清视频、智慧医疗、智慧城市、智慧能源、智能家居等5G相关产业加速发展，已成为大国提升综合国力和争夺国际控制力的制高点。美国恶意打压我国企业，正凸显了5G发展的重大意义。当前处于5G及相关产业发展的关键时期，多国在加快5G战略实施和政策布局。我国应坚持创新驱动、需求牵引、超前布局，以增量带存量，以下游应用带动上游研发和中游部署，牢牢把握5G发展主动权，巩固和扩大5G及相关产业的国际领先优势，书写数字经济时代发展新篇章。

一 5G及相关产业战略价值巨大

（一）5G及相关产业发展前景广阔

5G与人工智能、云计算、大数据等新一代信息技术结合，将成为产业升级和跨界集成的催化剂和助推器，推动各行各业数字化、智能化、网络化发展。5G能够显著增强工业互联网的上行和下行能力，满足工业智能化发展需求，帮助企业提高生产效率和降低运营成本，推动制造业实现高质量发展。5G与车联网有效结合将形成“智能的车+智慧的路”的全新发展路线，推动车联网成为物联网的重要应用市场。

5G 将给内容创作、媒介展示、体验方式带来巨大改变，实现跨越空间的全民共享，推动文化创意产业优化升级，充分释放新媒体、虚拟现实、增强现实等行业的发展潜力。据中国信通院测算，2020 年至 2025 年我国 5G 商用直接创造的经济增加值为 3.3 万亿元，间接带动的经济增加值为 8.4 万亿元，相应带动的经济总产出分别为 10.6 万亿元、24.8 万亿元。

（二）5G 及相关产业成为各国竞争的焦点

美国总统特朗普多次表态，5G 竞争已经开始，美国必须赢得胜利。5G 危机意识促使美国加大行政干预力度，调动政府资源帮助企业参与 5G 国际竞争，推出了《5G 快速计划》《引领 5G 的国家频谱战略》《5G 部署战略》等系列举措，旨在提升 5G、高清视频、车联网、虚拟现实和增强现实等领域的竞争优势，力争获得全球 5G 及相关产业的主导地位。韩国是第一个启动 5G 商用的国家，政府通过规划发展路线、明确创新方向、培育生态系统、促进合作共赢等方式推动 5G 发展。韩国发布了“5G+ 战略”，在 5G 基础上加快发展无人驾驶、人工智能、智慧工厂、智慧城市等核心智能服务，加速 5G 技术在新领域和新产业的应用，不断提升国际竞争力。日本由总务省牵头，加强多领域共同协作，重点发展高清视频、虚拟现实和增强现实、车联网、智慧城市，利用 5G 缓解人口老龄化、产业空洞化等迫在眉睫的问题。

二　推动 5G 及相关产业发展的建议

（一）加强战略布局，巩固和扩大 5G 领先优势

首先，集中力量解决高端芯片被“卡脖子”问题。高端芯片设计和量产的门槛非常高，需要企业持续进行大规模的研发投入。美国芯片公司英特尔和高通 2018 年的研发支出高达 135 亿美元和 56 亿美元，分别占公司营业收入的 19% 和 25%。2018 年，我国进口芯片 4176 亿块，进口金额 3121 亿美元，占我国货物和服务进口总额的 12%，比位居第

二的原油进口多718亿美元。当前，仍需加大高端芯片设计和量产的投入力度，特别是用好国家集成电路产业投资基金，重点支持华为、中兴、中芯国际、华虹集团等高端芯片设计及制造企业，提升高端芯片的研发与制造能力。在无法获得7纳米高端光刻机的情况下，我国需要制定完整的多种设备、工艺技术、关键材料等系统性支持制造高端光刻机的机制安排。同时，积极说服和支持荷兰ASML公司在制造高端光刻机过程中，更多使用非美国生产的零部件，降低美国干扰力度。其次，尽快改变关键核心技术和零部件受制于人的局面。引导相关基金有意识地收购或参股国外的关键技术企业，关注前沿技术，特别是以色列、欧盟、俄罗斯等国家和地区的新技术。统筹协调部署国家各类5G专项支持项目，大力支持研发电子设计自动化工具和生产制造软件，促进我国企业自主掌控核心技术。面向5G商用需求，重点发展射频芯片及器件、全制式多通道射频单元、传感器、功率放大器、测试仪表等产业链环节，争取在关键核心技术上形成突破。最后，加强前瞻性技术研发，防止被“换道超车”。长期看，毫米波对5G发展至关重要。美国5G网络建设主要采用位于高频段的毫米波，而我国在中频段频谱领域处于领先优势。要加强5G毫米波基站、核心器件和终端设备的研发，补齐5G毫米波技术短板，缩小与美国的差距。尽管5G商用才刚刚起步，谈及6G显得为时过早，但除中美两国外，欧盟、日本、俄罗斯和韩国等也在紧锣密鼓地开展6G相关工作。我国要大力支持企业积极开展6G关键技术前瞻探索，强化在新型材料与器件等基础和前沿领域的布局。在微电子芯片领域，已经接近硅晶材料的极限。应加大对量子芯片研发应用的支持力度，努力在新领域实现超越。

（二）加快网络建设，形成5G发展的超大规模市场优势

我国5G运营商使用的频谱成本低，5G建设初期有条件在大城市率先实现5G独立组网。先行在大城市开展5G独立组网，既能避免运营商在全国开展5G独立组网带来的短期投资过大问题，能为5G大规模机器类通信、低时延高可靠通信两个典型应用场景提供充分的试验空间，也能支撑我国 5G 及相关产业引领国际潮流。同时，要积极推动 5G 频谱和基站资源共建共享。由工信部、国家广电总局共同指导，充分利用中国广电 700 兆赫频段覆盖远、建设成本低的特性，推动运营商在边远地区共享 700 兆赫频段，分片建设 5G 网络，实现频谱资源共享。由住建部指导协调，在城建中预留 5G 网络建设所需的场地、空间等资源，运营商改为交付前入场，而不是建成后入场。

（三）强化协调引导，促进 5G 及相关产业协同发展

健全 5G 及相关产业统筹协调机制，制定总体战略与应用规划，明确发展路线，管理跨行业的政策决策和执行。统筹规划全国 5G 及相关产业空间布局，支持产业基础较好的地区作为承接 5G 及相关产业的主要空间载体，引导企业、项目、技术、资金和人才等资源加速集聚，促进 5G 及相关产业集约化、集群化和高端化发展。推动国家级 5G 创新载体落户深圳及东莞，引导 5G 相关产业在北京、上海、广州、武汉等城市错位发展。重点扶持工业互联网、车联网、文化创意、智慧医疗、智慧能源等产业发展。推进工业互联网率先实现突破，在重点领域开展“5G+ 工业互联网”商用业务试验和应用示范，在重点企业开展“人、机、物”全面互联的工业互联网试点。鼓励对重要的体育赛事和文化活动等进行全程超高清直播，推动 4K/8K 超高清视频产业加快发展。

（四）加快掌控供应链，保持 5G 及相关产业发展

研究提出 5G 关键零部件和材料名单，利用首台（套）政策支持关键零部件和材料产业化，并助推相关企业在我国掌控市场主导权，逐渐在全球形成竞争优势。对于组网用光学元件以及数字信号处理器等完全依赖单一来源的关键零部件，要加快组织实施技术攻关，大力推进自主创新及替代应用。对于有替代方案的新材料，要充分利用好我国超大规模市场对国际领先企业的吸引力，支持其研发、生产落户境内，降低被美国拉拢对我实行联合断供的风险。同时，用好我国巨大市场及产业体系能力，加强5G及相关产业的国际合作，使美国公司不愿也不能与我脱钩，逐渐形成“捆绑”格局。对美国政府在相关芯片方面对华为的禁运，要运用好“不可靠实体清单”措施，推动高通、美光、英特尔、谷歌等美国公司更多地对特朗普当局提出不同意见，并继续保持与我国的互利共赢合作。支持企业加强与欧盟企业的合作，特别是在工业互联网、物联网、自动驾驶等领域加强联合研发，构建利益共享的产业链。

（五）提供全方位支持，搭建蓬勃发展的5G生态系统

一是加大对5G及相关产业的财税支持力度。参照集成电路设计和软件产业企业所得税优惠政策，对5G及相关产业企业给予同等的税收优惠政策，提高企业的创新活力。参照粤港澳大湾区个人所得税优惠政策，允许各地区可按内地与香港个人所得税税负差额，对在5G及相关产业企业工作的境外（含港澳台）高端人才和紧缺人才给予补贴，该补贴免征个人所得税。对5G网络建设和运营给予政策资金支持，在一次性进场费、物业租金方面制定上限标准，推动高铁、地铁、机场等核心枢纽减免进场费，对5G基站及机房提供直供电或者按照出厂价收取电费。二是构建全方位的5G安全保障机制。建立全面的5G信息安全评估认证机制，降低5G产品和服务的自身风险以及被非法控制、干扰和中断运行的风险。建立个性化的5G安全防护机制，根据不同业务的安全需求，提供相应级别的安全保护。建立用户隐私保护机制，提供更加严格的身份隐私保护策略。建立5G智能网络防御机制，从单点、被动的安全防护，向主动安全管控的智能防御体系转变。构建多元化的5G安全责任体系，根据不同责任属性将涉及的相关责任主体纳入责任体系，形成共同应对安全风险的合力。三是支持5G及相关产业企业协同合作。支持龙头企业在协作引领、产品辐射、技术示范、知识溢出等方面发挥核心作用，带动中小企业朝规模化、集群化、专业化、高端化方向发展，形成大中小企业融通发展、配套协作的良好格局。鼓励企业通过产业联盟、参股合资、长期战略合作等多种形式加强合作。引导企业在 5G 标准制定、技术研发、测试验证及试点应用等方面协同发展，促进创新链与产业链的对接。

（中国国际经济交流中心　李　锋）

推进5G网络建设的若干建议

第五代移动通信技术（5G）网络建设是拉动上游设备和零部件实现创新突破、带动下游相关行业成熟发展的关键环节。2019年6月6日工信部发放5G牌照后，我国运营商积极开展5G建设。截至2019年9月，三大运营商共建5G基站8.6万个，预计2019年底达13万个。10月31日三大运营商正式宣布5G商用，在全国50个城市开通了5G服务，并预计2020年开通全部地级城市的5G服务。5G网络建设正式进入快车道，但仍存在诸多障碍，一定程度上阻碍了网络建设的进展、影响了网络部署的质量，急需采取行之有效的政策措施，保障5G网络建设的可持续推进。

一　电信运营商5G网络建设面临的挑战

（一）网络部署成本高

相比4G网络部署，5G网络的设备价格、电费、频段清理成本以及物业进场费用等明显增加。在5G网络设备方面，据中国联通数据，5G设备价格约为4G的3倍，基站建设数量为4G的1.6~1.8倍，预计总投资为4G的3~4倍。中信建投认为，未来中国运营商5G主体投资规模将达1.23万亿元，预计较4G投资规模增长68%。在设备电费方面，5G设备电费支出占据运营商运营开支的15%~30%，据中国联通数据，一个5G基站一年电费约2万元，总电费为4G的3~4倍。中国电信也认为，5G 电费约为 4G 的 3 倍，几乎等于近年来的年度利润。在频段使用方面，中国联通和中国电信分得的 3.4~3.6 吉赫（GHz）频段与已有卫星频段存在干扰，其中涉及卫星公司、军方、政府、广电、银行、气象等多个部门。据调查，同频干扰 42 公里内不能再建基站，运营商根据规定不仅要在频段使用过程中实时避让，还要为相关部门进行频谱改造，其频谱使用成本大大增加。在物业进场费用方面，运营商进入地铁、高铁和机场等物业场景部署时，进场租金费用普遍偏高。据运营商反映，广州地铁长度 400 公里，租金是 4000 万元左右；深圳地铁 280 公里，租金 2500 万元左右。小区和办公楼宇等其他物业场景，同样存在通信基础设施入场需缴纳入场费的情况，且收费标准不统一。巨大的基础建设投入使运营商面临沉重的资金成本压力。

（二）网络设施共建共享程度低

首先，中国铁塔公司起步晚，站址共享水平仍有较大提升空间。据统计，截至 2018 年 9 月中国铁塔公司的站均租户数为 1.49，低于美国独立铁塔公司的 2 和印度铁塔公司的 2.22，单塔收益较美国独立铁塔公司和印度铁塔公司也存在较大差距。此外，中国铁塔公司在我国的铁塔行业中处于绝对优势地位，但其基站建设经验不足，建设力量薄弱，5G 建设的驱动力不足，部分 5G 网络建设交付率低，运营商物业租费和时间成本变相增加。其次，在边远地区有条件探索多种形式共建共享。边远地区网络建设公共服务属性强，运营商维护成本高于盈利，若采用高频段网络资源进行 5G 建设，需要大量 5G 基站，成本非常高。目前中国广电掌握 700 兆赫（MHz）频段的黄金资源，但网络建设人员队伍薄弱，频谱利用率不高。边远地区探索选择用 700MHz 或其他低频段共享 5G 建设，能够大大减少建设成本。

（三）网络建设邻避效应突出

运营商进入小区部署 5G 网络时，常面临小区业主反对 5G 基站建设的情况。5G 作为一项新的通信技术，信号频率高、基站部署密集，多数小区业主没有对5G技术形成正确的认识，常以辐射为由要求拆除基站，甚至私自破坏基站，给运营商造成大量经济损失，延缓了5G网络部署。以广东省为例，中国电信在推进5G建设时，全省1000个5G基站被业主逼迁走，损失约为1亿元。

（四）行业需求亟待挖掘

5G商用终端仍大量缺乏内容供应，终端网络需求有待提升。相关的5G终端应用如增强现实、虚拟现实的内容开发和供应不足，云游戏等也正在受到更为严格的监管，高清视频等大流量内容的市场需求还在逐步培养，5G终端用户对流量的需求还需随着产业成熟进一步发展。5G对工业企业利润提升尚不明显，工业企业对5G接受程度不高。2018年，我国规模以上工业企业利润率平均约为6.49%（未扣除所得税），且2018年居民消费价格指数（CPI）同比涨2.1%。工业企业利润率低的现状短时间内难以改变，企业缺乏斥资引入5G技术的动力，加之5G对相关产业短期利润的提升尚不明显，5G在相关产业中的应用有待进一步挖掘和提升。

（五）运营商面临同质化竞争

2018年起，工信部先后给15家企业发放虚拟运营商牌照，给英国通信公司发放全国互联网协议地址——虚拟专用网（IP-VPN）许可证和互联网服务提供商（ISP）许可证，进一步加剧了通信行业的竞争。同时，由于5G制式统一，运营商在流量模式服务上没有显著差别，资费是能够引导用户流动的直接因素，运营商在5G初期的资费压力会更大。三大运营商为避免恶性竞争，在2019年11月1日公布的5G资费套餐中实行了统一的价格标准。在网络覆盖、套餐价格等各方面趋同时，如何在相关行业应用实现服务差异化是运营商急需解决的难题。

二　加快5G网络建设的建议

（一）协调多方力量为5G网络建设减税降负，并引导多元投入

我国运营商在5G投资建设方面的成本较大，政府可以从多个方面对运营商减税降负。在 5G 建设期间适当调低电信行业增值税；探索建立 5G 产业建设基金，引入多方投资，缓解运营商 5G 建设成本压力；各地方加快推进 5G 建设转供电改直供电工作，探索运营商与电网公司在分布式 5G 基站光伏电源等方面的合作；敦促地方政府协调高铁、地铁及机场等公共场所降低运营商一次性入场费或物业租金，统一小区等物业场景入场费，减免政府部门、事业单位和高校院所等物业场景的入场费用。要引导资金实力雄厚，与电信基础设施同生共赢的互联网公司，如阿里、腾讯等企业，以适当方式参与 5G 网络建设。近年来，中国联通推进混合所有制改革，阿里、腾讯、百度等公司均参与了股份投资，取得了初步成就，下一步要进一步做好引导工作。

（二）探索 700MHz 频谱资源深度共享

从严要求运营商共建共享，协调运营商对天面现有的非共享设备和架构进行整合或共享，必要时需让位于共享设备的部署，并考虑强制部分已有设备共享；建立运营商评价中国铁塔的考核机制，加强中国铁塔 5G 的建设动力；协调边远地区共享 700MHz 频段用于 5G 建设，引导运营商在边远地区进行分片建设，不同片区以异网漫游的方式实现共享；协调和指导不同片区的产权管理、运行维护和网络优化等问题。

（三）建立 5G 网络建设事前广泛参与机制

发挥地方经信委和科协等部门在科普方面的积极作用，继续加大对居民的 5G 科普宣传力度，培养居民对 5G 的科学认知；建立居民广泛参与并充分表达意见的机制，将 5G 带来的好处以及潜在风险等充分告知民众，事前尊重居民的知情权和权利主张，破除居民对基站辐射的误解；调动居民参与的积极性、主动性，通过激励和补偿机制使居民成为项目的利益相关者。

（四）建立 5G 相关行业应用专项扶持机制

建议成立类似欧盟 5G 政府和社会资本合作（PPP）的相关产业发展扶持平台，择优资助 5G 与相关行业的应用研发、应用示范和应用场景产业化项目；补助行业龙头企业率先应用5G，为行业起到积极的示范效应，帮助企业突破“不敢用，不愿用”的惯性，跨越5G商用的第一道门槛；通过政府采购，购买具有公共服务属性如“5G+智慧医疗”“5G+智慧交通”“5G+智慧教育”等相关行业的产品或服务，加速5G在相关行业应用；推动5G市场化发展，在实践中加速5G在车联网、工业互联网、文化创意等相关行业应用的标准体系建设。

（五）加强对运营商的行业协调和引导

5G网络建设和商用方面存在的一些问题需要从国家层面引导和协调，如牵头梳理与中国电信和中国联通3.4~3.6GHz频谱产生干扰的部门和企业，协助运营商进行频谱改造；统筹协调运营商的市场行为，合理安排5G部署速度；建立价格协调机制，避免运营商在终端消费领域产生恶性竞争，引导运营商在5G多个相关行业形成优势互补、合理竞争的局面。

（中国国际经济交流中心　韩燕妮　马晓玲）

当前医用耗材集中带量采购中存在的问题和建议

医用耗材带量采购工作开展以来，部分试点地区为了追求工作开展的速度，忽视了医用耗材本身的特点和临床使用的内在规律，未能充分考虑医用耗材与药品的区别，以及医用耗材本身品种繁多、类别细分、具有创新性等实际特点，在价值导向上突出价格的要素，而忽略了质量安全等多种因素。照搬“4+7”药品带量采购模式给医用耗材行业带来了一些实际问题和挑战，也给临床手术带来风险。这些做法在短期内看似大幅降低了价格，但存在巨大的潜在风险和隐患，一旦出现问题，会给党和政府带来不利的影响，给医改工作带来不可估量的损失。

一 目前医用耗材集中带量采购的实践情况和问题

2019 年以来，我国多地区开展了医用耗材的集中带量采购工作。2019 年 2 月，安徽开始进行高值医用耗材带量采购调研，并于 7 月底完成了省级医疗机构联合体第一批带量采购操作；江苏先后完成两批省级带量采购，南通、威海、无锡、徐州、南京—淮安—泰州三市联盟等也已完成了首批或多批次的市级带量采购操作；以陕西牵头的省际联盟、上海以及其他部分省市正在进行带量采购的品种调研工作；山东省医保局 8 月初明确提出要开展医用耗材的带量采购工作，临沂、菏泽、青岛、烟台、威海、潍坊、淄博等市也纷纷成立了市级联合采购体，济南、烟台、潍坊等地也都正在进行或计划开展带量采购。各地加快推进医用耗材的集中带量采购工作的初衷是好的，也确实在很大程度上降低了采购价格，但是出现的一些问题也非常值得重视。

（一）一味追求价格降幅，未能完全实现真正带量采购

由于受到“4+7”药品带量产品降价幅度的影响，目前已开展的医用耗材带量采购往往以降幅来筛选中选品种，已经出现了上市多年的经典产品无法满足降幅要求而遭淘汰，导致临床使用短缺情况。此外，在目前医用耗材带量采购的试点中，部分地区并没有带量，实际结果变成了企业大幅度降价，并不能带来销量的提升。如安徽是基于本企业上年销量的80%进行价格谈判，江苏在采购方案内未能明确具体采购量的分配，南京—淮安—泰州三市联盟、无锡、徐州等地市带量采购当前也未就具体量的分配进行公开阐述；这种无事先确定量的“带量采购”会严重损害政府信誉和公信力。

（二）采购方案未充分考虑医用耗材的实际特点和行业属性

如在江苏南通市级带量采购中，完全参照药品的独家最低价中标，而未考虑耗材品类繁多、不同产品间存在质量差异等实际情况，未区分质量层次，也未考虑当前医疗机构的实际使用状况，最终导致中选品种均为非市场常用的主流产品。

（三）采购工作准备不足，欠公开透明和规范性

首先是目录设置不符合临床实际。具体表现为既有目录划分不准确，也有目录缺失的情况，未能借鉴和使用市场现行的行业协会和国家医保局的医用耗材分类和目录。其次是采购流程欠缺公开透明。如江苏省公立医疗机构医用耗材组团联盟集中采购实施前未公开公示或者公开征询意见，两次采购公告发出到谈判仅一周时间，且未公布公示具体谈判细则。最后是谈判时间短，企业难以进行必要的内部沟通和准备。如南京—淮安—泰州三市联盟带量谈判采购在采购联盟成立当天即开展了带量采购；南通市带量采购从公告发布到开始谈判仅5天时间，采购方案未公开征求意见。同时，被列入采购方案的部分医用耗材尚在上一轮采购周期中，企业疲于应对政策变化，消耗了大量的人力物力。

（四）价格谈判中，部分价格的制定和要求缺乏客观评估依据

如安徽对部分产品规定不合理的入围价，对进口企业统一要求的建议价，降价幅度达到原价的85%。这种武断的要求有失公正公平，且在入围价公示后未给予企业申诉窗口。

（五）对于带量采购这种新的采购模式未能进行充分的试行评估，就大范围地推行，给行业及企业带来了严峻挑战

目前部分地区开展的试点工作，如安徽、江苏、南京—淮安—泰州三市联盟和无锡的采购结果处于尚未执行或刚开始执行的阶段，还没有对这些地区的执行情况进行充分评估。在这种情况下，各地纷纷启动带量采购试点，这为行业和企业的正常发展及合理应对均带来了巨大挑战，部分地区开展带量采购工作存在较大的潜在风险和隐患。

二　关于医用耗材集中采购的思考

（一）坚持以人民为中心，维护人民在医疗方面的最根本利益

坚持以人民为中心，就是要考虑到人民群众在医疗健康领域的最根本利益和诉求。在医疗领域，人民群众最根本的诉求首先在于获得高效、安全和高质量的医疗产品与服务，经济成本固然重要，但不是第一位的诉求。如果因为降低成本而牺牲了有效性、安全和质量，实为舍本逐末，不但不能实现以人民为中心，反而会产生新的问题，带来医患矛盾，影响社会稳定。

（二）坚持高质量发展理念，改变以降价幅度作为业绩考核的政绩观

高质量发展就是要实现患者、医疗卫生事业和医药卫生产业三者之间的协调发展，在患者满意、卫生事业进步、产业发展之间寻找利益平衡点。目前各地区开展的带量采购实践活动出现了一种不是很健康的苗头，即各地区以集中带量采购的价格降幅作为工作好坏的评价标准，降价幅度越大，工作越有成效。这一点让不同地区之间形成了被动降价压力，易导致忽略可能的临床风险，难以坚持以质量安全为前提开展带量采购工作，也严重背离了高质量发展的理念。

（三）遵循市场机制和医疗领域规律，发挥医疗机构的主体作用

医疗机构是医用耗材的直接使用方和患者医疗质量安全的第一负责人。应充分发挥医疗机构采购、使用的主体作用，提升医疗机构临床使用部门的参与度；政府部门和采购部门在医用耗材集中采购中要转变管理方式和管理角色，提供更多服务职能，合理减轻企业负担；支持政府充分发挥市场作用，引导市场形成合理价格，减少对医用耗材采购价格的直接行政干预。

三　建议

（一）对带量采购的前期试点进行评估，合理稳步推进医用耗材带量采购

对目前已经开展完成集中带量采购的地区进行一定周期的充分评估，对患者、医生、医疗机构和医疗器械行业的影响进行充分调研，合理稳步推进医用耗材集中带量采购。同时建议根据国办发〔2019〕37号文综合评估适合带量采购的品种范围，避免一刀切式地全品种推行带量采购。带量采购工作首先要结合临床对医用耗材使用的需求，保留临床使用的主流品牌和维持临床医疗的格局不发生大的变化。在此基础上，逐步降低医用耗材采购成本。

（二）寻求更优解决方案

在过去不同地区进行采购经验探索的实践过程中，事实上存在多种模式经验和办法，如阳光挂网采购、药品交易所等。应充分调研论证这些模式的实践经验，选择最能平衡患者、医生、产业、医疗机构多方利益，并符合我国医药卫生事业高质量发展需要的采购模式。建议国家医疗保障局对目前地方医用耗材集中带量采购工作给予规范并出台文件，在此过程中国家和地方医保局保持开放，建立沟通渠道，充分听取来自患者、医疗机构、医生以及医疗器械行业的意见和建议。

（三）加强标准规则体系建设

使用国家统一的医用耗材分类编码和数据库，实现医用采购目录代码、医保目录代码及医疗机构药品目录代码的标准化、规范化，降低政府和企业操作成本。

（四）建立科学的质量和临床效果评价系统

建立合理的针对医用耗材的质量评价及评审体系，包括质量区分依据和客观评价指标体系。在品质相同、功能相似、成本相近等质量水平相当的情况下进行产品的比较和竞争，而非无序竞争和比价，避免优汰劣胜。

（中国国际经济交流中心　谈　俊　张焕波）

加快构建社区综合医养照护服务体系的思考与建议

人口老龄化是社会发展的重要趋势，也是今后较长一段时期我国的基本国情。截至 2018 年底，中国 60 周岁以上老年人 2.4 亿人，占总人口的 17.9%。据预测，中国老年人到 2025 年将达到 3 亿人，到 2033 年将突破 4 亿人。面对严峻的人口老龄化趋势，我国已明确建设以居家为基础、社区为依托、机构为补充、医养结合的多层次养老服务体系。《国家积极应对人口老龄化中长期规划》提出完善养老服务体系和健康服务体系的要求，但目前社区无力整合医疗、照护、预防系统的资源，亟须构建社区综合医养照护服务体系，在社区范围内为老年人提供无缝衔接的医养照护服务。

一　我国社区综合医养照护服务体系现状

构建社区综合医养照护服务体系是落实“医养结合”的最好路径。就近以社区为依托，开展医养结合，使老年人能够以更低的成本，享受到由社区提供的生活照料、医疗护理、健康预防、精神慰藉、生活支援和紧急救助等社会化服务内容，更符合老年人的生理和心理特点。但目前社区面临服务供需不平衡、服务资源分散、管理碎片化和信息化发展薄弱等发展困难。

（一）社区居家医养照护服务供需不平衡问题

当前我国社区居家医养照护服务呈现供不应求和供求不匹配并存的问题。通过调研发现，居家老人期望的服务需求和能够享受到的实际服务供给存在较为明显的差异。社区居家老人的医养照护服务需求主要涉及医疗保健、体育健身、休闲娱乐和心理慰藉等方面，而实际服务供给水平较低，无法满足老年人需求。

（二）社区间服务资源互动沟通不足

各社区间尚未建立起相互开放的联系机制，多数资源只能服务社区内部居家老人，无法实现资源在各社区间自由对接与流动，造成社区间资源配置不合理。医养照护服务供给应该充分整合家庭、政府、市场和社会资源，但由于各主体之间互动与沟通不足，无法实现各主体在政策制定、技术开发及实际应用等方面的信息共享与深度合作，也无法将分散的社会资源统筹整合到社区居家养老服务供给中。

（三）未成立常设性社区服务资源协调机构

社区居家养老服务组织管理体系主要分为县（市、区）、街道和社区三级，政府机构起统筹规划作用，政策实施由老龄办、民政、社保和卫生等多部门完成。部门间存在严重的条块分割和管理分治的特征，尚未成立常设性社区居家养老服务组织领导机构，社区驿站仅是一个服务机构，无力统筹协调所有的生活照料、医疗服务等资源。管理方式以行政命令为主，社会组织参与管理的力量有限，难以形成政府、社区和社会组织共同合作的管理局面。

（四）“互联网＋社区”信息化平台建设薄弱

社区居家医养照护服务面临社会化服务资源分散化的突出问题，我国社区居家养老服务中心已逐步实现网络信息化管理，多数社区养老服务供给已实现网络化在线操作。但生活照料、医疗服务等所有资源有效整合的统一信息系统平台尚未建立，无法有效推进各相关部门与社会组织跨部门合作，各社区服务资源和主体占有的社会医养照护资源供给无法与社区老人的服务需求实时性链接。

二　日本构建社区综合支援网络的经验

日本为应对日趋严峻的高龄化，减轻政府财政负担，满足国民多层次养老需求，本着在当地安养的原则，持续推进社区养老服务，逐步形成了“自助、他助、公助、共助”相结合的多主体参与、多元服务、倡导自立自强的社区养老服务模式。日本将“医养结合”概念界定为“不同护理需求在合适的场所、合适的时间，得到持续、合理服务的一种医疗护理和生活照料合作行为”。通过社区生活支援中心将医疗服务与长期照护服务相结合，建立了为国民提供无缝对接的医疗、护理与支援服务的综合支援网络，形成有效的老年人安全保障网。这些做法对我国社区养老服务医养结合平台搭建有重要借鉴意义。

（一）社区综合支援网络的建立和目标

日本第一代婴儿潮出生群体将于2025年步入75岁及以上年龄阶段，预测至2060年，65~74岁人口占比将增至27%，75岁及以上人口占比将增至13%。为应对人口超高龄化，减少进入长期照护阶段的老人数量，政府提倡就近提供便捷有效的住所、医疗、照护、预防和生活支援服务。2010年明确提出要以“自助、互助、共助、公助”理念为基础，到2025年建成完善的长期照护、医疗服务和生活服务相结合的社区综合支援网络。2014年，社区综合支援网络建设初具规模。

（二）社区综合支援网络体系构成

综合支援服务系统、社区生活支援中心与大数据信息系统共同构成社区综合支援网络体系。综合支援服务系统包括照护系统、医疗系统、预防系统，生活支援中心完成居家—照护协作、居家—医疗协作和居家—预防协作，大数据信息系统将所有的生活支援中心相互连接。社区生活支援中心将分散的医疗、照护、预防、居住、生活支援等服务资源有机连接，通过行政管理与经济激励方式促成医疗机构和养老机构的协作，帮助社区内 65 岁及以上高龄老人解决所有的养老问题。特别强调建立失智友好型社区，为失智者及其家属提供无缝衔接式的服务。

（三）社区综合照护服务体系评估

地方政府每三年对社区综合照护服务体系进行一次修改完善，运用 PDCA（Plan 计划、Do 实施、Cheek 检验、Action 改善）周期循环评估机制对每个市町村进行照护过程和结果评估，以居住、医疗、看护、护理预防、生活援助为核心内容，确保人（行政管理人员和服务供给方）、财（财源、资本）、物（医院、养老设施）、信息（医疗、护理信息）、时间（期间、效率）的运行平衡。确保该地区医疗和护理服务质量能够持续、统一、高效地改进，形成与服务相配套的多方供给养老产业。行政部门根据《政策评估法》，向各个市町村的居民解释和说明评估结果，加大宣传力度，提高评估绩效。PDCA 周期循环评估机制提高和改善了服务质量，但限制了护理需求者的选择范围。

（四）社区综合照护服务信息共享

在各都道府县市町村中结合护理保险制度工作计划实施的结果，建立全国统一的地区综合照护服务信息化体系。通过比较各个地区之间的实施结果，可以选出最佳方案，有利于各地区借鉴和学习全国其他地区类似的方案，探索出适应本地区发展的策略。保证各都道府县相关工作人员接收信息的一致性，共享方案思路，促进各地区相关部门紧密配合。能够迅速应对人事调动问题，做到优质高效地补全空缺岗位。日本政府通过对护理保险制度的不断改进，构建信息一体化的社区综合照护服务体系。

（五）社区综合照护服务政府监管

在社区综合照护服务体系构建中，政府推进医疗、护理服务供给制的发展，委托民间相关团体通过市场进行援助活动。为确保提供的服务质量，规范民间团体的商业行为，政府按标准实行审核，加大监督和指导力度。以风险管理和危机管理提高社区居民的自我保护意识，受理居民的不满和投诉，并完善该体系，最终根据各个地区的实际情况因地制宜发展社区综合照护服务体系。

三　建立我国社区综合医养照护服务体系的政策建议

坚持以互联网思维为导向、以平台化运作为载体、以跨界合作为基础、以多主体参与为保障、以满足老年需求为核心的思路，构建社区综合医养照护服务体系。从护理保险制度设计、社区支援中心机构设置、服务评估监管、认知症预防和“互联网＋社区”信息共享系统角度，思考推进社区居家医养照护服务体系建设的具体路径。

（一）继续扩大长期照护保险试点工作

依托长期护理保险建立社区综合支援网络，长期护理保险制度可以系统性解决老年人医养照护中的失能失智评估、保障范围、筹资机制、支付标准和服务支撑的问题。通过制度设计，明确划分医疗护理和生活照料的边界，结合老年人的身体状况及需求程度制订服务计划，在有效控制支付比例和保障范围的前提下，坚持筹资能力与保障水平相匹配的原则，继续在有条件的地方扩大试点。坚持政府、社会、个人责任共担的筹资机制，建立全国统一的失能失智评估标准，各地可以根据保险筹资的情况确定待遇水平。用长期护理保险资金引导带动社区照护产业发展，加强老年人失能失智预防与健康教育。

（二）建设社区生活支援中心

根据各地区实际情况，在社区和街道办事处的基础上建立社区生活支援中心，由卫健、民政等部门合署办公，统一协调医疗、养老、预防服务资源，对老年人生病住院、出院康复及痊愈生活照料进行统一管理，实现医疗和养老服务无缝对接。居民有困难可通过社区生活支援中心进行沟通解决，为老人提供在服务机构之间的咨询、推荐、转接服务，并监督其服务质量，各类服务机构根据老年人的身体状况及需求提供相应服务。发挥社区志愿者和非营利组织的作用，创造条件让青年人更多服务于老年人，社区定期进行中医药养生知识普及，开展预防保健活动，发挥中医药健康养老服务的优势，提倡自立支援的养老理念。

（三）在社区提供认知症预防与援助服务

中国老年保健协会老年认知及相关疾病专业委员会数据显示，中国老年认知症患者超过1000万人，2050年将超过3000万人，有80%~90%的患者并未得到诊断。社区亟待构筑为失智群体和家属提供预防、管理与援助的服务体系。加强在社区推进普及和促进认知症相关知识的宣传教育，根据老人具体状况适时适当地提供医疗、护理服务，强化早发型认知症应对措施，加强对长期照护人员（包括家属）的支持，加强对认知症友好社区环境的建设，促进研究开发及成果普及。

（四）加强社区综合服务评估和监管

学习和借鉴日本PDCA周期循环评估机制，以顾客为导向，将老年人需求纳入社区居家护理服务发展的核心地位，服务对象对服务质量的评价持有最终决定权。从对老年人服务流程、服务数量、服务类别、服务感受等方面建立护理服务评估制度，综合测评服务满意度。在护理保险制度的基础上，制定社区上门护理人员服务标准，护理服务人员将被纳入人才评定行列，提高其社会地位，针对职称评估、技能水平考核认定等方面出台相关优惠政策。实现护理服务项目的多样化，鼓励家政服务机构连锁化，塑造品牌经营、规模化经济，推动市场公平竞争，规范家政、餐饮等相关行业，确保通过社区服务平台所对接的商业服务质量。

（五）建立“互联网+社区”信息共享系统

建立“互联网+社区”大数据平台，连接照护系统、医疗系统、预防系统、居家系统、社区生活支援中心，实现供需对接和实时监督评价。长期护理机构、社区医院、各类服务机构和老年人个体之间形成网上资源共享、点对点对接服务，减少老年人奔走于各个机构中的麻烦，消除不断适应环境的不安心理，促进社区生活支援中心经验共享。鼓励智慧养老产业发展，充分运用大数据、人工智能、区块链技术，大力发展可穿戴设备、智能康复辅具、护理机器人等人工智能设备，实时了解老人身体状况，相关数据可以在大数据平台上实时上传、远程掌控和干预。

（中国国际经济交流中心　张　瑾）

构建中国特色医养照护体系

2000年，中国进入人口老龄化社会。2018年，我国老年人口中，60~69岁的老年人口占到60.26%，70~79岁老年人口占27.78%，80岁及以上老年人口占11.96%。目前，我国低龄老年人在老年人口中占比在大多数，中国还处于老龄社会的低龄阶段。

一 全球老龄化的趋势

全球人口老龄化趋势已经不可逆转。1956年，联合国《人口老龄化及其社会经济后果》确定划分人口老龄化标准是，当一个国家或地区65岁及以上老年人口数量占总人口比例超过7%时，表示这个国家或地区的人口进入老龄化。1982年，维也纳老龄问题世界大会确定，60岁及以上老年人口占总人口比例超过10%时，可以定义为老年型人口。根据老年人口在总人口占比的不同，划分老龄社会三个分期，即老龄化社会、深度老龄化社会和超级老龄化社会。三个阶段老龄化社会的标志分别是全社会60岁及以上的老年人口占到10%、20%、30%，或者65岁及以上的老年人占到7%、14%、21%。

国际上一般将60~69岁年龄段的老人称为低龄老人，70~79岁是中龄老人，80岁及以上是高龄老人。据预测，全世界60岁及以上人口正以每年约3%的速度增长。2017年，全球60岁及以上的人口已经占到总人口的 7% 以上，全球已进入老龄化社会，老龄化发展趋势基本不可逆转。

积极应对老龄化已经成为国际社会共识。1999 年，联合国召开第 21 届特别会议，通过了《国际人口与发展会议行动纲领》和一系列重大行动计划，包括预测老年人口、审查人口老龄化的决定因素及其后果。2002 年，在马德里举行“第二届世界老龄问题大会”，通过了《老龄化马德里政治宣言》和《老龄问题国际行动计划》，积极应对老龄化观念已纳入各国发展框架。此后，联合国开始定期发布《世界人口展望报告》，用以指导和评价各国老龄化趋势和经济社会发展战略。

全球应对老龄化达成共识主要有两点。一是人口老龄化将在 21 世纪持续存在。1990 年前后，发达国家均出现劳动人口减少的刘易斯拐点，2050 年全世界将出现这个拐点。二是人口老龄化影响广泛。在经济领域，将对经济发展模式、增长速度、储蓄、投资与消费、劳动力市场、养老金、税收及代际关系产生冲击性影响；在社会层面，将影响健康管理、医疗照顾、家庭组成、生活安排、住房与迁徙等；在政治方面，将影响投票模式与代表性群体，话语权向老龄人口转移。

20 世纪 80 年代，联合国开始探索如何解决人口老龄化问题。1982 年联合国在维也纳召开第一次老龄问题世界大会，通过了包括 62 项建议在内的《老龄问题国际行动计划》。1991 年联合国大会通过了《联合国老年人原则》，确立了关于老年人地位五个方面的普遍性标准：独立、参与、照顾、自我充实、尊严。

人口老龄化对全球经济的影响。有些是正面的或者兼而有之。例如，劳动人口既是生产年龄人口，也是消费能力最旺盛的人口，劳动人口数量减少不利于消费。但是老年人对医疗照护、康复保健、老年用品及养老服务等方面的消费需求不断增加，也为发展老龄产业提供了巨大的空间。老龄化也有一定的负面影响，如使劳动力供给出现短缺；社会保障支出大幅提升加大政府财政负担；储蓄率下降导致资本积累和投资率下降等。

二　构建老年医养照护体系的主要思路

人体衰老是自然规律。人进入老年以后，会逐渐出现身体机能衰退，生活自理能力下降；记忆力减退，智力水平降低。老年人进入高龄阶段，不可避免会出现失能失智生理老化现象。特别是到了 80 岁以后易出现失能失智的现象。有专家做过研究，80 岁以上的老人出现失智的可能性（老年痴呆可能性）几乎占 50%。建立中国特色医养照护体系要结合我国的实际情况，形成政府主导、社会参与、市场推动的老年医养照护体系。医养照护服务的主要内涵：医，是指慢病诊疗，老年人老年病常年病发生率比较大；养，主要是康养调理，保持老年人身体健康；照，主要是指生活照料，身体机能出现衰退以后，需要社会为他提供服务；护，是慰藉陪护，为老年人生活提供心理关怀服务。

老年医养照护体系建设要结合中国国情。中国的独特国情，一是我们的人口规模大，发展速度快；二是传统的家庭照护模式难以为继；三是养老服务业发展缺乏制度性资金支撑；四是城乡人口老龄化发展不均衡。在医养照护方面，中国的中医药可以发挥独特的作用。中医具有系统调理人体机能的功能，可以提高机体抵抗病变的作用，更适合治疗老年病和慢病。特别是中医、中药可以有效解决老百姓看病难、看病贵的问题。

深化养老领域供给侧结构性改革。坚持政府引导与市场机制相结合，将医养照护服务体系建设纳入当地经济社会发展规划，充分发挥政府在老年医养照护领域顶层设计、制定政策、引导投入、规范市场、优化环境等方面的引导作用，整合各方医养资源，全面形成互利共赢的发展格局。同时，充分发挥市场在资源配置中的决定性作用。通过市场作用，整合现有医疗机构和养老机构资源，充分发挥各自的优势和功能，实现资源优势互补。充分调动各方积极性和创造性，生产种类多样、功能完备的老年康养产品，不断丰富老年健康养老服务产品供给，形成规模适度、功能互补、安全高效的健康养老服务网络。特别是要通过优化市场环境，吸引市场、社会力量参与医养结合，通过民办公助、公建民营、特许经营等模式举办非营利性医养照护服务机构。

推动养老医疗和照护服务融合。养老的医疗资源与照护服务资源相结合，可以实现为老年人服务的社会资源利用最大化，其关键在于医、养各环节、机构的有效对接。应根据老年人生活居住特点，以健康老龄化需求为导向，打破养老服务机构与医疗机构分割状况，积极推广集医疗、照护于一体的养老机构全程养老服务模式。推动医疗机构与养老机构的对接，利用“医养一体化”的发展模式，集医疗、康复、养生、养老及慢病管理等于一体，把老年人健康医疗、慢病管理放在首要位置，将养老机构和医院的功能有机结合，把生活照料和康复照护、临终关怀融为一体，打造新型养老模式。医疗机构以医疗康复和出院后延续照护服务为主，在此基础上可提供“养”的服务，包括生活照护服务、营养膳食服务、精神慰藉服务、文化活动服务等；照护机构以养老为主，以医疗康复、专业照护照顾为支撑，也可提供“医”服务，具体有医疗服务、健康咨询服务、健康检查服务、疾病诊治和照护服务、大病康复服务、慢性病管理服务以及临终关怀服务等。

培育医养照护产业新经济增长点。老年医养照护体系建设，要解决老年人健康养老问题，积极推动经济与产业的发展。一方面，实施老年医养照护能够提升老年人的健康水平，最大限度地降低患病率和失能发生率，减轻人口老龄化给国家和社会在医疗卫生、社会照护等方面带来的经济负担。另一方面，发展老年医养结合将形成一个规模巨大、覆盖面广、产业链长、涉及众多领域的综合产业体系。当前国外发达国家的老龄产业体系已涵盖制造、建筑、医疗卫生、信息通信、金融保险、房地产、文化娱乐和教育等诸多方面。经验表明，老龄产业不仅能够为老年人带来民生福利，同时也可以有效带动相关产业发展，成为经济增长的新动力。

三　政策建议

一是完善顶层设计，加强医养照护社会政策衔接。倡导形成积极老龄观的社会共识，建立老年人“健康自立、适度受助”理念，树立老年人力资源财富观念；创新体制建立医养照护制度体系，完善老龄政策制度，提高法定领取养老金的年龄；完善老年人医养照护服务，鼓励支持引导社会资本投入依托互联网的照护服务。

二是加快建立我国医养照护服务制度体系。总结全国试点经验，加快建立长期照护保险制度；建立专业化老年人照护服务失能等级测量评估机制；实行医养照护人员分层次培养、使用和职业准入制度。

三是通过立法稳固医养照护制度框架。医养照护体系涉及领域多、覆盖面广、政策要求高，要建立内容完整、结构合理、要素齐全、衔接配套、和谐统一的医养照护法规体系，总结医疗与照护两大资源有效融合过程中对法律保障需求的情况，调整完善、补充制定相关法规。

（中国国际经济交流中心　姜春力）

电动汽车充电基础设施发展现状与政策建议

2015年，国家发改委发布了《电动汽车充电基础设施发展指南（2015~2020年）》，提出“十三五”期间我国新能源汽车有望达500万辆，充电桩等设施可达480万个，产业带动可达千亿元以上。2016年7月6日，国务院原副总理马凯在陕西召开的新能源产业发展座谈会上提出，充电基础设施是新能源汽车发展的瓶颈，应加强充电设施建设，健全充电设施发展政策，推动政策规划落实，尽快弥补充电短板问题。近三年，我国充电设施产业发展迅速，政策体系得以健全，电力接入和服务定价逐步规范，设施互联互通取得实质进展。然而，车桩不协同、行业资源优化整合力度不够、运营企业难以盈利等问题仍较突出。

一 行业发展现状

2018年，我国新能源汽车市场年度销量达到120万辆，占全球新能源汽车销量的56%。截至2018年底，新能源汽车保有量达到261万辆，继续保持新能源汽车推广世界第一的市场地位。在充电设施领域，根据中国充电联盟统计，截至2019年8月，公共充电桩保有数量45.6万台，私人充电桩数量52.4万台。从数量上看，中国仍保持充电设施建设运营第一的地位。国内充电桩的建设和运营集中在特来电、国网、星星充电、普天新能源等企业，这四家企业市场占比约为86%。

长期以来，公共充电桩利用率始终偏低，各类运营企业均不再将建设规模作为发展首要目标。充电运营商已经开始由重建设向重运营转变，商业模式也由单一收取充电服务费向提供增值服务拓展。公交、出租、环卫、物流等专用充电领域市场，特别是面向网约车、分时租赁车等营运车辆提供定向充电服务已经成为充电运营商的重要收入来源。部分充电运营商逐渐向新能源汽车产业链上下游延伸，涉足汽车租赁、销售、维修、电池、零部件等多个领域，实现车桩深度融合，培育充电市场。

二　国际比较

从国际上看，美国、日本、欧洲等各国政府都推出了与之相应的政策支持及税收优惠。

（一）政策支持方面

2017 年，多国政府、组织发布了燃油汽车禁售时间表或将此提上研究日程，并加大了对充电设施的支持力度。在美国，截至目前，安装电动汽车充电桩的个人及企业均享受 30% 税收减免。在亚洲，日本继续实施对充电设施企业按成本的 25% 标准补贴政策，给予最高 10 万日元（5946 元人民币）标准充电站和 50 万日元（29729 元人民币）的快速充电站补贴。在新预算案中，印度政府提出，新建 5 座大型发电站，总发电量将达到 40 亿瓦特，并支出 616 亿卢比用于新能源的研发。2017 年初，德国政府出台了 2017~2020 年拨款 3 亿欧元支持充电基础设施发展的补贴政策。2019 年 9 月，德国联邦政府出台“气候保护计划 2030”计划，根据计划，为进一步推动新能源汽车发展，德国政府计划到 2030 年时修建 100 万个充电桩，并要求所有加油站安装充电桩；住房和租房相关法规将调整，房东将不得阻止租房者安装充电桩。英国政府宣布将以伦敦、米尔顿·凯恩斯、布里斯托尔和诺丁汉等城市作为试点，建设快速充电设施。

（二）充电运营方面

与中国情况类似，在充电设施运营模式上，美国由 ChargePoint 等 5 家充电设施运营企业主导市场，但在充电服务费收取上，与国内差异较大。很多充电场站由酒店和餐厅拥有，且自主定价。在亚洲，日本由主要汽车制造商、电动车公司、政府等联手制定了快速充电标准，成立“电动汽车充电协会”，并发布了 CHAdeMO 标准。在推动该标准成为全球标准的过程中，日本几大车企和充电桩运营公司抱团出海。欧洲国家与日本类似，由汽车公司主导推出联合充电系统（简称 CCS）标准。以充电场站为中心，整合带动相关产业链发展，围绕电动汽车充电时间较长特点，结合购物、健身等服务，提高充电服务黏性和增值性。

三　存在问题

（一）建设方面，充电基础设施网络布局特点致使投资大而回收期长、不确定因素多

我国充电基础设施网络已然成为新能源汽车增长放量的瓶颈之一，其主要原因归为充电基础设施网络属城市基础设施范畴，牵涉市政、国土、电网、消防等相关部门，协调难度大、周期长且不同项目的横向借鉴性不足。另外，网络规模的持续扩大势必需要结合新能源汽车技术发展而采用新型充电技术，不排除颠覆现有技术的可能。网络规模的扩大，对充电运营服务企业商业模式、管理模式等创新带来极大挑战。

一是建设用地无法落实。规模性扩建充电基础设施网络，需要大量与之相匹配的土地资源，而目前新能源汽车多集中于发展较快的一、二线城市，土地资源紧张现状明显突出，致使运营商协调难度加剧。此外，用地属性不一且在签约合同有效期内无法保障土地持续使用，致使运营商中途拆迁或另寻他处，最终导致前期巨额投资无法有效回

收，在损失资金的同时挫伤企业继续扩大网络规模的积极性。

二是电力接入手续烦琐。充电基础设施项目规划与落地，需要相对应的电力接入配套条件，然而目前的电力接入业主方大多无足够预留容量，或由于提供剩余容量影响其原有规划、影响自身发展，最终导致合作意愿不强。另外，电力报装周期长、供电协调难度大，提高运营商项目实施成本。而且不同城市电力报装政策不一，流程不同，致使运营商无法统一考量，也延长了报装周期。

三是充电设备参差不齐。新能源汽车充电桩产业链中，充电桩生产商价格战趋势明显，影响上游有序、健康和良性发展。低价背后必然是品控不严、技术不达标、维保不到位的结局。以上种种问题最终由产业链中游充电运营商买单，加剧了维护压力，提高了运维成本。

四是资金成本压力大。充电网络作为基础设施本身就具有投资周期长、建设规模大、价值转移慢的特征。特别是在目前，充电服务仍处在市场培育阶段。高额贷款利息更加剧了民营运营商的资金压力，而对国有企业的考核机制并没有考虑充电网络对国民经济的推动作用，单纯考核盈利也在一定程度上影响了国有充电运营商的建设积极性。

（二）从运营角度，行业准入门槛降低，无序竞争苗头悄然显现

一是政府指导价限制盈利。一般地方政府仅规定最高限价，放开市场自由竞争，虽然降低使用环节成本，但对目前以充电服务费作为主要收入来源的运营商带来成本回收压力，不排除部分企业因此导致运营困难而退出市场的现象，运营网络的变化势必反作用于地方新能源汽车的整体产业发展。

二是恶性竞争屡禁不止。市场放开百花齐放，虽有利于资本的迅速涌入，从数字上体现充电桩体量的增长，但部分运营商不计代价恶性竞争，虽然短期内获取客户资源，但长期经营后期疲软，运维成本加剧，最终难以维系，扰乱了原本绿色健康、良性有序的市场环境，影响原本正常运营企业的基本运作。

三是市场需要培育。在上述服务费的最高限价及同业恶性竞争环境下，如何正确培育和引导整个充电行业市场发展，是政府及运营商需要面对的问题。

（三）行业资源优化整合力度不够，尚未形成合力

目前充电设施行业由国家电网、中国普天两家央企和特来电、万邦新能源两家民营企业主导。充电设施行业具备作为重要的新型城市基础设施战略属性，在国家充电基础设施网络建设中，中央企业理应发挥主导力量，引领行业有序发展。但从实际情况来看，基于现有管理机制及业绩考核机制，中央企业在充电设施领域投资日趋谨慎，投资决策周期较长，对行业引领作用正在逐步减弱。民营企业基于行业盈利水平低的现实，也在逐年缩减投资规模，从而影响国家充电基础设施总体发展战略的实现。

四　相关建议

充电设施和相关产业跨领域、跨部门，涉及面广，且由于充电设施建设成本高，充电利用率偏低，有相当一部分运营商面临经营困境，产业发展环境亟待改善，需要加大支持力度，确保产业可持续发展。

（一）降低建设成本，改进补贴方式

目前，充电设施运营商普遍处于亏损运营，而充电设施建设成本居高不下，严重制约产业资本投资的积极性，民营资本建设充电设施热度下降明显。近年来，随着技术进步和充电设备制造产业的不断成熟发展，充电设备价格有所下降，但充电设施建设总成本仍居高不下。尤其是涉及电力增容的快速充电桩群，增容费用具有较大调整空间。同时，地方政府对充电设施行业的补贴以建设补贴为主，大多按照投资建设成本的一定比例，如 30% 补贴建设企业，这也在一定程度上导致一些运营企业重建设、轻运营，使车桩不能有效协同。建议将以补贴建设为主的方式改为以补贴运营为主，即以充电桩产生的充电量为测算基础，补贴运营企业。这样可以将有限的资金用于补贴使用端，切实提升补贴资金效果，促进整个行业良性发展。

（二）**完善价格机制，促进行业可持续发展**

充电设施运营企业前期投资建设成本高，由于产业处于发展初期，相关配套服务还不完善，商业模式也未成熟，充电服务费成为运营商主要收入来源之一。目前，新能源汽车年充电量在8亿度左右，仅靠运营服务费难以支撑各运营商高额的运营费用。建议在国家政策层面研究并出台充电服务费定价的指导意见。同时，为避免充电运营企业聚集在充电服务费高的城市进行投资建设导致的行业无序竞争，兼顾公众对价格的可接受度，建议设置充电服务费价格区间。

（三）**建立市场准入机制，推动行业企业资源优化整合**

现阶段，为了提高企业投资积极性，保证公共资源开发质量，避免无序竞争，特别是提高充电运营企业对安全管理的要求和标准，迫切需要设立行业准入管理机制进行规范管理。建议在国家层面提出关于运营商经营管理行业准入标准的纲领性指导意见，对准入企业从注册资本、技术实力、运营服务能力、企业资信等方面提出相应要求。同时，建议政府加强行业协调，指导和促进充电设施运营商与产业链企业，尤其是与车辆生产企业开展协同合作，考虑推进行业内央企的混合所有制改革，发挥两种所有制各自优势，激发各类资本投资积极性，推动行业资源优化整合，促进行业全面健康发展。

（中国国际经济交流中心　王文涛）

以“产业新城”为抓手助推中小城市高质量发展

当前，我国经济处于爬坡过坎的关键阶段，特别是在中美经贸摩擦背景下，我国经济下行压力增大，面临两个突出问题：一是部分外向型企业特别是以美国为直接出口市场的企业出口压力加大；二是部分出口企业受关税影响，将生产环节加速外移到东南亚国家。积极开拓内需市场和提高国内产业承载力迫在眉睫。未来，全球制造业产业链重新配置和商品原产地多元化趋势不可逆转，必须从根本上增强我国经济内生增长动力、发展韧性和回旋空间。

一　中小城市发展潜力巨大，是拉动内需、增强经济韧性和回旋空间的主战场

党的十八大以来，我国大城市得到进一步发展，基础设施、城市功能、产业布局等各方面与国际大都市差距不大，一些特大城市已经发展为国际化大都市，而中小城市与发达国家相比还存在较大差距。质量上，我国中小城市在城市建设品质、公共服务配套、高端产业集聚程度等方面与发达国家有较大差距。

我国跨过中等收入陷阱、产业发展迈入中高端的关键在于中小城市，扩大内需和提高国内产业承载能力的主战场在中小城市。截至2017年底，广义的中小城市（包含乡镇的市辖区）直接影响和辐射区

域的行政区面积达934万平方公里，总人口达11.77亿，经济总量达70.24万亿元，占全国经济总量的84.92%。面对经济发展不确定性，实现中小城市高质量发展，是应对百年未有之大变局的重中之重。

二 “产业新城”模式能够牵住产业发展这个牛鼻子，促进中小城市高质量发展

近年来，我国城镇化进程中出现的产业新城模式，快速、高效地促进了当地经济和社会发展，其经验值得进一步总结和推广。

例如，位于北京天安门正南50公里的固安产业新城，经过十几年发展，从一个农业大县发展成为一座媲美美国尔湾和欧洲小镇的魅力之城，居住、商业、教育、医疗、休闲等城市配套与国际水平看齐，形成了新型显示、航空航天、生物医药三大千亿级产业集群和人工智能、云计算等一大批百亿级产业集群聚集，实现了生产、生活、生态完美融合，财政收入从2002年的1亿多元迅速增加到现在的近100亿元，跻身中国竞争力百强县，正向“全球技术商业化中心”“京南硅谷”蜕变。

浙江嘉善产业新城作为嘉善接轨上海的桥头堡，通过“三年塑型、五年成势、十年成熟”的总体发展思路，聚焦“科创·新经济”，六年来，累计新增就业岗位超2000个，签约企业250家，累计营业收入超350亿元，迅速成长为一片新兴产业的热土、科技创新的高地、民生共享的福地。上海师范大学优质教育资源的引入，科技大道、云湖公园、嘉善规划展示馆等重大项目的竣工，标志着嘉善产业新城在产城融合、推进沪嘉同城的道路上快速发展。此外，河北大厂、安徽来安和长丰等地通过探索实施产业新城模式，均实现了高质量发展。

产业新城模式是以实现区域可持续发展为目标，政府和企业建立长期合作关系，提供以产业开发为核心的基础设施和城市运营等综合开发服务，企业承担主要管理责任和风险，投资回报与绩效挂钩，扎根

中国特色社会主义市场经济，符合中小城市发展规律的区域开发模式。

第一，从开发内容看，是“以人为本，以产业为核心”的整体性区域开发，促进县域实现“产城融合”式发展。县域高质量发展需要引入高新技术、高端产业和高端人才。中心城市人口疏解到县城，需要高端的医疗和教育，完善的城市商业配套，良好的居住环境，让产业新城的整体生活、就业品质与中心城市相当。产业新城模式通过以人为本的整体开发，增强对高端要素的吸引力。社会资本通过提供规划设计、土地整理、基础设施和公共配套建设、产业发展服务、城市运营的整体解决方案，补齐区域发展中面临的资金、人才、产业、机制短板，提升区域发展能力。

第二，从开发动力看，是具有自我造血功能的可持续性开发，实现资金内部平衡，而不依靠存量财政，避免地方政府债务风险。产业新城模式以产业发展为核心，将土地、基础设施、公共配套设施、人力资源等要素有效纳入生产体系，创造增量财富和价值，带动区域经济社会发展和财政收入增长，运营企业从增量财政收入中获得长期、稳定、合理的投资回报。政府按绩效付费，运营风险由运营企业承担，政府支付运营企业的回报以新增地方财政收入的一定比例为限，合作到期后，新增财政收入不足以支付服务费的，政府不再承担支付责任。政府自身“不投资、不负债、不担保、不兜底”，从根本上规避和减少了政府债务风险。合作区域用于支付的财政资金属于新增资金，做的是财政收入的“加法”，没有增加合作区域政府的财政负担，不会带来财政风险。

第三，从开发机制看，政府与运营企业优势互补，能产生“1+1>2”的效果。产业新城采用“政府主导、企业运作”的 PPP 市场化运作模式，可以最大限度发挥政府和市场主体的双重优势。区域高质量发展是政府和运营企业的共同目标，“绩效付费、长期运营、综合开发”的制度设计，使政府和运营企业实现了激励相容。双方相向而行，优势互补，既充分让市场在资源配置中发挥决定性作用，又促进了政府职能转变。对政府来说，激励了其积极主动优化营商环境和提升服务水平，让运营企业无后顾之忧。运营企业则千方百计发展高端产业和实体经济，不断为政府创造财政收入，提升政府支付能力。

第四，从开发时间看，项目建设运营具有长期性，运营企业承担了更多风险，也产生了更多激励，保障了区域开发的可持续性。产业新城模式是政府与企业在城镇化基础设施和产业服务领域，通过签订长期的排他性合作协议，以政府—市场协议模式实现政府主导和企业运作，实现收益共享和风险共担。从开始投入到最终协议履行完毕，整个过程都是企业在运营，企业承担城市运营投入以及运营过程中的一系列风险，从而产生更多激励，提高项目效率，保障区域开发一张蓝图绘到底。

三　创造更好的政策环境支持“产业新城”建设

产业新城在实践中已经迸发了巨大活力，是具有中国特色的中小城市开发模式，应总结和推广产业新城模式，加大支持力度，做好行业规范。

一是把产业新城作为促进大中小城市协同发展的重要载体。建议国家发改委出台产业新城发展指导意见，通过产业新城推动中小城市深度融入城市群空间的产业分工，使所在区域成为骨干网络上的重要节点和城市群内部具有特色的创新单元，弥补构建现代化经济体系短板。

二是支持各类市场主体参与产业新城建设和运营。在地方探索中，产业新城运营商既有国有企业，也有民营企业和地方平台公司。下一步，应继续发挥各类市场主体参与产业新城建设和运营的积极性，支持地方政府根据本地实际和未来发展需要，与产业新城运营商探索更具灵活性和适宜性的合作方式。

三是鼓励在产业新城建设中采取多元化的融资方式。建议财政部进一步加大将产业新城 PPP 项目纳入国家 PPP 项目库的力度，探索产业新城项目专项债券发行路径；加大国家开发银行等政策性金融机构对产业新城的支持力度；提高商业银行参与产业新城项目积极性，加大保险资金对产业新城项目的引导；放宽产业新城项目开展资产证券化的基础条件。

四是做好行业发展规范。建议住建部研究产业新城建设标准，规范产业新城运营商资格，从资金实力、产业队伍、行业积累等方面提高进入门槛，使产业新城模式更加规范化。避免缺乏实力的房地产企业假借“产业新城”模式跑马圈地，确保能长期投资、长期运营，有社会责任的企业参与产业新城发展，为地方政府正确选择合作伙伴提供保障。

（中国国际经济交流中心　张焕波）

区域发展

构建大湾区大学系统支撑国家创新型发展

粤港澳大湾区发展规划的愿景，是建设成为国际一流湾区和世界级城市群，打造高质量发展的典范。加快构建大湾区大学系统，推动粤港澳三地教育资源强强联合、优势互补、协同发展，实现持续不断的高素质人才供给，是支撑大湾区高质量发展的基石性制度设计，也有助于推动大湾区成为国际教育示范区和国际化人才培养基地，有利于培育软实力“走出去”新高地，并倒逼中国高等教育深层次改革。

一　构建大湾区大学系统的重要意义

大湾区大学系统是指由粤港澳三地高校自发联合形成的紧密型高校联盟。通过创新治理体制，实现高校间科研资源共享、人才共同培养、学科相互补充、学分有序互认、师生自愿流动、活动共同组织、共同面向市场的协同发展目标，以此牵引带动大湾区教育整体上水平、上台阶，成为国际创新发展高地。

（一）有利于发挥港澳优势调动其参与大湾区建设的积极性

2018 年，大湾区有四所高校进入世界百强，均在香港。香港用二三十年的时间迅速培育出世界知名高校，说明其高等教育体制是值得学习借鉴的。其国际化程度高，与世界顶尖科研机构、一流科学家交流频繁，是国际创新人才理想集聚地。通过携手构建大湾区大学系统，借助港澳通道，内地可快速融入国际智力体系。同时，香港也可借此融入国家创新体系，在为国家改革再出发做出新贡献的同时实现自身更好发展。这既是国家所需，也是香港所愿。

（二）有利于支撑大湾区国际科技创新中心建设

大湾区要建设成为具有全球科技创新高地和新兴产业重要策源地，需要整合三地创新资源。依托大湾区大学系统，可以形成共治共享共用平台，联合培养创新人才，共同申请创新支持，携手开展科技攻关，协同推进成果转化。这将有效增强大湾区的科技实力，配合形成产学研一体的创新体系，支撑广深港澳创新走廊建设，并间接破解“瓦森纳协定”对中国的技术围堵。

（三）有利于国家实施创新驱动发展战略

国际知名的高等教育合作模式，像加州大学系统、十大学术联盟或罗素集团，都对当地或所在国创新发展起到了极大的支撑作用。粤港澳大湾区是中国高质量发展的重要动力源，可在此探索如何增强区域原始创新能力。依托大湾区大学系统，系统提升人才培养、学科建设、科技研发三位一体的创新水平和服务经济社会发展能力，主动参与国家创新体系建设，将有效支撑国家创新驱动战略的实施。

（四）有利于倒逼中国高等教育领域深层次改革

开放倒逼改革是我国改革开放 40 年的重要经验。教育领域因其特殊性，如何对外开放需要先行试验。国家提出大湾区战略，就是利用其内部天然的制度差异，为各领域全面对外开放进行压力测试。通过构建大湾区大学系统，引入港澳高校元素，探索跨制度的教育合作模式，搭起中国教育走向世界教育的桥梁，能倒逼高等教育改革，支撑教育强国建设。

二　构建大湾区大学系统的初步构想

教育领域对外开放是大势所趋。但因涉及意识形态问题，需要蹄疾步稳。而在大湾区框架下进行压力测试，风险可控。而且，在内地与港澳《关于建立更紧密经贸关系的安排》（CEPA）框架下，教育等服务业向港澳优先开放是既定政策。优先推动向港澳高校开放，联合构建大湾区大学系统成为现实选择。

宏观管理上，要创新制度安排。一是要建立大湾区教育合作专责小组，将构建大学系统作为教育合作的切入点，在大湾区建设领导小组的指导下开展工作。二是要建立政府、高校间固定的协调机制，重点解决事关大湾区高等教育长远发展和整体竞争力的重大战略性问题。三是要形成高校间日常对话、沟通机制，对院校关系、学科布局、人才培养、资源共用等事项进行对接。

推进路径上，要探索多形式的实践路径。一是要稳步发展。参考推动欧洲高等教育合作的“博洛尼亚进程”，建立大湾区大学系统的框架协议和对接机制。二是要创新发展。立足既有高校联盟，逐步拓展高校数量和合作领域。支持港澳高校在内地独立办学，鼓励教育领域率先向港澳开放。三是要互补发展。支持各方以其所长共建实验室和研究中心，重点提高各自学科的教研实力，联合培养高层次人才。

治理机制上，要妥善处理学术与行政权力的关系。一是要明确治理主体。大学系统整体上以各高校专家参与的“联盟理事会”为治理核心，下面分设行政和学术委员会。二是要制定制度章程，作为大学系统内部合作时统一的行为规则。三是要建立多元一体的评价模式。评价指标要丰富，包括学术影响、就业评价、科创能力和国际影响等。评价主体要多元，包括政府、大学、社会、市场等方面。

办学理念上，要始终坚持“四化”推进。一是市场化。要坚持市场主导，坚持自觉自愿，尊重差异，各取所需，包容发展。二是融合化。要以产学研融合发展为主要方向，让企业创新要素和大学科研成果更好地叠加。三是协同化。大学系统要以人才培养及科学研究为主线，逐步形成多区域、多类型、多层次的大学系统协同网络。四是国际化。

通过大湾区大学系统，提升区域整体高等教育的国际影响力和竞争力，并带动内地高等教育的国际化发展。

三　构建大湾区大学系统的建议

（一）抓紧启动中国版“博洛尼亚进程”

作为推进欧洲高等教育合作的成功经验，该模式提供了不同国家高等教育对接融合的范例。大湾区内的高等教育对接，也可以借鉴这种模式。要从学位对照、学分转换、师生流动、外部评价、内部保障等入手，逐步建立起推动融合对接的体制机制。

（二）给予大湾区高等教育改革探索的充分授权

建议将大湾区作为教育领域对外开放的压力测试区，给予其在高等教育领域改革的充分授权。一是将教育部主管的教育领域对外合作的管理权限下放至广东省，由广东省承担相应决策工作，相关决定报教育部备案。二是免责机制先置。明确教育对外开放的程序性规定。只要是出于为推进港澳深度融入祖国大局、为提升大湾区整体教育水平的行政决定，只要履行了相应报备程序，即使与现行规定不符，相关决策方也应该免责。

（三）支持国际知名高校在大湾区独立办学

大湾区规划纲要提出，“支持大湾区建设国际教育示范区，引进世界知名大学和特色学院，推进世界一流大学和一流学科建设”。为此，建议鼓励在大湾区内引入国外知名高校集聚发展，建议逐步放开独立办学的限制，优先支持港澳高校在内地独立办学。原因有二：一是在CEPA框架下，已明确支持包括教育在内的高端服务业优先向港澳开放；二是香港有高等教育成功培育的经验。通过引入香港的“鲶鱼”，既可以提高大湾区整体教育水平，又可以倒逼国内高等教育改革。

（四）建立实体化的大学系统推进协调机构

建议基于大湾区高校联盟，逐步设立专门的大湾区大学系统运行机构。涉及教育政策调整的事项，由政府牵头推进解决。涉及系统内部高校间对接的事项，由联盟理事会协调推进。起步工作，一是签订合作协议，培育整体意识，规划推进路径；二是组建专业高效的管理团队，最高决策部门是联盟理事会，由粤港澳三地高校代表组成，下设管理委员会、专项小组等。

（五）支持大湾区大学系统的成员采用国际通行的治理规则

治理规则上，大学系统整体上推行以“联盟理事会”为治理核心的多元参与、共建共享的治理模式。其作为最高决策机构，定期召开会议。其下设“校长委员会”“学术委员会”，分别承担行政及学术对接业务。内地高校仍可保留现行党委领导下的校长负责制，但不能干预“学术委员会”项下的重大决策。两个委员会在大学系统日常管理中，实现行政与学术的相互平等、相互影响、相互制约。

（六）鼓励多元化投资参与大湾区大学系统建设

探索实行政府投入和社会捐助结合的模式，建立大湾区大学系统发展基金，支撑系统间的日常管理工作，推动高校校际融合。成立大学系统专项基金，重点支持系统内高校科技成果产业化、基础设施建设等。逐步开放三地的高等教育投资市场，鼓励通过资本市场筹集高等教育发展资金，鼓励港澳教育资本和教育服务提供商在大湾区规划纲要及 CEPA 框架内开展高等教育服务贸易。

（中国国际经济交流中心　王福强　李　丹　张秀青　赵春哲）

深刻认识大湾区战略意义
扎实推进大湾区战略实施

粤港澳大湾区作为习近平总书记亲自谋划、亲自部署、亲自推动的重大战略，是为新时代中国特色社会主义举旗定向、谋篇布局的重大制度设计，为深度解决港澳问题、推动深层次改革开放、实现高质量发展指明了路径。应从实现两个一百年奋斗目标、实现中华民族伟大复兴的战略高度准确理解大湾区的重大意义。清醒认识面临的落实难题，找准切入点以争取规划实施取得早期收获。

一　深刻认识大湾区战略意义

准确认识大湾区的战略意义，应坚持三个观察视角和对标三大历史任务，锚定四大战略目标。

（一）三个观察视角和对标三大历史任务

一是支撑中华民族伟大复兴的视角。实现现代化、完成祖国统一是其重要衡量指标。大湾区内地率先实现社会主义现代化有坚实基础。在此平台上成功实践“一国两制”，配合解决祖国统一问题。二是践行全面深化改革开放的视角。总目标是完善和发展中国特色社会主义制度、推进国家治理体系和治理能力现代化。大湾区作为改革开放再出发的首要平台，需要在这方面有所担当。中国的发展离不开世界，世界的发展离不开中国。维护世界和平、促进共同发展，推动构建人类命运共同体是党的十九大提出的重大历史任务，“一带一路”建设是实现这一历史任务的重要平台。为此需要加快构建开放型经济新体制。通过大湾区建设，可以在这方面发挥重要的积极作用。三是“两个半程”的视角。习近平总书记指出，从形成更加成熟更加定型的制度看，我国社会主义实践的前半程已经走过了。建立社会主义基本制度，并在此基础上进行改革，现在已经有了很好的基础；后半程的主要历史任务是完善和发展中国特色社会主义制度，为党和国家事业发展、为人民幸福安康、为社会和谐稳定、为国家长治久安提供一整套更完备、更稳定、更管用的制度体系。大湾区责无旁贷，应率先走在前列。

（二）锚定四大战略目标

一是丰富“一国两制”新实践。“一国两制”经过20多年实践，取得很大成绩，也存在一些问题，突出表现为“港独”“占中”。通过此平台开展“一国两制”新实践，密切内地与港澳交流合作，打开港澳发展的物理空间和协同空间，将有效维持港澳长期繁荣稳定。二是有利于早日解决台湾问题。台湾问题是中国的核心关切，“一国两制”是解决香港问题的成功实践，也为解决台湾问题探索了道路。“一国两制”本身就是为解决台湾问题而提出的，只是先期适用到解决港澳问题上来。先期实践是否成功，直接关系到台湾问题能否和平解决。通过这个平台，为港澳发展注入活力，验证“一国两制”强大生命力，可对解决台湾问题形成正面示范。三是探索构建先进制度体系以形成引领型制度架构。从内部来说，“一国两制”实践20多年了，之后怎么办？是内地倒向港澳，还是港澳倒向内地，还是有其他的路径选择？客观地说，港澳有与国际接轨的制度体系，包括营商环境透明、社会治理高效、政商关系清晰，值得内地学习借鉴。但港澳的现行制度也存在许多问题，导致社会阶层固化、收入差距拉大、基尼系数高企、利益集团膨胀，需要进行制度完善。内地的制度存在一些问题，但也有显著优点，如动员能力强、决策效率高、兼顾公平和效率等。依托这个平台进行制度探索，形成一种内外兼修的融合性先进制度体系，将对未来的港澳形成制度吸引。从外部来说，西方部分国家一直质疑我党的执政能力和执政水平，个别国家更是将我国列为战略竞争对手。前40年改革开放的巨大成就，验证了我党有能力领导建设中国特色社会主义。改革再出发，通过大湾区这个平台进行制度探索，最终构建起先进制度体系，将有助于增强“四个自信”，有助于验证我党的执政能力，有助于验证中国模式，并在道路之争中最终胜出。四是作为高质量发展平台承担改革开放再出发重任。前期的快速发展，大湾区三地都积累了深层次的矛盾和问题，如以邻为壑、低质重复、环境污染、阶层固化等，需要依托这个平台进行突破。同时，改革再出发需要探索改革新路径。现在不缺改革方向，不缺改革动力，但缺改革空间，需要依托这个平台设置国家包容审慎监管区，更多地对地方进行综合授权，鼓励基层进行鲜活的实践。此外，形成全面开放新格局还有许多滞后领域，如教育、医疗、文化、电信等服务业领域。这些领域要对外开放，就需要进行压力测试。可以将大湾区作为全面开放的压力测试区，推动服务业优先向港澳开放。进而为我国更积极有效地引领国际经济治理体系改革，加快建设开放型经济新体制，精心画好“一带一路”建设的“工笔画”发挥重要作用，为推动构建人类命运共同体做出更大贡献。

二　清醒面对《粤港澳大湾区发展规划纲要》实施难题

（一）“软连接”不畅影响要素便捷有序流动

大湾区有两种制度、三个关税区、三种货币。制度体制不同，运作模式各异，思维观念差异，导致内地与港澳要素不能便捷有序流动。就内地来说，珠三角九个城市之间同质竞争、低效发展，未能形成统一市场，要素不能自由流动。这些因素，影响了资源的优化配置和区域整体的发展能级。

（二）各地发展中存在的短板影响合作成效

香港一直坚守自由放任的经济管理政策，曾经直接刺激了经济的腾飞，但现在造成了利益集团的高度垄断，集中在房地产及供电、供气、供水领域，侵害了百姓福祉。澳门博彩业一枝独大，客观上绑架了澳门长远发展。内地存在“自我发展”倾向，造成资源浪费、低效重复，迫切需要实现从行政区经济模式向功能区经济模式的转变。

（三）主体不同需求各异增加协调难度

大湾区的建设主体多元，有政府、学界、工商界、市民等。政府又包括中央、省区、地市等多级。主体不同，视角不同，造成诉求不同。在多主体多诉求的现状下，如何统筹需求、凝聚共识、形成合力，汇集建设大湾区的澎湃动力非常重要。要找到各方共同的关注点。

（四）机制不同导致落实路径存在差异

内地与港澳在规划实施的路径、方式、机制上存在差别，如何实现有效衔接是一个很大的问题。内地更多是行政主导型落实方式。港澳多是需求倒逼型落实方式，社会力量先行发起，行政力量后续确认。在机制差异的背景下，三地需要探索建立起多层级、多渠道的沟通机构，对相关问题迅速响应、及时处置。内地要借鉴港澳的模式，更多地采用市场化、法制化手段，要扩大社会主体参与度，畅通公众意见反馈渠道，支持各类市场主体共同参与湾区建设。

三　要准确找到规划落实的切入点

大湾区除了要深度解决港澳问题，还要承担改革开放再出发的重任。要继续以国家所愿、港澳所需、湾区所向、广东所能为基本出发点，及时谋划、出台具体行动措施。

（一）围绕十个方面做好基础支撑

要从人流畅通、物流畅通、资金流畅通、信息流畅通、资质互认、标准对接、治理协同、民生合作、税制改革、空间拓展入手，推动出台相应的支持政策。这些政策主要涉及“软连接”，是大湾区行稳致远发展的基本政策，应是谋划重点。比如，标准对接方面，就可以由香港牵头来推动形成标准共同体，既可将香港的竞争优势转化为经济优势，又可以倒逼国内产业转型升级。

（二）配合解决制约港澳发展的关键问题

港澳发展面临一些突出问题，如空间狭小、产业缺少协同和就业空间有限等。要主动配合港澳解决这些问题。如空间拓展方面，香港提出再工业化，但没有空间承载。广东可与之协同，共同谋划具体平台，设置产业、教育、科创等类“飞地”，提供居住空间、产业发展空间和就业创业空间。

（三）在湾区共同利益交汇点上发力

建设天蓝地绿水清、宜居宜业宜游的优质生活圈，实现大湾区的可持续发展，是湾区三地民众的共同关切。要率先共建生态湾区、绿色湾区、健康湾区、人文湾区、休闲湾区、教育高地，构筑一个高品质生活圈，形成一个生态文明样板。同时，共建国际科技创新中心是港澳获取发展新动能的重要路径，也是它们的关注点。后续政策也要积极跟进。

（四）积极推进深层次改革开放

要探索深化改革的具体路径，选择特定区域作为国家包容审慎监管区，限缩行政权力，更多地给市场留白，鼓励基层大胆探索。要推动教育、医疗等服务业优先向港澳开放，倒逼国内深层次改革。要选择服务香港、澳门的河套、横琴两个平台，采用“辖内境外”管理模式，将港澳自由贸易政策延伸过来，构建开放创新合作机制。要深化国企改革，打破行政垄断，放宽行业准入，鼓励港澳资本、民营资本竞相发展。要率先推进土地、户籍、公共服务等要素市场改革，显著降低基础性成本。

（五）积极进行全面现代化探索

应在广东进行构建先进制度体系的探索，对标香港，构建高标准营商环境。要从体制环境、政策环境、人文环境及执法执规环境四个方面入手，建立起与港澳趋同的制度环境。要完善市场运行机制，建立法治化、透明化的资本市场制度、公平税负制度、金融产品交易与监管制度、公司治理制度、商业诉讼机制、社会治理制度等。

（六）选择优先领域进行先期突破以取得早期收获

教育、医疗是香港领先于内地的优势领域。要积极推动香港优质教育、医疗资源在湾区内落地。通过鼓励香港的大学到内地设立分校独立办学，倒逼国内高等教育改革。通过共建大湾区大学联盟，推动科研资源共享、学分学位互认、人才有序流动，为湾区提供源源不断的人才供给。通过引入港澳先进医疗技术和高端医疗资源，将湾区打造成为世界诊疗中心和国际医疗旅游目的地。

（中国国际经济交流中心　王福强）

建议选择横琴新区开展制度型开放压力测试

改革开放40年，我国综合国力显著提升。经验之一，是成功利用了港澳国际化平台。当前，我们正处在从商品和要素的流动型开放向规则等制度型开放转变的过程中。新时代发挥港澳优势，更重要的是制度层面的学习借鉴，配合推进国家治理体系和治理能力现代化。综合各类因素，建议选择大湾区内的横琴作为制度型开放的试验田，用来探索推进制度现代化的具体路径。

一　总体构想

将横琴新区作为制度型开放压力测试区，探索中国特色与世界规则标准最佳结合的制度设计，形成一个以我为主、经济繁荣、社会和谐、治理有效、规则先进、国际认可的对外开放新平台，成为新时期高质量发展的典范，以对港澳形成制度吸引，验证我党有能力领导构建先进制度体系，并最终在道路之争中胜出。

二　重大意义

一是有利于探索实现全面现代化。一些西方国家鼓吹西方化等于现代化。中国的实践证明，中国特色社会主义同样可以实现现代化，深圳就是一个鲜明的例证。现代化不仅仅是物质层面的，更重要的是制度层面的。历史一再证明，制度竞争力才是一个国家的核心竞争力。习近平总书记指出："社会主义实践的后半程，是完善和发展中国特色社会主义制度，为党和国家事业发展、为人民幸福安康、为社会和谐稳定、为国家长治久安提供一整套更完备、更稳定、更管用的制度体系"。大湾区兼具内地"中国特色社会主义制度"和港澳资本主义制度，各有特点。在此互学互鉴、内外兼修，可以探索形成包容性、引领性的现代化制度架构。

二是有利于开展"一国两制"新实践以配合完成祖国统一。近期的香港乱象，说明形式回归并不等于人心回归。22 年的实践是这样的结果，后"一国两制"怎么办？这是对执政党的严峻考验。是维持现状、自由演化还是以我为主进行先期谋划？必须未雨绸缪、及早布局，预设解决方案。现正处于时间窗口期，国家正在全面开放，可以主动形成与国际接轨的制度体系，港澳自身存在诸多治理问题亟待制度调整。依托平台打通"制度涵洞"，通过吸收和扬弃，构建包容性制度，经过后"一国两制"时期的丰富完善，将对 2047 年后的港澳产生制度吸引，并对台湾问题形成正面示范。

三是有利于推动实现更高层级的开放。在美国对我进行战略遏制的时代背景下，全球生产力布局正在逐步发生变化。高端资源会向制度环境更优、社会环境预期更稳定、创新动力更足的高地集聚。通过设置高水平开放平台，采用与国际趋同的经济运行规则、国际化营商环境、现代治理规则，既可以彰显全面开放的姿态，扛起经济全球化大旗，又可以吸引、留住国际资本和高端要素为我所用。港澳具有国际化营商环境，毗邻港澳的区域正适合承担这种制度型开放的使命。

四是有利于推动大湾区建设取得实质收获。2019 年是澳门回归 20 周年。澳门作为"一国两制"的模范生，中央应给予其更多机会、更好地发挥其作用。大湾区背景下，粤澳合作应从单点接触到全面融合。横琴作为粤澳合作的主阵地、主平台和澳门产业多元的首要载体，在规则对接、民生合作、治理协同等方面应率先探索。提升珠西的战略能级，培育新时期的“深圳”，缩小与珠江东岸差距，辐射带动粤西、西南的发展，是大湾区的重要任务，也是横琴及珠海应担当的使命。

三 战略定位

（一）“一国两制”新实践主平台

作为制度接合部，延伸适用港澳自由贸易港部分制度，在经济管理、营商环境、社会治理等方面构建与港澳趋同的制度环境。

（二）全面现代化先行探索区

发挥内地制度的优势，吸收港澳制度特长，逐步形成兼具内外优势的包容性、引领型制度体系。

（三）国家全面开放压力测试区

推动教育、医疗等率先向港澳全面开放，在市场准入、持股比例等方面做出重大制度性安排，激发港澳活力并倒逼深层次改革。

（四）港澳经济社会多元发展载体

通过治理机制上的突破，破除制约港澳长期发展的瓶颈因素，为港澳经济发展、民生改善、治理协同等提供空间载体。

四 空间选择

考虑因素：毗邻港澳，便于各类要素便捷流动；与港澳应有发展错位，便于辐射带动港澳；便于实现大湾区东、西两岸均衡发展。当前粤港澳大湾区“三极”中，“澳珠”一极明显偏弱，亟待寻找突破口来实现跨越式发展，横琴有潜质。

（一）小方案

以粤澳特别合作区（粤澳合作产业园中剩余的 2.57 平方公里）为

起步区，以粤澳合作产业园全区 5 平方公里为拓展区。

（二）中方案

以粤澳特别合作区（粤澳合作产业园中剩余的 2.57 平方公里）为起步区，以横琴新区（106.46 平方公里）和横琴以北的珠海保税区、洪湾片区和十字门北片区等一体化区域（25.97 平方公里）为拓展区。

（三）大方案

以粤澳特别合作区（粤澳合作产业园中剩余的 2.57 平方公里）为起步区，以珠海全境为拓展区，条件成熟时再逐步扩展至包括大广海湾等毗邻区域。

综合考虑历史使命、辐射带动等因素，建议优先选择“中方案”。

五　重点改革举措

（一）延伸适用港澳自由港制度

在起步区优化横琴“分线管理”政策，打造“辖内治外”（中国主权管辖内、现行管治方式外）制度环境。“一线”基本打通，要素自由流动，在制度层面上延伸适用港澳自由港政策。

（二）探索法律特别授权综合试验改革

由中央决策批准，经全国人大实施特别法律授权，给予区域法律适用的相对选择权。可先由澳门和珠海市共同研究提出粤澳特别合作区的法律适用清单，经全国人大常委会授权后实施。

（三）探索珠澳共商共建共管共享

组建珠澳联合管理委员会，成立投资控股公司，创新决策、规划、管理等合作机制。探索建立共商、共建、共管、共享的深度合作新模式。探索与澳门税收制度相衔接，实施“澳人澳税，澳企澳税”。

（四）着力培育发展新兴产业

配合澳门进行产业选择。重点发展融资租赁、跨境保险等特色金融业，中医药、医疗服务等医疗健康业，科技游、健康游等休闲旅游业，会议展览、文化交流等文创业，成为特色金融基地、国际医疗旅游目的地和国际文化交流中心。

（五）大力推进科技创新

抓住大湾区国际科技创新中心建设机遇，做实“两廊两核”中的珠西一核。借鉴港澳成熟制度安排，优化区域创新环境，提供高端配套，打造“未来产业岛”“离岸科创岛”，重点发展海洋科技、特色芯片、数字科技等战略性新兴产业。

六　具体政策保障

（一）给予区域足够的改革空间

以坚持党的领导为前提，以留足充分自决空间为标准，以不违背公序良俗为但书条款，由全国人大授权珠海人大享有综合立法权限。在一揽子授权的前提下，珠海人大可自主决定中止部分行政法规在域内的效力，可自主拟定改革政策，出台相应法规。

（二）实现包容审慎监管模式

区域整体上，在行政管理方面实行负面清单管理，采用触发式反应的监管思路，将“法无明文限制即许可”落到实处。中央的管理权限在此限缩，更多地交由地方管理，为基层改革探索留足实践空间。

（三）建立容错机制

通过地方人大立法建立容错机制，拟定必要的决策流程。行政决策只要符合规范要求，就可进行免责，从而保证基层的改革积极性。

（四）给予特定区域特殊政策

对于起步区，可采用“辖内治外”的管理模式，在制度环境上全面对接港澳，采用与港澳趋同的经济运行规则和社会管理模式。

（五）灵活的法律适用

给予市场主体充足的自治空间。法律适用上，在公法领域，可坚持适用内地刑法等刚性法律。在平等民事主体间的私法领域，以及具体的行业监管类领域，可以由当事人自主选择适用香港、澳门还是内地法律。

（中国国际经济交流中心　王福强）

建议将港澳自由港制度先延伸到珠海

党的十九届四中全会强调，“坚持和完善‘一国两制’制度体系，推进祖国和平统一”。珠海是全国唯一同时与港澳路桥相连的城市，横琴作为国家新区和自贸试验区具有先行先试的政策叠加优势，万山群岛在区位上与港澳唇齿相连。建议当前以横琴、万山为重点逐步将港澳自由港制度延伸到珠海，将其作为探索坚持和完善“一国两制”制度、深化粤港澳大湾区建设及推动自贸试验区高质量发展的先行区。

一　重要意义

一是有利于发挥粤澳合作的先天优势，为澳门经济适度多元发展创造条件。习近平总书记在庆祝澳门回归15周年大会上指出，“推动澳门经济适度多元可持续发展，这是关系澳门居民利益的大事，也是关系区域发展乃至国家发展的大事”。横琴经过多年开发，目前建设用地仅余13.4平方公里，仅靠自身难以支撑澳门未来的多元化发展。2019年迎来澳门回归20周年，将港澳自由港制度延伸到珠海，有助于打破澳门与珠海之间的制度障碍，更好地协助澳门突破土地、人力资源等方面瓶颈，支撑澳门世界旅游休闲中心定位，推动澳门产业多元发展。

二是有利于促进粤港澳大湾区规则、规制、管理、标准等制度型开放，推动国家治理体系和治理能力现代化。当前中国正进入由商品和要素流动型开放向规则等制度型开放转变的新时代，新一轮开放的重点在于形成规则制度优势。香港已连续25年被美国智库传统基金会评为全球最自由经济体，其自由港政策体系涵盖的贸易、投资、金融、产业等诸多方面颇有可取之处，加强与港澳的制度、规则等市场机制对接，能够大幅提升大湾区制度型开放水平，为推动国家治理体系和治理能力现代化做出贡献。

三是有利于推进要素高效便捷流动，加强港澳与内地设施“硬联通”和机制“软联通”。港珠澳大桥的开通，标志着粤港澳基础设施建设互联互通迈上了一个新台阶，但与基础设施“硬联通”的发展相比，制度对接相对滞后。港澳与内地“一国、两制、三个关税区、三种货币”的差异客观上对人员、货物、资金等要素流动构成了障碍，习近平总书记曾经指出，“澳门的体制机制过不来，内地的体制机制过不去”“要探索内地与澳门政策机制的变通贯通”。将港澳自由港制度延伸到珠海，有利于加强港澳与内地市场机制的“软联通”。

四是有利于带动珠江西岸实现跨越式发展，补齐区域经济发展短板。珠三角东、西两岸发展差距明显，作为西岸核心城市的澳门、珠海，是大湾区东、中、西三极中综合实力较弱的一极。将港澳自由港制度延伸到珠海，能够打破现有的体制条框束缚，实现港澳与珠海资源共享，更好地依托港澳自由港平台，瞄准和全面对标世界一流水平，全面提升珠江西岸开放型经济发展水平，带动珠江西岸实现跨越式发展，改变粤东西北地区发展不平衡格局。

二 主要思路

坚持全面深化改革开放，坚持和完善“一国两制”制度体系，践行高质量发展要求，紧抓粤港澳大湾区建设重要机遇，立足珠海实际，对标港澳自由贸易港制度，选择国家战略需要、国际市场需求大、对外开放度高的重点领域，以横琴新区和万山群岛为主承载区，争取分步骤、分阶段把港澳国际自由港制度延伸到珠海，加快实现与港澳以及境外投资经营便利、货物自由进出、资金流动便利、运输高度开放、人员自由执业、信息快捷连通等，打造粤港澳大湾区门户枢纽、“一国两制”新典范和新时代全面改革开放新高地。

一是坚守“一国”之本，用好“两制”之利。对接港澳自由港制度和政策，要坚守“一国”之本，用好“两制”之利，促进港澳与内地政策机制变通贯通，推动港澳通过横琴平台融入国家发展大局，丰富“一国两制”实践。充分利用澳门回归20周年的契机，加快珠海制度和政策创新步伐。

二是坚持全面深化改革开放。珠海是我国最早设立的经济特区，横琴具有国家级新区和自贸区“两区”叠加优势，万山具有离岛和岸线资源，要以对接港澳自由港制度和政策为抓手，加快推动以开放为核心的改革探索，推动重大改革措施的系统集成创新。更好发挥澳门“精准联系人”的优势，以葡语系、西语系国家和地区为重点开展贸易、投资、产业等合作，进一步拓宽与东盟、拉丁美洲等地区的合作，为“一带一路”建设提供有力支撑。

三是坚持全球视野，高端定位。借鉴港澳国际自由港的体制机制安排，对标国际高标准投资贸易规则，积极适应服务贸易、离岸贸易等新贸易形态发展趋势，探索实施符合国际通行做法的金融、外汇、投资和出入境管理制度，构建国际一流营商环境，在构建开放型经济新体制、构建全面开放新格局、共建开放型世界经济上勇当排头兵。

四是坚持以人民为中心，争取港澳“民心回归”。通过对接港澳自由港制度和政策，为港澳居民提供便利，吸引港澳居民，尤其是青年一代在珠海就业创业、居住生活，发展壮大爱国爱港爱澳力量。推动经济社会融合发展，同港澳同胞分享内地发展机遇，增强港澳同胞的国家意识和国民认同，实现“民心回归”。

三 具体建议

充分发挥横琴和万山群岛的平台载体作用，在贸易、投资、产业等方面加强与港澳制度对接。

一是作为与港澳自由港制度对接的主平台。作为支撑澳门产业多元发展主平台，面向澳门实行一揽子深化改革和扩大开放的制度创新，由珠海、澳门两地派出人员组建珠澳联合管理委员会，对区域内经济社会事务进行管理，探索形成共同研究、共同开发、共同管理、共享成果的粤澳全面深度合作新模式。

二是设置“国家海洋协同发展区”。大湾区目前“3+6”的平台体系都是陆域平台，而大湾区、21 世纪海上丝绸之路建设都需要海域平台支撑。考虑到万山有 105 个岛屿，其中 5 个为面积较大有居民的海岛，岸线长水深条件好，建议以万山群岛为主体，协同周边海域谋划海域合作平台，补足大湾区缺少海域平台的短板。充分利用万山海岛、岸线资源，发展港航服务、旅游休闲、离岸科技等业态，拓展港澳发展物理空间和产业协同空间，配合夯实港澳在大湾区中的战略定位。

三是优化拓展“分线管理”政策。以国际特定区域“境内关外”管理制度为参照，加快建立“一线放开、二线管住、区内自由”的高度自由化贸易制度。通过“一线基本放开、二线高效管住”，实现服务贸易和货物贸易同步基本放开，形成与港澳自由港制度趋同的制度和政策设计。

四是探索建立自由、便利的贸易投资制度。在“分线管理”框架下，区内实施风险管理下的“不干预”，打造“境内关外”制度环境。对进出货物实行负面清单管理，除法律、法规及国际公约规定禁止入境的少数货物外，其他货物不受数量、途径、关税、原产地等条件的限制。取消或最大限度简化入港货物的贸易管制措施。借鉴港澳自由港和国际投资规则，实行更高水平的开放，创新和优化现有的各类投资机制和政策，逐步建立高度便利化的投资制度。

五是构建现代产业体系。学习借鉴港澳自由港建设经验，配合支撑香港“再工业化”、澳门产业适度多元发展，携手港澳重点发展特色金融、生物医药、文化创意、航运物流等产业，积极融入全球产业链、供应链、创新链和价值链。实施创新驱动发展战略，聚焦智能电子、机器人、医疗健康等领域，加快培育和引进一批“独角兽”“瞪羚”等创新龙头企业。支持引导区块链领域的龙头企业、研究机构落地横琴，在区块链研发应用等方面开展创新实践。

六是探索建立具有国际竞争力的财税政策。深入分析港澳自由港经济管理制度并借鉴其财税优惠政策，建立具有国际竞争力的财税体系，打造税收优惠与征管方式优化相结合的财税制度安排。制定促进新经济发展的产业扶持和优惠政策，吸引全球创新资源和产业资源，坚定不移地走中国特色自主创新道路。

（中国国际经济交流中心　窦　勇）

中国特色自由贸易港的功能定位

探索建设中国特色自由贸易港是党中央着眼于国际国内发展大局，深入研究、统筹考虑、科学谋划做出的重大决策，是我国扩大对外开放、积极推动经济全球化的重大举措。探索建设中国特色自由贸易港需要设计好功能定位，才能为形成全面开放新格局和建成社会主义现代化强国提供有力支撑。

一 自由贸易港应成为开放型经济升级发展的重要载体

自由贸易港是当今世界最高水平的开放形态，中国特色自由贸易港应打造双向开放的高地，促进开放型经济升级发展。过去40年我国经济发展是在开放条件下取得的，未来我国经济实现高质量发展也必须在更加开放条件下进行。近几年，我国利用外资和对外投资规模持续扩大，但是来源于和流向中国香港、英属维尔京群岛等自由港的比重非常高。据商务部统计，2017年，全国实际使用外资金额中香港占比72.1%；全国对外直接投资中对中国香港、英属维尔京群岛的投资额占比分别为57.6%、12.2%，合计占对外直接投资总额的69.8%。我国对外投资的最终目的地大多是中国香港、英属维尔京群岛之外第三方。

未来，应更好地发挥中国特色自由贸易港的作用，使之成为中国“引进来”与“走出去”的重要基地，大幅度减少不必要经上述两地再转投资的比重。而是通过自由贸易港引进先进技术、管理经验和市场机会，提升利用外资的技术溢出效应、产业升级效应。同时，还应发挥好自由贸易港服务“走出去”的重要作用，带动商品和服务输出，推动我国实现从贸易大国到投资大国、从商品输出到资本输出的转变，助力我国成为现代化强国。

二 自由贸易港应成为“一带一路”合作的核心平台

共建“一带一路”倡议引起越来越多国家热烈响应，正在成为我国参与全球开放合作、改善全球经济治理体系、促进全球共同发展繁荣、推动构建人类命运共同体的中国方案。共建“一带一路”大幅提升了我国贸易投资自由化便利化水平，推动我国开放空间从沿海、沿江向内陆、沿边延伸，形成陆海内外联动、东西双向互济的开放新格局。中国与共建“一带一路”国家和地区的贸易往来持续扩大、相互投资不断增加，为各参与方的经济发展注入了新的活力。2013年至2017年，我国与共建“一带一路”国家货物贸易进出口总额达69756亿美元，年均增长率高于同期我国外贸年均增速，成为25个共建“一带一路”国家最大的贸易伙伴。

中国特色自由贸易港应发挥和放大自身优势，加强同共建“一带一路”国家和地区开展多层次、多领域的务实合作，培育建设21世纪海上丝绸之路的文化、教育、农业、旅游等合作平台，在建设21世纪海上丝绸之路重要战略支点上迈出更加坚实的步伐。自由贸易港应推进更高水平的港口互联互通、贸易便利化、产业科技合作、金融保险合作和人文交流，打造服务“一带一路”建设的核心平台，全面服务沿线国家。自由贸易港应积极争取国家层面有关服务“一带一路”建设的改革创新试点、经贸合作试点，创新贸易、投资、国际交流等方面的合作体制机制，推动形成一个“一带一路”的大市场，让世界各国的发展机会更加均等、让发展成果由各国人民共享。

三　自由贸易港应成为带动腹地经济发展的强大引擎

改革开放40年我国经济发展取得举世瞩目的成就，但是沿海和内陆地区的发展差距进一步拉大。东部、中部、西部、东北区域地区生产总值40年的年均增长率分别为11.4%、10.4%、10.4%和9.0%，东部地区的地区生产总值增速最快。2017年，东部地区生产总值占全国的比重达到52.6%，比1978年提升了9.0个百分点；东部地区进出口总额为33872亿美元，比1978年增长了434.2倍，占全国比重由37.7%提高到82.5%。不仅是沿海和内陆地区的发展差距在扩大，部分省份内部的发展差距也在扩大。2017年，广州、深圳的地区生产总值分别占广东省地区生产总值的24%、25%，接近其余19个地级市地区生产总值的总和，云浮市地区生产总值只有840亿元，仅占广东省地区生产总值的0.93%。

中国特色自由贸易港应起到辐射带动腹地经济发展的独特作用。当前，新一轮世界科技革命和产业变革孕育兴起，可能重塑国家竞争力在全球的位置，颠覆现有很多产业的形态、分工和组织方式。中国特色自由贸易港应突出科技创新特色，坚持创新驱动发展，打造“自由港+美国硅谷”双重特征。一方面，中国特色自由贸易港应实现货物和要素的进出自由，集聚国内外资源，打造国际离岸贸易投资高地。另一方面，中国特色自由贸易港应实现国际人才流动自由，高度聚集国际高端人才，打造新时代的国际离岸科创中心。自由贸易港应在内外联动中培育发展新动力，打造一批科技含量高、竞争能力强、辐射带动面广的产业集群，逐步实现与腹地的融合发展。自由贸易港应突出通道建设、载体支撑，逐渐成为提升区域竞争力的强大引擎，为腹地发展不断注入新动力，进一步带动全国实现协调发展。

四　自由贸易港应成为推动人民币国际化的关键节点

现阶段人民币国际化主要由贸易、金融双轮驱动。从结构上看，我国贸易项下人民币国际化驱动力略有减弱。中国人民银行的数据显示，2016 年跨境贸易人民币结算业务发生 5.23 万亿元，同比下降 27.7%，是自 2009 年跨境贸易人民币结算试点启动以来的首次年度下降。2017 年跨境贸易人民币结算业务发生 4.36 万亿元，同比下降 16.6%。2018 年前三季度跨境贸易人民币结算业务发生 3.71 万亿元，同比增长 14.9%，但仍低于 2016 年同期跨境贸易人民币结算业务发生额。环球银行金融电信协会（SWIFT）公布的数据显示，人民币在国际支付中占比 2015 年 8 月达到 2.79% 的历史最高纪录，超越日元成为全球第四大支付货币，但随后上升势头逐渐减弱，人民币在国际支付中占比 2015 年底为 2.31%、2016 年底为 1.67%、2017 年底为 1.61%、2018 年 10 月为 1.70%。人民币在加入特别提款权（SDR）后，国际储备功能有所增强。国际货币基金组织 2018 年 10 月公布的数据显示，截至 2018 年第二季度，人民币外汇储备资产达 1933.8 亿美元，占参与官方外汇储备货币构成报告成员外储资产的 1.84%，但与我国国内生产总值（GDP）和货物贸易额占全球 15% 和 11% 的比重相比还很不相称。

中国特色自由贸易港应将助推人民币国际化作为一项重要功能。与普通商品贸易相比，大宗商品贸易、交易的发展更离不开金融服务、外汇政策的配套。鉴于贸易项下人民币国际化驱动力有所减弱，在国际交易活动中，金融交易规模又远大于贸易结算规模，因此亟须发展和完善人民币金融市场，挖掘资本金融项下人民币使用潜力，增强人民币的金融交易功能，提升人民币在国际金融交易中的地位。自由贸易港应加强对国内外主要金融机构特别是擅长于提供大宗商品贸易金融服务的外资银行的招引，集聚全球离岸金融机构，建设国际离岸金融功能区。自由贸易港还应聚焦“一带一路”建设和国际产能合作，推进资本在自由贸易港与国际市场的自由流动，促进人民币国际化实现“贸易 + 金融”双轮驱动。

五　自由贸易港应成为构建国际一流营商环境的试验田

国际自由贸易港发展历程显示，优质的营商环境是吸引企业投资的核心竞争力。新加坡的营商环境长期排名世界前列，素有“八个步骤进入新加坡”的赞誉。世界银行 2018 年 11 月发布的《2019 年营商环境报告：为改革而培训》显示，中国得分 73.64 分，在全球 190 个经济体中排名第 46 位，比 2017 年提升了 32 位，跻身营商环境改善排名前 10 位。如果从党的十九大提出建设现代化经济体系、实现经济高质量发展的目标体系来衡量，中国的营商环境还存在较大改善空间。

探索建设中国特色自由贸易港是我国营造全球一流营商环境最好的试验田。自由贸易港可以推动我国加强与国际通行经贸规则对接，创造国际一流营商环境。中共中央、国务院关于支持海南全面深化改革开放的指导意见明确提出：到 2025 年，自由贸易港制度初步建立，营商环境达到国内一流水平；到 2035 年，自由贸易港的制度体系和运作模式更加成熟，营商环境跻身全球前列。自由贸易港作为我国开放水平最高的区域，应按照中国营商便利度评价指标体系，积极开展营商环境评价，创造宽松平等的市场准入环境，营造公平规范的市场竞争环境，率先达到国际一流营商环境水平。一个更加开放、创新、包容的营商发展环境有利于充分激发自由贸易港的发展活力和创造力，打造更高层次、更高水平的开放型经济。

（中国国际经济交流中心　李　锋）

对海南探索建设自贸港的思考

近年来，中国国际经济交流中心课题组就自贸区、自贸港建设进行深入调研，先后开展了海南新时代发展定位和路径、中国特色自贸港政策制度体系等研究。为贯彻落实习近平总书记在庆祝海南建省办经济特区30周年大会上重要讲话精神，黄奇帆副理事长带领课题组赴海南海口、三亚等地调研，并与海南省主要领导深入交流，对中国特色自由贸易港建设有了新思考，主要观点如下。

一 准确把握新时代党中央赋予海南新使命的战略内涵

（一）不忘初心

党的十八届三中全会《关于全面深化改革若干重大问题的决定》明确提出，“建立中国上海自由贸易试验区是党中央在新形势下推进改革开放的重大举措，要切实建设好、管理好，为全面深化改革和扩大开放探索新途径、积累新经验”“形成面向全球的高标准自由贸易区网络”。这表明，设立自贸试验区的初心是为我国参与高标准的自由贸易协定（FTA）谈判做准备，为进一步扩大对外开放进行探索，以开放促改革。

（二）对标国际高标准自贸港

中发〔2018〕12号文要求，海南建设自由贸易港要学习借鉴国际自由贸易港的先进经验。香港、新加坡、迪拜、鹿特丹分别代表了四种自贸港模式。香港是高度一体化的全域自贸港；新加坡是局部设立自贸港，全域自由区；迪拜是局部自贸港，另设多个自由区；鹿特丹依托欧洲统一大市场发展自贸港。鉴于海南在同步建设自由贸易试验区，建议从迪拜模式起步，选择海口、洋浦、三亚等地先行探索自贸港，最终实现新加坡模式下的以转口贸易和物流为主的自贸港。

（三）发挥海南独特优势

我们认为海南具有四方面的独特优势。一是在区域面积上，海南自贸区面积达到 3.39 万平方公里，且是一个整体；二是在“境内关外”上，海南岛无须像国内其他自贸区那样建设成本高昂的隔离设施；三是在政策优势上，海南有自贸区，还有自贸港，国内其他地区暂时没有；四是在管理体制上，海南省委省政府本身就是自贸港管委会，向上可以直达中央，向下可以一竿子到底。

二　加快制定具有中国特色的自贸港政策制度体系

一是全面实施、优化以准入前国民待遇加负面清单制度为特征的贸易投资便利化政策。率先对接有关国际经贸新规则，为我国加快实施 FTA 战略、推进 WTO 改革、有效应对中美经贸摩擦进行压力测试。

二是实施以跨境汇兑自由、贸易结算自由和投融资自由为特征的金融制度。允许港内金融机构开展各类离岸业务，港内企业自主持有外汇、外币之间自由兑换，外进外出的外汇资金自由划转。探索资金流、货物流、订单流三流分离状态下外汇收支便利化措施，开展跨境人民币结算，吸引跨国公司将地区总部、结算中心、贸易中心和订单中心落户海南。支持在港内设立以人民币计价的国际大宗商品交易平台。

三是实施以“零关税”“低税负”为特点的税收制度。除少数特殊商品外，对由境外进入海南全岛的自用消费品免征关税。参照西部大开发有关政策，实行企业所得税率为 15%。对初创型科技企业，实行企业所得税“两免三减半”政策。

四是注重顶层设计、建立具有国际公信力的法治秩序。在地方立法上开展探索，在有关制度设计上对标国际规则。

五是采取更为便利自由的人员、货物通关便利化措施。将全岛整体定位为海关监管特区，境外货物和人员进入岛内，实行“一线放开、二线管住”；内地货物和人员照常进入岛内，经由海南岛离境时需按有关要求办理报关手续。

三　具体建议

当前重点从四个方面推进自由贸易港建设，可概括为“1+5+6+9”。

（一）“1”是制定一个自由贸易港发展条例

把中央对于海南的指导性、纲领性的文件，转化为海南建设自由贸易港可操作的、有法可依的具体条例，避免在政策执行过程中“翻烧饼”。

（二）“5”是制定出台五项规章制度

一是明确自贸港海关监管地位、方式、职能等有关规定；二是体现自贸港要求、符合中国国情的金融监管规则；三是自贸港的人口迁徙流动、落户、生活的管理办法；四是建设国际化、法制化、便利化营商环境的操作指引；五是确保海南岛生态环境质量的规章。

（三）“6”是优先发展六大产业

一是教育。加强教育培训国际合作，引进境外优质教育资源，开办高水平的中外合作办学机构和项目。二是医疗。发挥博鳌乐城国际医疗旅游先行区政策优势，打造集医疗、科研、教育于一体的综合医疗集团。三是文化。引进国际文化机构，培育动漫游戏、网络文化、数字内容等新兴文化消费。四是体育。大力发展沙滩运动、水上运动、赛马运动等项目，重点结合竞猜型体育彩票和大型国际赛事即开彩票，拓展赛马运动的形式和内容，打造国家体育旅游示范区。五是旅游。

实施更加开放便利的离岛免税购物政策，推进境外旅游消费国内化，争取短时间内超越韩国济州岛。六是云计算和大数据。争取跨国公司将设在新加坡、韩国、中国香港等地的数据存储中心部分转移到海南，推动云计算和大数据产业发展。

（四）“9”是重点推进九大项目

海南要有一批大投资、大产出、无污染的大项目作为支撑。一是江东新区。建议将其作为自贸港建设的重中之重，突出科技研发和国际教育功能，打造海南自贸港总部经济区。二是洋浦港。发展炼油、乙烯、聚碳酸酯等现代化大型化工项目。三是博鳌乐城。全面落实博鳌乐城国际医疗旅游先行区政策，鼓励医疗新技术、新装备、新药品的研发应用，制定支持境外患者到先行区诊疗的便利化政策。四是大学城。突破外资准入负面清单对中外合作办学的限制，取消理工科高等教育、高等职业教育合作办学必须由中方主导的限制，留住部分中国学生。五是科技城。支持崖州湾科技城、南繁科技城加快发展，打造深海科技城深海创新中心、南繁科技城农业硅谷、国际种业中心、大学城产学研聚集地。六是影视城。借鉴好莱坞经验，打造集投资、拍摄、评奖、交易、放映、旅游功能于一体的影视城，并以此为基础延伸产业链，吸引更多游客进行深度游。七是离岸数据中心。支持阿里巴巴、腾讯等企业在自贸港设立数据存储中心，确保离岸数据外进外出，不与内地数据发生物理联系，安全部门可以不过滤。八是空港二期项目。扩建海口美兰国际机场，争取5~10年，旅客吞吐量突破7000万人次。在大力拓展航空港服务收入渠道的同时，发展航空货运。九是发行自贸港债券。作为中央大力支持的、内地唯一的自由贸易港，凭借良好信用，发行额度为200亿元的自贸港债券，用以支持项目建设。

（中国国际经济交流中心　窦　勇　李金波　梁　鹏）

图书在版编目(CIP)数据

中国智库经济观察. 2019 / 中国国际经济交流中心编. -- 北京：社会科学文献出版社，2020.7
（CCIEE经济每月谈）
ISBN 978-7-5201-6798-7

Ⅰ.①中… Ⅱ.①中… Ⅲ.①世界经济－文集 Ⅳ.①F11-53

中国版本图书馆CIP数据核字（2020）第102382号

·CCIEE经济每月谈·
中国智库经济观察（2019）

编　　者 / 中国国际经济交流中心

出 版 人 / 谢寿光
责任编辑 / 张　超

出　　版 / 社会科学文献出版社·皮书出版分社（010）59367127
地址：北京市北三环中路甲29号院华龙大厦　邮编：100029
网址：www.ssap.com.cn
发　　行 / 市场营销中心（010）59367081　59367083
印　　装 / 三河市龙林印务有限公司

规　　格 / 开　本：787mm×1092mm　1/16
印　张：22.75　字　数：300千字
版　　次 / 2020年7月第1版　2020年7月第1次印刷
书　　号 / ISBN 978-7-5201-6798-7
定　　价 / 128.00元

本书如有印装质量问题，请与读者服务中心（010-59367028）联系